인문학, 영문학, 영어교육의 만남

영미 청소년문학 새로 읽기

유제분 지음

부산대학교출판부

이 책을
그리운 어머니 한정화 님께
바칩니다.

머리말

영미 청소년문학이 한국에 요즘처럼 소개되지 못했던 시절, 필자의 사범대 교육대학원 영문학 강의는 영문학 정전 문학을 주 교재로 다루어야 했다. 하지만 이들 영문학 정전 교재들은 한국의 영어교육 현장과는 너무도 거리가 멀었다. 강의를 듣던 교사들은 자신들이 가르치는 청소년의 감성과 지적 호기심, 그리고 영어능력에 적합한 교재를 원했다. 정전 문학을 발췌하거나 요약본을 사용해 보았지만, 문학성과 난이도 문제를 해결할 수는 없었다.

영어교육과 영문학 사이의 문제는 한국에서 영문학을 연구하는 이들의 오랜 고민이었으며 필자 역시 그러했다. 십여 년 전 오랜만의 연구년을 맞아 이 문제를 본격적으로 풀기 시작했고 이때 만난 것이 영미 청소년문학이었다. 뒤늦게 발견한 사실이지만 청소년문학의 범주와 문학성은 상상 이상으로 넓고 깊었다. 영어 난이도 또한 다양하여 영어가 외국어인 한국 학생들의 영어교육에도 크게 호소력을 가질 것이라는 확신이 들었다.

그 후 대학원에서 영미 청소년문학을 강의하면서 기대대로 학생들이 소설을 한 학기에 몇 권씩 소화하면서 비로소 문학을 재미있게 느끼고 영어에도 자신감을 느끼는 것을 감지할 수 있었다. 영어교사의 경우는 읽은 책을 곧바로 자신의 수업에 도입하기도 했다. 문학성이 높은 소설을 통하여 그에 따른 비평과 인문 지식 체제도 접할 수 있어서 학생들의 지적 호기심도 충족시킬 수 있었다. 정전문학이라면 작품 해석에 많은 시간을 보내면서 어려움 자체가 더 깊이 각인되었겠지만, 가독성이 높은 청소년문학 작품은 작품 해석과 그에 따른 비평 논문도 소화할 수 있는 여유를 주었다.

영미 청소년문학 강의가 수강생들에게만 유익했던 것은 아니다. 수강생 대부분이 교사였으므로 이 강의는 한국의 영어교육 현장과 만나는 장이 되었고 이것은 필자의 연구와 강의를 성찰하고 변화시키는 계기가 되었다. 난해한 문학비평 영어 원서를 읽어야 하고 때로는 독일어나 불어를 영어로 옮긴 영어 비평서를 소화하기 위하여 집중하다 보면, "우리" 영문학 연구가들만의 외로운 섬에 갇히곤 한다. 그럴 때 영미 청소년문학 연구와 수업은 한국의 영어 교육 현실과 조우할 수 있는 신선한 장이 되었고 덕분에 필자는 대학에서의 연구와 수업의 본질을 되돌아볼 수 있었다.

이 책은 갈수록 벌어지는 영문학을 비롯한 인문학과 영어교육의 괴리를 봉합하고 양자의 '만남'을 촉진하기 위한 필자의 일련의 지적 여정이라 할 수 있다. '영문학과 영어교육' 더 나아가 '인문학과 영어교육의 만남'이라는 큰 구도 위에서 영미 청소년문학 연구가 수행되어야 하며 더불어 이것이 교육 현장과 밀접한 관계를 유지하여야 한다는 필자의 고민을 담은 것이다. 영어교육은 여타 외국어 교육과 함께 궁극적으로 인문학 교육이며 그래야 한다는 생각은 놀랍게도 실제 교육과 일상의 장에서 간과되고 있다. 나아가 이 같은 문제의 장에 문학 연구자와 비평이론가들 그리고 다양한 교육자들도 함께 힘을 모아야 한다고 생각했으며 이를 위하여 작품 분석에 적지 않은 인문학적 비평이론과 지식 체계를 원용하였다.

궁극적으로는 저서로 완성하겠다고 생각했지만, 필자의 여건은 그렇지 못했고 결국 다양한 관심과 문제의식을 큰 구도에 모자이크를 맞추듯이 하나하나 축적해 온 연구를 집성하는 형태가 되었다. 이 책의 주요 키워드인 젠더, 다성성, 탈식민 페미니즘, 민족, 젠더 불안, 그로테스크, 노스탤지어, 기억, 역사, 유아기론, 법적 상상력, 신경 다양성, 자폐 서사 등은 지난 십여 년간의 필자의 지적 궤도를 드러내고 있다. 더불어 영미 청소년문학 작품의 분석과 학습자 반응을 교육 현장에서 실제로 검증하고 실험하는 과정도 거쳤다. 영어교육과에서 영문학을 가르쳐야 하는 필자의 어려움이 연구에서는 교육 현장과의 깊이 있는 만남이라는 행운도 가져온 셈이다.

이 연구서는 앞서 언급한 바와 같이 영미 청소년문학과 관련하여 지난 10년 동안 발표한 논문을 토대로 이들을 재구성하였다. 이 연구서는 문학 개론서는 아니다. 동시대의 문학 담론에 익숙한 문학 전공자가 아니라면, 때로 독해가 난삽할 수도 있다. 그러나 각 장에서 다룬 논제들은 영미 청소년문학 전반과 문학 담론에 대한 이해를 심화할 뿐 아니라 수업 현장에서 어떤 방식으로든지 원용됨으로써, 궁극적으로 영미 청소년문학이 학습자의 감성과 지성 그리고 상상력을 촉발하여 학습 동기와 학습 성취로 이어지는 방안이 될 수 있기를 바란다.

이 저서는 영어교육 자체에만 치중하는 영어교육 연구자나 교육자들에게는 영문학 연구의 중요성을, 영문학 자체에만 관심을 가진 영문학 연구자들에게 영어교육과 분리할 수 없는 현실과의 만남을 은연중에 강조하고 있다. 이렇듯 단순한 기대를 안고 있지만, 이러한 이야기를 풀어가는 일이 필자에게 쉬운 일은 아니었다. 그렇지만 고마운 인연 덕분에 문제를 계속 직시하고 풀어갈 힘을 모았다. 먼저 국내 청소년문학 교육에 대한 남다른 열정으로 문제의 중요성을 일깨워 준 숙명여대 국문과 최시한 교수님께 감사드린다. 최시한 교수님은 청소년문학 『제프가 집에 돌아왔을 때』의 번역본을 문학과 지성사에서 출간하도록 배려하여 주셨다. 더불어 책따세 모임은 이 번역본을 2008년 '그해의 추천문고'로 선정하였다. 그 덕분에 더 많은 이들이 이 번역서에 관심을 갖게 되었다. 늦게나마 다시 고마움을 전하고 싶다. 문제작임에도 불구하고 결단을 내린 문학과 지성사와 책따세의 열린 혜안은 필자의 청소년문학연구를 신명 나게 해주는데 한몫했다.

신명은 여럿이서 함께 할 때 더하다. 그런 의미에서 영미 청소년문학 독회 모임에도 감사를 보내야 한다. 근간에는 뜸했지만, 청소년문학 연구 초창기 시절에는 서울 원정이 주는 피로감에도 불구하고 이 모임은 필자의 청소년문학 연구에 활기를 더해주었다. 또한, 필요한 원문 자료를 찾아서 때마다 보내주신 부산대 도서관의 김수진 사서와 교정을 도와 준 이혜리 교육대학원생은 이 연구서의 숨은 공신이다. 더 나아가 이 책의 마지막 장을 장식한 신경장애 담론의 문을 열어준 시인이자 사회 활동가인 그린넬 대학 사바리즈[Ralph James Savarese] 교수에게 깊은 감사의 마음을 보낸다. 이와 더불어 신경 담론에 관한 자료를 계속 조사해준 전 듀크대학과 노스캐롤라이나 주립대 사서이자 현재 토론토 대학 사서인 전지혜 선생에게도 고마움과 그리움을 전하고 싶다. 또한 필라델피아에서 이 책의 표지를 디자인한 이인애의 우정을 잊지 못할 것 같다. 이 오랜 벗이 이국땅에서 이뤄낸 성취가 전혀 다른 영역을 다룬 본 연구서와 이어지는 것은 감동이었다. 더불어 이 책의 편찬과 관련하여 소중한 조언을 아끼지 않으신 김은희 선생님을 진정코 거론하지 않을 수 없다.

이 책에서 개작된 원래 논문의 대부분은 한국연구재단과 부산대학교로부터 연구지원을 받아서 이루어졌다. 그 덕분에 연구에 집중할 수 있었다. 마지막으로 이 연구서가 출간될 수 있도록 출간 지원비를 제공하고 도와준 부산대출판부와 책이 제본되어 나오기까지 한결같은 마음으로 작업하신 담당 선생께도 고마움을 전한다.

혼자서기에 분투해온 큰 아들 서영과 『제프가 집에 돌아왔을 때』를 공역하고 청소년문학 연구의 힘이 된 찬영에게도 사랑을 전한다. 끝으로, 지칠 때마다 격려를 아끼지 않은 학문 파트너이자 믿음과 열정으로 학문을 추구해온 이훈상 교수가 아니었다면 이 책은 나오지 못했을 것이다.

2016년 8월

유 제 분

차 례

3부 윤리와 재현

서론

이 연구는 더욱 새로운 영어교육을 모색하기 위해 지난 10년간 수행해 온 영미 청소년문학에 대한 논의이다. 그러나 많은 이들이 쉽게 떠올리는 일반적 의미의 '교수 방법론'은 아니다. 그보다는 더욱 깊이 있는 영미 청소년문학 연구의 외연을 확장하여 영어교육과 조우할 수 있는 자장을 상정함으로써 인문학 전반과 소통하고 창의적 긴장 관계를 설정하려는 데 눈높이가 맞추어져 있다. 그리고 이를 위하여 영미 청소년문학 텍스트를 영문학을 비롯한 다양한 인문학적 담론이나 이론과의 상관관계 위에서 접근하려 하였다. 때에 따라서는 청소년문학을 교재로 활용하면서 학습자 반응까지 검토 대상에 올려 상호 대화를 촉진함으로써, 영미 청소년문학과 인문학 및 영어교육과의 만남의 중요성을 현장의 목소리를 통하여 전달하려 했다.

한국에서 영어교육은 지나칠 정도로 강조됐음에도 불구하고, 이로부터 파생된 문제를 성찰하거나 공론화하려는 노력이나 연구는 문제의 중요성에 비하여 여전히 제한되어 있다. 특히 영어교육 학계 내부에서 이러한 목소리는 너무도 작다. 잘 알려진 바와 같이 실용 영어 능력에 대한 강조가 오래전에 영어교육 정책의 기조로 자리 잡으면서 필요한 영어 능력자의 수요와는 관계없이, 모든 국민이 영어 원어민처럼 영어를 잘하는 것만이 요구됐다.

이러한 상황에서 영문학 연구와 영어교육 연구 사이의 거리는 갈수록 멀어지면서, 영어교육이 영문학을 비롯한 인문학과 대화하는 것은 기대할 수 없게 되었다.

인문학적 상상력이 새롭게 강조되고 있지만, 영어교육 연구는 이 같은 동향과는 무관한 듯 보인다. 마찬가지로 일부 영문학 연구 또한 비판에서 안전할 수는 없을 것이다. 현장에서의 영어교육과 관련하여 고민 없는 영문학 연구는 의사소통 기능으로서의 '영어'의 매체 기능을 간과하고 있기 때문이다. 이 연구는 이렇듯 영어의 실용 능력만을 강조하는 협의의 영어교육이나 이를 아예 간과하는 영문학 연구를 중요 문제로 상정하면서 '영문학을 통한 영어교육'을 중요한 대안으로 제시한다. 이와 더불어 인문, 사회 지식의 습득과 인지 능력의 향상을 중시하는 교육으로서, 영어교육의 지평을 확장하려는 것이다.

이 같은 전제 아래 연구자는 영어교육의 한 대안으로서 영미 청소년문학 교육을 제안한다. 잘 알려진 바와 같이 청소년문학은 정전문학보다 영어 난이도가 상대적으로 낮아 어휘나 문장이 영어 습득이 쉽다. 또한, 청소년문학의 범주가 넓은 만큼, 작중 등장인물의 연령대가 청소년이나 대학 저학년 독자에게 걸쳐 있어서 감정 이입도 쉽다. 이러한 공감대 형성은 언어습득으로 이어질 가능성이 크다. 인지와 감성이 함께 작동할 때 진정한 이해와 기억에 도달한다는 사실은 지난 20년간 놀라운 성과를 거둔 뇌신경과학 연구를 통해서도 이미 밝혀진 바 있다. 더욱이, 적지 않은 청소년문학 정전이 성인문학 정전 못지않은 깊이와 미학을 지닌 경우가 많다. 이러한 청소년문학의 올바른 읽기를 통해 제반 인문, 사회 지식 체계의 습득과 인지 능력, 그리고 감성 훈련을 도모할 수 있을 것이다.

영문학과 연계한 영어교육의 미덕은 앞서 논의한 바와 같이 감성과 인지능력, 나아가 비판 능력도 함양할 수 있다는 점이다. 신문 기사와 같은 비문학 장르들과 달리, 문학 텍스트의 다양한 맥락과 상황이 불러일으키는 특유의 감성과 상상력은 학습자의 자발적 동기를 촉발해 영어능력 함양뿐 아니라 지성과 감성의 성장에 이바지한다. 연령대와 적절한 영어 난이도로 학생들의 감정 이입이 쉬운 청소년문학 소설이 청소년을 대상으로 한 한국 영어교육 현장에서 가장 적합한 영어 텍스트가 될 수 있는 이유가 여기에 있다. 학습자의 지적 호기심과 감성을 움직이지 않는 한, 영어습득 동기는 지속하기 어렵기 때문이다.

전과 달리 이제 한국에서도 영어교육 현장에서 영미 청소년문학을 교재로 사용하는 경우가 많아졌다. 그러나 교사들은 실용영어 위주로 운영되는 대학에서 사실상 영문학을 거의 배우지 못하고 심지어 교육대학원조차 그러하므로 영미 청소년문학 교재를 적절하게 선정한다거나 작품을 정확하게 분석할 수 없다. 설령 훌륭한 문학 교재를 선정하더라도 대학에서 배운 바대로 영어 표현의 문법적 정확도만 강조하게 마련이다. 그 결과 문학 작품이 줄 수 있는 감동과 감정이입, 그리고 작품의 의미를 기대할 수 없어, 굳이 문학텍스트를 교재로 선정하는 의미 자체가 없어지는 것이다. 영미 청소년문학을 인문학과의 관련 아래 계속해서 새로운 해석을 시도함으로써 문학성의 깊이를 드러내고, 그 과정에서 영어교육과 만날 수 있는 접점을 모색하여야 하는 이유가 여기에 있다.

청소년문학의 지평과 그 가능성

청소년문학 연구는 소수자 문학 연구와 유사한 접근을 요구한다. 소수자 문학 연구는 여성과 식민지인, 에스닉, 소수 인종과 관련된 영미 문학 소설을 대상으로, 이들 소수자와 주변인의 사회 층위와 경계의 문제에 주목하고 이들의 문학적 재현을 분석해왔다. 여성의 경우, 여성 전체를 하나의 대문자로 묶기보다는 '여성'이라는 우산 밑에 존재하는, 시공에 따라 아주 다른 '소문자 여성'이 지닌 차이에 주목하여 식민지와 제국의 역학 속의 에스닉과 인종, 젠더와 관련하여 그 문학적 재현 방식을 연구해왔다. 청소년 역시 사회의 소수자이자 주변인으로서, 청소년문학도 청소년의 인종과 젠더, 지역, 계급의 다양한 층위에 따라 그 재현 양상이 달라질 것이다.

그러므로 이러한 연구 작업은 무엇보다도 학제적 접근이 필요하다. 이 책의 영미 청소년문학 연구는 하나의 작가와 작품세계 또는 이론에 천착하기보다는, 새로운 시점과 변화를 만들어간 작가와 작품을 중심으로 이들 문학세계에 접근한다는 데 의미가 있다. 그리하여 각 문학 작품들은 특성에 따라 다양한 인문, 사회학 이론이 접목되어 있다.

이 과정에서 어느 문학 작품에나 적용될 수 있는 보편타당한 절대적 이론은 있을 수 없다. 절대적 미와 그 미적 분류를 단일화할 수 없듯이, 각 작품은 각기 다른 이유에서 독자의 참여를 끌어낸다. 이 책의 각 장에 실린 작품 분석의 접근 방법과 비평이론이 모두 다른 이유가 여기에 있다. 혹자는 청소년문학이 굳이 학제적 접근과 비평이론 연구를 수반한 엄정한 분석을 거쳐야 하는지에 대해 회의론을 펼칠 수도 있다. 청소년문학이 청소년에게 필요한 교훈과 읽는 즐거움을 제공하면 되지, 지나치게 난삽한 이론으로 난도질당할 이유는 없다는 것이다.

그러나 이러한 관점은 순수 문학 정전 연구와 청소년문학 연구를 별개로 생각하는 태도에서 비롯된다. 문학작품은 위안을 주지만, 작품의 연구는 때로는 피하고 싶은 진실과 대면하도록 만드는 괴롭고 아이러니한 만남일 수도 있다. 성인문학에 점점 가까워가는 현시대의 청소년문학 역시 예외는 아니다. 그러므로 중층적 지식체계의 접근이 정전문학의 전통을 세워왔다면, 청소년문학 연구 역시 이 같은 접근이 필요할 것이다.

따라서 교육자는 학습자에게 문학 전통뿐 아니라 이와 관련된 지식 콘텐츠로 청소년문학을 이해시키고 지적사고와 인지능력을 훈련해야 한다. 이를 위해서 교육자의 영어 능력뿐 아니라 인문 사회적 지식 훈련이 선행되어야 할 것이다. 영어교육이 단순히 영어습득만을 지향한다면, 학생의 지적 호기심과 공감, 그리고 학습동기를 지속시키기는 쉽지 않다. 원어민처럼 유창한 영어를 구사하는 것만이 교육자의 목표가 될 수는 없다.

영미 청소년문학 교육이 영어습득을 포함한 총체적 인문 교육이 되어야 한다는 전제 아래, 이 책은 다양한 영문학과 인문학 이론의 접목을 시도하였다. 페미니즘 이론과 탈식민주의 그리고 탈식민 페미니즘 이론과 같은 소수자 담론을 포함하여, 문학이 다른 지식체계와 만나는 지점을 주목하는 학제적 접근을 도모하였다. 이러한 방식을 통하여 영미 청소년문학 연구와 교육을 궁극적으로는 비판적 사고를 훈련할 수 있는 장으로 만들려 하였다. 원용된 이론은 페미니즘, 탈식민주의, 탈식민 페미니즘 담론을 거쳐 신경장애 담론으로 확장된 일련의 소수자 담론으로, 연구자가 천착해온 연구의 여정을 반영한 것이기도 하다.

이렇듯 다양한 이론과 학제적 접근은 영미 청소년문학 텍스트 선정의 지침도 될 수 있다. 성인문학은 청소년문학의 문학성을 깎아내리거나 비평이론의 적용을 등한시하는 영역으로 무시하는 경향이 있다. 1970년대 이후 급격히 성장한 청소년문학의 등장을 문학의 축제에 우여곡절 끝에 참여한 '신데렐라'에 비유하는 것이 이를 반영한다. 그러나 영미 청소년문학이 성인 정전문학보다 독해 난이도나 독자의 연령대가 낮다는 이유로 문학성이 폄하되거나 비평의 잣대가 느슨해질 수는 없다. 교재에 대한 충분한 연구가 선행되지 않을 경우, 한국을 가해자로 만들고 일본을 제국이 아닌 피식민지 희생자로 오도한 재미 일본 작가 왓킨스Yoko Kawashima Watkins의 『대나무 숲을 멀리하고』*So Far from the Bamboo Grove*, 일명 『요코 이야기』를 비판의 잣대 없이 한국의 영어 수업에서 문학 텍스트로 사용하는 오류를 범하게 된다. 문학 텍스트가 영어 습득을 위한 교재만이 아니라 다양한 인지능력과 비판의식에 대한 훈련이 가능한 콘텐츠여야 하는 점에서, 교재선정의 중요성은 아무리 강조해도 지나치지 않을 것이다.

영문학 정전과 비교해 역사가 짧은 영미 청소년문학은 1970년대 이후 순수 문학 정전과 문학이론의 실험과 더불어 적지 않은 변화를 겪어왔다. 이 책에 담은 대부분 청소년문학 작품은 그러한 변화를 반영한 장르나 주제 혹은 스타일 면에서 실험성을 보여주는 작품들이다. 이혼이나 폭력, 성폭력, 납치 혹은 동성애처럼 20세기 중반까지만 해도 금기시되었던 주제들이, 변해가는 사회 상황과 더불어 이제는 청소년문학에서도 그리 낯설지 않게 되었다.

청소년의 범주 또한 예전보다 훨씬 확장되었다. 과거에는 13세부터 19세까지를 청소년기로 분류했지만, 미디어의 노출과 신체 변화로 인해 이제는 10세까지도 청소년기의 초입으로 본다. 그런가 하면 20대 초반까지를 청소년기로 보는 견해도 있다. 포스트모더니즘이 불러온 변화 또한 청소년문학의 주요 이슈인 정체성 모색과 '성인 되기'를 더욱 모호하고 다층적인 문제로 만들면서, 그 문학적 재현도 장르나 구성 혹은 서술형식 면에서 더욱 실험적이 되었다. 이 책에서 논의 대상으로 선정한 영미 청소년문학 작품은 그러한 변화를 극명하게 보여주며, 작품분석 또한 다양한 접근 방식을 필요로 한다.

논의의 전개

11개의 장으로 구성된 이 연구서에서는 모두 16개의 영미 청소년문학 작품을 다루고 있다. 이 중 『구덩이』*Holes*, 『존경하는 신사 숙녀 여러분』*Good Masters! Sweet Ladies!* 『시카고에서 멀리』*A Long Way from Chicago*와 『그때 그 해』*A Year Down Yonder*, 그리고 『기억 전달자』*The Giver* 등은 이미 적지 않은 초등학생 독자층도 보유하고 있다. 문체가 간단하고 읽기 쉬우며 아동에게 매력이 있는 판타지 요소가 많기 때문이다. 다만 작품의 주인공들이 모두 십 대이며 십 대 특유의 관심거리와 문제를 전달하고 있다는 사실을 고려하여 청소년문학의 범주에 포함해 논의를 끌어갔다. 청소년문학이 크게는 아동문학 범주에 포함되기도 하지만, 한국 중학생 이상의 청소년을 대상으로 한 영어교육을 중요 전제로 하는 만큼, 청소년문학으로 따로 분류한 것이다.

한편 이 책에서 다룬 작품의 상당수는 뉴베리 수상작으로 이미 한국에도 널리 소개된 것들이다. 11개의 장은 각기 하나 내지 두 개의 작품을 다루고 있다. 각 장은 대부분 영문학과 영어교육의 접점을 염두에 두고 있지만, 때로는 작품 분석에만 치중한 장들도 있다. 영어교수 활용법을 구체적으로 제시하는 것이 이 연구의 목표는 아니므로, 영어교육의 향방과 방법을 새롭게 생각하여 함께 문제를 공유하는 방식으로 모색하는 것은 필요에 따라 독자의 몫이 된다.

11개의 장의 분석 방식과 접근 방법이 모두 다르지만 크게 세 논제에 집중하였다. 청소년문학의 『검열과 금기, 그리고 젠더』, 『역사와 기억』, 『윤리와 재현』이 그것이다. 먼저 『검열과 금기, 그리고 젠더』를 중요 논제의 하나로 설정한 것은 청소년문학에서 검열이나 금기가 그 어느 문학 장르에서보다 매우 엄격하며 중요한 이슈이기 때문이다. 특히 검열과 금기는 동성애나 젠더의 문제와 얽히는 경우가 많아 젠더도 검열과 금기와 더불어 하나의 논제로 묶어 보았다. 그렇다고 이 논제 아래 묶은 다섯 편의 글이 모두 금기와 검열 그리고 젠더를 등가적으로 다룬 것은 아니다. 다섯 편 중 세 편은 젠더와 관련된 논의에 더 무게를 두고 있다.

두 번째 논제로 설정한 『역사와 기억』은 영문학과 영어교육에서 역사의 중요성을 함축한 제명이다. 그러므로 이 논제 아래 다룬 세 작품은 중세사나 1930년대의 미국 역사에 관한 것으로, 역사교육과 영어습득의 학제적 영어교육이 가능한 텍스트들이다. 그렇다고 이들 작품 분석을 역사 비평만으로 접근하지는 않았다. 문학 텍스트의 어휘와 문장 분석을 통해 실질적 영어교육에 활용될 수 있는 방안도 이 연구에서 큰 비중을 차지한다. 그런데도 현재 교육 현장에서 역사 교육이 크게 위축되고 있는 현실과 관련하여 이것이 영문학 및 영어교육에 초래하고 있는 파장을 무시할 수 없으므로 양자 사이의 대화를 고려한 시도임을 특별히 강조하여야 할 것 같다.

세 번째 논제는 윤리가 모든 교육의 가장 근본적인 이슈이고 문학의 재현 문제는 근본적으로 윤리 문제라는 사실을 고려하여 『윤리와 재현』으로 선정하였고 여기에 논의를 정리하여 보았다. 특히 청소년문학은 재현의 주체가 성인 작가라는 점에서, 재현의 문제는 항상 청소년문학의 존재 근거를 흔들어온 중요 이슈이다. 한편 여기에서는 청소년뿐 아니라 신경 장애우 청소년의 재현문제도 신경장애 담론과의 대화를 통해 다루고 있다.

그렇지만 11개의 장의 논의는 세 논제의 경계를 넘나들고 분석 틀도 각기 다양하다. 따라서 분류 자체가 다소 인위적일 수도 있으나 이들은 청소년문학의 주요 이슈를 부각한다는 맥락에서 생산적인 대화에 유익할 수 있다. 그러므로 필요에 따라 주제별로 선택하여 읽는 것도 이 연구서의 문제의식에 접근하는 데 도움이 될 것 같다.

검열과 금기, 그리고 젠더

첫 소제목인 『검열과 금기, 그리고 젠더』는 다섯 개의 장으로 구성된다. 『청소년문학과 영어교육, 그리고 젠더』는 첫 장이니만큼 영미 청소년문학의 발전과 특성을 간략히 살펴보았다. 또한, 미국의 대표적 아동 청소년문학인 새커Louis Sachar의 『구덩이』를 대상으로 교육적 가치를 논의하는 한편 페미니즘의 관점에서 젠더 문제도 분석하였다. 더불어 영어 난이도 검사를 통해 한국 영어교육의 현장에서 텍스트로서 적절한지도 논의하였다. 이 과정에서 영미 청소년문학에 대한 학생들의 반응도 조사하여 영어교육을 위한 영미 청소년문학 텍스트의 선정 문제도 다루었다.

문학 텍스트의 선정 문제는 무엇보다도 문학비평과 검열의 문제와 직결된다. 청소년문학의 평가와 가치 창출에서 비평은 검열의 근거를 마련해주거나 그 잣대를 의문시하는 등의 중요한 역할을 해 왔다. 어떤 잣대와 가치관에 따라서 문학 작품을 선정하고 교육할 것인가의 문제는 비평이론 연구와 관련된 중요한 이슈이다. 특히 청소년문학은 청소년 선도와 교육을 담당한다는 점에서 그 어느 것보다 엄격한 검열대상이 되어왔다.

검열은 당대의 정치, 종교, 철학적 이해에 기초한다. 그러나 다원적이고 성숙한 지적 합의에 기초하지 않는다면, 검열은 시대의 편견이나 집단 강박증으로 작동할 위험도 있다. 이 같은 맥락에서 2장, 『청소년문학의 금기와 검열』은 검열의 역사를 살피면서 놀즈John Knowles의 『분리된 평화』*A Separate Peace*와 앳킨스Catherine Atkins의 『제프가 집에 돌아왔을 때』*When Jeff Comes Home*의 동성애와 금기의 문제를 분석하였다. 빈번히 검열의 도마 위에 올라 논란이 되어온 이 작품들에서 청소년 주인공이 기존의 남성성과 자신의 젠더 정체성 간에 느끼는 갈등에 주목함으로써 이 소설들의 새로운 해석을 시도하였다.

『분리된 평화』와 『제프가 집에 돌아왔을 때』는 모두 동성애에 대한 청소년의 공포를 다룬 점에서 공통된다. 동성애에 대한 이들 주인공의 반응을 사회적 통념의 구성물로 보고, 여기에서는 주인공들의 젠더 정체성의 형성과정에서 동성애에 대한 금기와 공포심이 표출되는 방식에 주목하였다. 『분리된 평화』가 우정과 동성애의 경계에서 겪는 청소년기의 심리적 혼란을 '성인 되기'의 관점에서 그렸다면, 『제프가 집에 돌아왔을 때』는 성폭력의 희생자를 여성이 아닌 남자 주인공으로 설정함으로써 기존의 남성성에 대한 새로운 이해를 도모한 점에 차이가 있다. 이들 주인공의 혼란과 공포심은 그만큼 이 시대의 청소년들의 젠더 정체성의 혼란을 반영하는 것이다. 검열의 잣대가 지나치게 단일한 사고와 지식을 고수할 때, 이들 작품이 제시하는 문제를 파악하지 못하고 성급히 금서로 낙인찍는 결과를 초래하는 것임을 여기에서 드러내려 했다.

사회의 가치관과 인식구조가 급격하게 변해가는 시대에 청소년문학이 비교적 보수적이었다면, 그 이유는 유독 청소년문학에 대한 까다로운 검열에 기인한다. 또 하나의 이유로는 청소년문학 비평이 부족한 점을 꼽을 수 있다. 1960년대부터 줄곧 성장해온 청소년문학 텍스트의 공급에 비해 이에 따르는 문학 비평이 턱없이 모자란 것이다. 그런데 검열의 비판 대상이자 대표적 금서였던 샐린저J.D. Salinger의 『호밀밭의 파수꾼』*Catcher in the Rye*이나 코마이어Robert Cormier의 『초콜릿 전쟁』*The Chocolate War*, 그리고 힌튼S.E. Hinton의 『소외자』*The Outsiders*에 대한 문학 연구자들의 지속적인 비평 연구가 없었더라면, 이 작품들은 현재 청소년문학의 정전으로 살아남아 있기 어려웠을 것이다.

이 같은 관점에서 셋째 장 『청소년문학과 비평 그리고 영어교육』은 미국 청소년문학 중 가장 많은 논란을 낳아온 대표작, 『초콜릿 전쟁』과 『소외자』를 비평이론가 크리스테바Julia Kristeva의 "애브젝션"abjection 혹은 '비체' 논의를 원용하여 분석함으로써, 이들이 한때 청소년문학으로서 부적절하다는 낙인을 찍혔음에도 불구하고 권력과 억압의 역학 속에서 '성인 되기'를 추구하는 청소년의 갈등을 진솔하게 다룬 청소년 성장소설임을 밝힌다. 이 과정에서 문학 비평 이론의 적용은, 텍스트의 표면 밑에 감추어진 깊이와 의미를 새로운 각도에서 볼 수 있는 하나의 방안임을 확인하려 하였다. 그리하여 현직 교사들로 구성된 교육 대학원 수업에서 이 소설들을 함께 읽고 포스트모던 문학이론을 간략히 소개한 후, 독해와 비평, 그리고 영어교육과의 관계에 대한 설문지를 돌려 반응을 검토하였다. 문학작품 선정에서 교육현장에서의 실제 난이도 문제를 점검하는 등 실사구시적 접근을 시도한 것이다.

넷째 장, 『젠더와 민족, 그리고 탈식민 페미니즘 독법』은 청소년문학에서 역사와 젠더가 상호 작동하는 방식을 탈식민 페미니즘의 분석 틀로 클로즈업한 글이다. 국내와 국외에서 뜨거운 논쟁이 된 재미 일본 작가인 왓킨스의 일명 "요코 이야기"로 알려진 청소년 소설 『대나무 숲을 멀리하고』와 이에 대한 대항 소설인, 재미 한국 작가 최숙렬Sook Nyul Choi의 청소년 소설 『떠나보낼 수 없는 세월』*Year of Impossible*

*Goodbyes*을 대상으로, 탈식민 페미니즘의 독법이 탈식민주의와 페미니즘의 한계를 극복할 수 있는 방식을 예증한다.

보다 구체적으로 말하면, 이 장에서는 제국 여성/식민지 여성의 관점에서 소설들을 비교 분석하고 그 과정에서 제국 담론과 민족 담론이 여성과 가정을 작동시키는 방식을 다루면서, 제국/식민, 제국 남성/식민 남성의 경계의 틈새에서 흔들릴 수밖에 없는 '간극의 정체성'을 전시 상황 속 제국 여성의 삶의 조건으로 파악하였다. 이로써 제국의 여성도 식민지 여성만큼이나 희생자가 될 가능성이 있음을 지적하였다. 이러한 탈식민 페미니즘 독법은, 젠더를 간과하는 민족 담론의 한계와 다양한 여성의 층위를 간과하는 페미니즘의 한계를 극복하고 해결점을 찾으려는 시도에서 출발한 것이다.

청소년문학은 대부분 청소년기에 놓인 남주인공을 다루는 경우가 많다. 이에 여학생들은 작중 남주인공에게서 정체성의 모델을 찾거나 감정이입의 어려움을 종종 호소한다. 이 점에서 미국 남부 작가 맥커러스Carson McCullers의 청소년기 소녀의 몸과 정체성 문제를 다룬 『결혼식 멤버』*The Member of the Wedding*는 여학생을 위한 청소년문학으로 추천할 만하다. 이 소설을 대상으로 한 다섯째 장, 『젠더 불안과 프릭 문화』는 선머슴 같은 십 대 초반 여주인공 소녀의 젠더 정체성과 젠더 불안이 소녀를 둘러싼 당대 1940년대 미국 남부의 프릭 쇼 문화와 교차하는 지점을 분석한 장이다.

맥커러스는 남부의 그로테스크 문화를 대변하는 작가로 잘 알려졌지만, 여기에서는 그로테스크로부터 프릭의 개념을 분리하여 이를 작품 분석에 원용하였다. 성장기 소녀의 젠더 불안 심리에서 미국의 1940년대 초반까지 순회공연이 이루어졌던 프릭 쇼 문화를 읽어내는 작업은, 궁극적으로 저자 맥커러스의 여성관뿐 아니라 여성의 몸에 부과되는 시대 문화의 억압을 읽어내는 일이 될 것이다.

이 장의 또 하나의 키워드는 양성성과 복장도착이다. 프릭 쇼에 등장하는 '양성

동체 프릭'의 복장 도착이 드러내는 것은 남녀가 한 몸에 조화롭게 공존하는 양성성의 이상적 젠더 주체가 아니라 남녀가 충돌과 갈등 관계에 있는 잡종적 존재이다. 그의 잡종성은 복장도착을 통해 젠더가 구성되는 방식을 드러낸다. 이렇듯, 수행performance이자 볼거리로서의 젠더를 드러내는 전략으로서의 복장 도착이 작중 여주인공 소녀의 젠더 불안과 교차하는 지점을 작품 분석을 통해 살펴보았다.

역사와 기억

두 번째 논제인 『역사와 기억』은 청소년문학 연구와 영어교육에서 학제적 내지는 초학제적 접근의 중요성을 담고 있다. 영어교육만을 겨냥하지 않고 역사교육도 동시에 가능한 청소년문학 작품이 영어교재로 더 적합하다는 구도에서 논의가 출발한다. 2008년도 뉴베리 수상작인 쉬리츠Laura Amy Schlitz의 『존경하는 신사 숙녀 여러분』은 이 구도가 단연코 부합한다. 시/소설/드라마/그림책/역사서/논문 등 다양한 장르들 사이의 경계를 무시하면서 각 요소를 혼합하여 더욱 새로운 이야기 전개를 실험하고 있는 이 문학 작품은, 어린이와 청소년의 눈높이에서 중세사를 새롭게 조망하는 기획을 보여주기 때문이다. 위계질서가 엄격했던 중세사회를 어린이와 청소년의 관점에서 새롭게 제시함으로써, 이 작품은 기존의 계급질서와 영웅개념을 바꿀 뿐 아니라 평등, 인권, 인종, 여성 등 동시대의 다양한 이슈에 관한 논의를 유발하고 있다.

이 연구서의 여섯째 장, 『'낯설게 하기'와 다성성의 영어/역사 교육』은 이 작품의 서술형식과 문장 스타일을 주목한다. 그리고 분석을 위해 바흐친의 '다성성'과 형식주의의 '낯설게 하기'의 개념을 원용하였다. 그리하여 이 작품이 기존의 역사 서술을 더욱 새로운 형식과 문체의 문학작품으로 구성함으로써, 역사/문학 읽기 경험을 보다 감성적이고 창조적 차원으로 만드는 방식을 분석하였다. 더 나아가 문체 변이와 그 전경화를 통한 낯설게 하기의 서사 효과가 학습자의 정서와 독서 동기를 유발하는 상관관계를, 미알David S. Miall과 쿠이켄Don Kuiken, 그리고 즈완Rolf A. Zwaan의 인지 언어학의 관점을 빌려 분석하였다

저자 쉬리츠는 저자 서문에서 '역사'는 죽은 과거일 수 있지만, '역사 소설'은 현재의 치열한 삶과 연결되는 드라마임을 상기시키고 있다. 이 연구는 일련의 드라마처럼 독자의 감정을 유발하는 이 작품의 서사 구조가 학생 독자들의 적극적 반응을 유도하여 더욱 높은 학습효과를 거둘 가능성에 무게를 두었다. 가끔 등장하는 영어의 고어古語를 학생들의 영어 눈높이에 맞춰 현대어로 바꾸는 것도 한 교수 방법이 될 수 있을 것이다. 시처럼 간결한 문체와 연극 대사와도 같은 독백이나 대화체들이 이 작품을 영어교육 텍스트로 선정한 이유였다. 더 나아가 도서관 사서가 저자인 만큼 하나의 예술작품처럼 꾸민 이 소설의 아름다움도 교재 선정의 또 하나의 이유가 되었다.

문학 연구에서 역사와 더불어 종종 논의되는 것이 기억이나 노스탤지어이다. 여기에서도 노스탤지어가 청소년문학 속의 역사 서술로 작동하는 방식에 대하여 주목하였다. 청소년문학 장르의 정체성은 그 어느 장르보다도 어린 시절에 대한 노스탤지어에 기반을 두기 때문이다. 그런데 이 노스탤지어는 개인적 차원을 넘어 시대정신의 징후도 반영할 가능성이 크다. 그러므로 노스탤지어가 온전한 과거를 되살리기보다는 현재와 과거 기억 사이의 상호작용을 통해 과거를 구성하는 것이라면, 노스탤지어 연구는 당대의 상상과 열망을 드러내는 하나의 중요한 지표가 될 수 있을 것이다.

『노스탤지어와 20세기 말의 청소년문학』은 이러한 구도 위에서 접근한 것이다. 20세기 말에 출간되고 뉴베리 수상작인 펙Richard Peck의 두 소설 『시카고에서 멀리』와 『그때 그 해』가 아이러니하게도 미국 역사에서 가장 험난한 시기였던 1930년대

에 대한 강한 노스탤지어를 드러낸 점을 주목하였다. 작품 분석을 위해 허치언Linda Hutcheon의 노스탤지어 연구와 제임슨Frederick Jameson의 포스트모던 노스탤지어 이론을 원용하였다. 또한, 노스탤지어를 통해 소개되는 1930년대의 미국 문화를 검토하고, 포스트모던 노스탤지어의 개념과 구별되는 이 소설 특유의 노스탤지어가 유년 시절을 구성하는 친할머니의 재현을 통해 작동하는 방식을 살펴보았다.

미국 역사에 관한 접근도 함께할 수 있는 대표적 청소년문학이 뉴베리 메달상(1998)을 수상한 헤스Karen Hesse의 운문소설Verse novel, 『모래 폭풍이 지날 때』*Out of Dust*와 『증인』*Witness*이다. 『모래 폭풍이 지날 때』는 여주인공의 일인칭 서술과 시적 표현을 통해 1930년대의 미국 대공황기에 모래 폭풍까지 겪던 오클라호마주의 상황과 가족의 비극을 애절하게 담아내고 있다. 사회적으로나 개인적으로 혹독한 비극적 상황에서 남달리 성숙한 소녀의 심리를 드러낸 점에서 남학생보다는 여학생의 감정 이입을 끌어내었다.

한편 이들 작품을 다룬 장, 『운문소설과 문학/영어/역사 교육』은 시적 문체 변이의 전경화로 인한 다양한 감각 이미지가, 감정과 상상력을 촉발하는 서술 방식에 주목하였다. 이 같은 일련의 이미지 효과가 언어 습득에 기여할 뿐 아니라 학습자의 정서적 발달에도 도움이 될 것이라는 생각에서이다.

『증인』은 잘 알려진 바와 같이 1920년대의 미국 동북부에서의 KKK단의 횡포를 그린 운문소설이다. 젠더 연구와 역사적 접근이 가능하지만, 전경화를 통해 반복되는 어휘와 문형이 학습자의 적극적 학습 참여와 장기 기억으로 넘어갈 가능성에 주목하였다. 시를 일반적으로 어렵게 생각하는 한국 학습자들에게 시각, 청각, 촉각과 같은 중첩된 감각 이미지를 촉발하는 운문소설이 뜻밖에 쉽게 다가올 수 있는 이유와 촉발된 감정과 풍부해진 상상력이 단기 기억을 장기 기억으로 전이시킬 수 있는 가능성에 주목한 것이다.

윤리와 재현

마지막 논제 『윤리와 재현』은 영어교육과 함께 가능한 윤리교육을 상정하면서, 이어 청소년문학의 재현 문제를 다루고 있다. 문학의 재현은 근본적으로는 윤리 문제에 기초하므로, 윤리와 재현을 하나의 항목으로 묶은 것이다. 윤리교육과 관련해서는 로우리Lois Lowry의 1994년 뉴베리 수상작, 『기억 전달자』*The Giver*와 마이어즈Walter Myers의 『괴물』*Monster*을 선정하였다.

이 중 9장 「『기억 전달자』의 감정/윤리/영어교육」은 『기억 전달자』를 대상으로, 영어교육과 감정교육 그리고 윤리교육이 영미 청소년문학 읽기를 통해 동시에 이루어질 가능성에 대한 물음으로 진행되었다. 이를 위해 우선 현시대의 유년기 교육을 동질성과 단계화로 인한 '유년기의 실종'으로 진단하고, 이러한 현시대의 징후가 투사된 미래의 디스토피아로 이 작품을 분석하였다. 이 과정에서 아감벤Giorgio Agamben의 '유아기' 이론을 원용하여, 작품 속 주인공이 사회가 빼앗은 유년기를 회복하여 자연스러운 감정과 언어, 윤리의식을 습득해가는 양상을 분석하였다. 또한, 과거의 기억을 회복함과 동시에 유년기의 감정을 되찾아 윤리적 실천으로까지 나아가는 청소년 주인공의 성장이 궁극적으로 사회 변화의 원동력이 될 수 있다는 이 작품의 숨은 뜻을, 기존 청소년문학의 '성인 되기'와 비교했다.

더 나아가 유년기 회복에 따른 주인공의 감정변화와 언어변화가, 텍스트의 어휘와 문장형태, 난이도 변이에 반영되는 양상을 분석하였다. 이러한 분석으로 이 작품이 학생들의 영어 어휘 습득에 미칠 수 있는 독서 효과 또한 살펴보았다. 마지막으로 이 소설의 독자반응을 분석함으로써, 청소년문학 교육을 통한 영어교육이 문학적 감성을 토대로 윤리교육으로 이어질 가능성을 모색하였다. 그리하여 궁극적으로는 감정/윤리/언어교육의 측면에서 청소년문학과 청소년문학 교육의 가치를 새롭게 자리매김하는 작업의 의미를 확인하고자 했다.

윤리 문제와 관련하여 법과 정의의 문제를 빼놓을 수 없다. 10장, 『모의법정과 영어/윤리/법 교육』은 영미 청소년문학 연구에서 학제적 접근의 중요성을 반영한 장으로, 법이 과연 청소년의 증가하는 폭력 문제를 해결하고 더 나아가 청소년을 진정한 사회 주체로 호명할 수 있는가? 라는 질문에서 출발하였다. 이에 법과 폭력 문제에 대한 해답을 문학에서 찾으며 문학 이해를 법 지식의 필수 교육과정으로 제시하였다. 이 과정에서 알튀세Louise Althusser의 "억압적 국가장치"Repressive State Apparatus 개념과 누스바움Martha Nussbaum의 문학과 법적 상상력 논의, 화이트James Boyd White의 "구성적 수사"Constitutive rhetoric와 "법적 상상력"Legal imagination개념 등도 원용하였다.

문학작품은 법 언어를 대신할 수 있을 뿐만 아니라 오히려 더 나은 대화나 사고방식을 제공할 수 있다는 것이 여기에서의 입장이다. 다양한 문학 장르를 읽는 방식을 통해 법관은 문학가나 철학자 윤리학자나 시인뿐 아니라 여성이나 소수 민족 혹은 소수 인종과 같은 사회 소수자의 관점을 경험하게 된다. 이렇듯 문학적 사고방식은 법관의 삶을 세우고 법 텍스트를 이해하고 판단하는 방식을 도와준다. 문학 텍스트 또한 법 텍스트와 마찬가지로 윤리적이고 문화적 의미로 충만한 것으로, 법과 문학의 상호작용은 양자를 변화시킨다.

훌륭한 문학작품의 훈련된 독자는 문학적 재판관이 될 수 있다는 누스바움의 논의를 바탕으로 이 연구의 마지막 단계에서는, 현직 중고등 학교 교사로 구성된 교육 대학원의 영미 청소년문학 수업시간에서 『괴물』을 읽은 후 9명의 학습자가 작품과는 별개로 판결을 유도하는 모의법정을 가졌다. 이들 아홉 명은 작품에서는 빠진 배심원이 되어 각자의 견해를 토론하는 형식으로 진행되었다. 이 과정에서 학습자들의 법과 윤리에 대한 인식 함양과 영어교육이 동시에 가능함을 타진해 보았다.

이 책의 마지막 11장, 『신경 다양성과 자폐의 문학적 재현』은 뉴로 소설에 대한 필자의 최근 연구동향과 관련된 것으로, 청소년문학에 대한 보다 근본적 질문에서 비롯되었다. 청소년문학이 과연 청소년의 입장을 대변하는가? 아니면 성인 사회의 열망을 대변하는 것이 청소년문학은 아닌가? 그렇다면 청소년문학은 과연 존재하기는 하는 것인가? 하는 기존의 회의가 그것이다. 청소년문학의 재현 문제는 청소년문학 연구에서 끊임없이 제기되어온 문제이다. 그런데 청소년의 입장을 재현하기보다는 청소년에게 바라는 성인사회의 주문을 담고 있는 것이 청소년문학이라는 주장은, 의사전달이 어려운 신경 장애우의 경우 더욱 심각해질 수 있다.

해돈Mark Haddon의 『한밤중에 개에게 일어난 의문의 사건』*The Curious Incident of the Dog in the Night-Time*은 신경장애우가 스스로를 말할 수 있는가?라는 물음을 상정할 수 있는 대표적 영국 청소년 뉴로 소설이다. 여기에서는 이 소설의 자폐우 재현과 서사에 초점을 맞추면서 자폐우 청소년의 인지방식과 자폐에 대한 이해에 다가가려 했다. 더 나아가 전통 자폐우 무코파데이Tito Mukhopadhyay의 회고록 『마음 나무』*The Mind Tree*와 『입이 안 움직이는데 말을 할 수 있나요?』*How Can I Talk If My Lips Don't Move?*를 통해 자폐 서사의 특성을 살펴보았다. 이 과정에서 자폐에 대한 일반적 통념을 깰 수 있는 문학적 재현의 힘도 확인하려 했다. 또한 자폐우의 남다른 인지 과정과 언어구사가 기존 문학 서사에 대해 일으키는 '낯설게 하기' 효과도 주목하였다.

더 나아가 자폐우 주인공의 언어 습득이 영어를 외국어로 배우는 상황과 유사함을 발견하였다. 사회화가 발달되지 않은 자폐우의 의사소통은, 문화적 접촉과 의사소통이 부재한 상황의 외국인의 영어 습득 과정을 상기시키기 때문이다. 소설의 자폐우 주인공은 추상적 단어나 디테일한 문장 대신에 그림이나 지도, 도표, 삽화에 상당량 의존하여 의사소통을 시도한다. 이러한 그의 서술 방식은 영어를 외국어로 배우는 독자에게 특히 어필하는 서사 방식으로, 앞으로 이에 대한 보다 구체적인 연구가 기대된다.

1부

검열과 금기 그리고 젠더

HUMANITIES ENGLISH LITERATURE YOUNG ADULT LITERATURE

ENGLISH EDUCATION

제 1 장

청소년문학과 영어교육, 그리고 젠더

1. 영미 청소년문학의 발전과 특성

영문학 정전 수업은 외국인 학습자들을 종종 좌절시킨다. 특히 영어 난이도와 나이에 따른 이해도를 고려하지 않은 영문학 정전 텍스트의 선정은 영어능력과 세상 경험의 한계가 있는 학습자들의 학습 동기를 떨어뜨릴 수 있다. 학교와 지역에 따라 편차가 심한 것을 고려하더라도, 한국의 적지 않은 영문학과에서 한 학기에 소화해낼 수 있는 정전문학의 원문 독해의 양은 고작해야 두 권, 많아야 세 권 정도일 것이다. 이는 물론 영어만의 문제가 아니라 인문학과 활자 매체의 쇠퇴에서도 연유됨은 새삼 거론할 필요가 없다. 영문학 정전은 신세대 학습자들에게 크게 매력이 되지 못할 뿐 아니라 회화능력에도 그다지 도움을 주지 못하는 것으로 간주된다. 정전 문학의 문어체 문장구조와 이미 사라졌거나 변형된 어휘 등이 동시대의 영어 활용에 즉각 도움이 되지 않는 것처럼 보이기 때문이다.

특히 대학에서 영문학을 경험한 중 · 고등학교 영어교사의 경우, 단순한 영어 문장 독해 능력 정도밖에는 없는 중 · 고등학교 학생들에게 난해한 영문학을 활용할 방법을 찾기가 쉽지 않다. 자신도 어려워하던 영문학을 중등 교육에 접목하는 것이 엄두가 나지 않는 것은 말할 것도 없다.

대학의 영문학 수업에서 경험하는 좌절감은 인문대학의 영문학과보다는 중등 영어교육 현장과 밀접한 사범대학 영어교육과에서 더욱 심각해질 수밖에 없다. 대학의 영문학 공부가 장래 영어 교사가 되어 영어를 가르치는 현장에서는 거의 활용할 수 없는 무용지물이 될 수 있다는 생각에, 사범대 영어교육과 커리큘럼에서 영문학수업은 피상적이고 현실감 없는 수업으로 간주되는 경우가 적지 않다.

그런데 학습자의 연령대와 영어능력 수준에 적합하면서 영어 능력과 영문학 이해를 동시에 향상할 수 있는 교재를 선택하기는 쉽지 않다. 이전에는 영어로 된 동화 강독이 하나의 대안으로 제시된 적이 있었다. 그러나 지성, 감성, 그리고 경험의 차이를 간과한 동화 교육은 아무리 영어를 외국어로 배우는 상황이라 하더라도 대학생이나 청소년 학습자의 지적 능력이나 지적 호기심을 충족시키기 어렵다.

가끔 원어민들이 영어가 서툰 대학생 나이의 학습자들에게 동화를 활용하여 영어를 가르치는 경우가 있다. 이때 이들이 놓치기 쉬운 것은 영어로 표출되지 않는 학습자들의 지적, 감성적 수준이다. 영어가 어눌하다고 해서 지적, 감성적 수준이 낮은 것은 아니기 때문이다. 학습자들의 지적 수준이나 지적 욕구를 만족시키지 못할 때 영어교육은 수동적인 언어습득의 차원에 머물기 쉽다. 영어능력 수준에 맞는다고 지적 수준이 높은 학습자에게 동화를 가르치는 것은 이들의 지적 호기심을 간과하여 결국 학습효과를 떨어뜨리게 된다. 그러므로 영문학 텍스트 선정은 영어교육과 문학 교육적 측면을 고려하여 학습자의 지적, 감성적 눈높이를 동시에 고려해야 할 것으로 보인다.

영어교육에 영문학을 활용하는 문제에 대해서는 찬반론이 엇갈려왔다. 영문학을 "과거 시대의 화석"으로 표현한 토핑Donald Topping은 영문학을 통한 영어교육을 극명히 반대하는 대표적 영어교육 학자이다.[1] '문학'에 대한 토핑의 이해는 문학의 정의를 문학 정전에만 국한하는, 기존의 일부 영어교육학자들의 제한된 이해를 잘 보여주고 있다. 이같이 문학을 문학 정전에만 국한하는 협의의 정의로 이해할 때, 영문학을 통한 영어교육은 부정적으로 보이기 쉽다. 그러나 문학은 원래 시, 소설,

---

1 Donald Topping, "Linguistics or Literature?: an Approach to Language," *TESOL Quarterly* 2-2(1968): 96-100쪽.

드라마에 국한된 픽션 만이 아니라 역사와 전기 같은 다양한 종류의 글쓰기를 포함한, 더욱 넓은 의미의 인문학적 개념이었다. 이러한 의미에서의 영문학을 통한 영어교육은 영어능력의 향상을 가져올 것은 분명하며 그중 하나로 영미 청소년문학을 통한 영어교육을 들 수 있다. 영미 청소년문학을 통한 영어교육은 '과거 시대의 화석'이 아닌 일상의 생생한 영어와 문화를 청소년 학습자가 습득할 방안이 될 수 있다.

영미 청소년문학을 통한 영어교육의 장점은 무엇보다도 감성교육에 있다. 학습자의 감성에 다가서는 영어 학습 자료를 통한 영어교육은 학습자의 영어능력 함양과 더불어 정신과 감성의 성장을 목표로 한다. 학습자의 호기심과 감성을 움직이지 않는 언어 측면에서만의 영어교육은 무의미하다. 이런 점에서 청소년문학은 중고등학교와 학부 저학년 학습자의 감성과 맞닿는 부분을 지닌다.

영미 청소년문학에 대한 연구가 본격적으로 활성화된 것은 지난 십 년간의 일이다. 그전에는 한국 영문학계에서는 거의 전혀 없는 상태였지만, 이제는 영미 청소년문학을 교과과정의 교과목으로 개설한 대학도 찾아볼 수 있다. 국내의 중, 고등학교 영어교육 현장에서도 영미 청소년문학의 중요성을 인지하고 작품들을 교실의 서가에 배치해 놓은 경우도 있다. 그러나 여전히 영상물로 성공한 몇몇 작품을 제외하고는 구체적인 난이도나 나이별 구분이 아직 완벽하게 체계적으로 정립된 것 같지는 않다. 영미 청소년문학 작품이 제도권 교육기관보다는 사설 영어 학원 같은 비제도권 기관에서 실험교재로 먼저 발굴되고 활용되어왔다는 사실은, 그만큼 제도권 영어교육에서 교사의 자율권이 제한되었음을 방증하는 것이다.

18세기 초반까지만 해도 아동과 청소년은 그들 나름의 독립적인 개인으로 인정받기보다는 모든 도움이 필요한 '부족한 성인'으로 인식되었다. 그리하여 이들의 부족함을 메우기 위해 도덕적 교훈을 담은 책이 필요했다. 18세기 중반에 가서야 아동들을 위한 도서가 뉴베리John Newbery에 의해 출반되었는데, 그는 아동 도서가 교훈만이 아니라 읽는 즐거움도 주어야 한다고 생각한 최초의 아동용 도서 출판인이었다. 이어 19세기 중반부터 등장한 가정소설Domestic novel과 십 센트 소설Dime novel은 아동문학이 보급되고 발전하는 데 중요한 역할을 하여, 19세기는 위대한 아동도서의 시대를 출발시켰다.

Teenage, adolescent, 혹은 young adult literature라 불리는 영미 청소년문학은 1960년대를 출발점으로 하여, 1970년 이후 크게 도약하였다. 물론 이러한 도약은 바로 그 전의 아동문학의 성행에 힘입은 바 크다. 미국의 아동문학에 관한 학술지로 "아동문학 교육"*Children's Literature in Education*과 "시그널"*Signal*이 1970년에 발간되었고 아동문학 협회의 "아동문학"*Children's Literature*이 곧 뒤를 이었다. 영미 양국에서는 아동문학에 관해 진지한 지적 포럼이 갑자기 성행했다. 대학 학부과정이 개설되고 수준 높은 지적 연구서들이 선보이면서 아동문학 장르의 권위가 인정되기 시작하였다. 홀린데일의 표현대로 "학문의 무도회에 신데렐라가 초대된 것"이다.[2]

이러한 아동문학의 기세가 누그러지면서 그 자리를 곧이어 차지한 것이 청소년문학이다. 캠Josephine Kamm의 『젊은 엄마』*Young Mother*나 힌튼S.E. Hinton의 『소외자』*The Outsiders*처럼 십 년 전이라면 교육적 측면을 고려하여 엄두도 내지 못했을 성에 대한 이슈나 뒷골목 십 대들의 폭력과 갈등을 그린 작품들이 출판되면서, 청소년문학의 폭이 점차 확대되었다. 청소년문학 비평가 트라이스Roberta Seelinger Tries는 아동문학이 개인의 심리를 파고들었던 낭만주의 시대에 출몰한 것이라면, 사회제도와 인습이 개인을 구성하는 방식에 질문을 던지는 청소년문학의 출몰은 포스트모던 시대에 가서야 가능할 수 있었다고 본다.[3]

청소년의 연령층은 과거보다 많이 확장되었다. 예전에는 대략 13세에서 19세까

2 Peter Hollindale, "The Adolescent Novel of Ideas," *Children's Literature in Education* 26-1(May 1995): 83쪽.

3 Roberta Seelinger Trites, *Disturbing the Universe: Power and Repression in Adolescent Literature*. Iowa City: Iowa UP, 2000, 16쪽.

지를 청소년기로 보았지만, 지금은 약 10세나 11세경부터 청소년기가 시작된다. 아동기가 줄어든 이유는 아동들의 육체적 변화가 사춘기를 앞당겼을 뿐 아니라 영상물을 통해 성인문화를 과거 어느 때보다도 쉽게 접근할 수 있는 사회문화적 여건 때문으로 추측된다. 청소년문학의 독자층이 기존 아동기 후반의 독자층을 흡수하면서 확대된 양상을 보이는 것이다. 그리하여 청소년기는 약 11세에서 14세에 해당하는 십 대 초입의 소년preadult과 약 15세에서 20세에 해당하는 청소년young adult을 말하며 청소년문학은 이들 독자를 대상으로 한 문학으로 범주화할 수 있다.[4] 물론 개인마다 차이가 있으므로 아동기와 청소년기를 엄격하게 구분하는 것이 무리일 수는 있지만, 한창 성장기 청소년들의 신체와 정신의 변화는 아동문학과 달리 청소년문학만이 보여주는 특성을 이루는 주요 요인이 된다.

청소년문학의 상당수는 자신을 구성한 사회제도와 자신과의 관계에서 자의식이 강한 주인공이 겪게 되는 갈등과 회의를 다루는 점에서 아동문학과 구별된다. 아동문학은 아동 독자를 대상으로 성인이 만들어낸 문학이므로, 소위 '상징계의 법'이 적용되어 아동들의 정체성 형성에 거울의 역할을 하는 경우가 적지 않다. 여 주인공은 전형적으로 수동적이고 의존하는 존재로, 남 주인공은 능동적이고 독립적 존재로 재현됨으로써, 아동문학은 기존 성인 사회의 지배적 이데올로기를 굳건히 하는 문학 매체가 될 수 있다.

그러나 아동문학 소설과는 차별화되는 청소년문학 소설은, 사회 구성관계를 의문시하고 개인과 사회 간의 갈등을 최전면에 내놓는 경향을 보인다. 바로 이러한 점에서 아동문학보다 청소년문학에서 시공을 넘어선 지속적이면서 확고한 정전을 찾기가 쉽지 않다.[5] 청소년문학의 특성이 당대 독자의 관심사와 절대적으로 일치해야 하므로 유행을 타기 때문이다. 복장이나 음악, 언어, 성에 대한 관심과 같은

4 John Bushman, *Using Young Adult Literature in the English Classroom*. New York: Merril, 1993, 2쪽.

5 Tries, 위의 책, 20쪽.

물질적 표현이 따르는 대부분의 청소년문학 소설은 비교적 수명이 짧다. 그러나 바로 이러한 특성이 현대사회의 '성인 되기'의 모습을 청소년문학에서 찾을 수 있는 이유가 되기도 한다.

그럼에도 청소년문학의 저자는 청소년이 아닌 성인이라는 점에서, 청소년문학의 '성인 되기'도 아동문학에서처럼 이미 사회 문화적으로 규정된 이데올로기를 완전히 벗어나기는 어렵다. 아동문학만큼 확고하지는 않더라도 청소년문학의 기능 역시 사회의 이데올로기를 전달하는 것이다. 비록 청소년문학의 특성이 저항과 전복에 있을지라도, 이 역시 아동과 청소년들을 제도화하고 사회화시키는 방편이 되는 것을 전적으로 부인하기는 어렵다. 청소년기는 성인의 삶에서 "영원"이라는 상징성을 띄는 상대적 개념이기 때문에, 애미 패티는 청소년문학이 성인의 향수와 소망을 반영한다고 본다.[6] 다시 말해, 성인 사회에 대한 소망충족의 한 반영물인 것이다.

그러므로 청소년문학이 청소년 독자의 무한한 상상력의 자유를 표출시킬 수 있는 공간이라는 점은 의심스러울 수밖에 없다. 오히려 청소년문학에 주입된 이데올로기가 편파적이거나 구시대적일 수도 있다. 특히 EFL 상황의 영어교육에서는 영어교육과 함께 문화적으로 코드화된 이데올로기가 암암리에 전수될 가능성이 있으므로 텍스트의 비판적 재평가가 요구된다. 요컨대 소수민족이나 소수 인종 혹은 사회 계급의 정형화나 인종차별 혹은 여성에 대한 편파적 형상화나 정형화 등은 모두 재점검되어야 할 대상이 된다.

---

6 Amy S. Pattee, "Disturbing the Peace: The Function of Young Adult Literature and the Case of Catherine Atkins' *When Jeff Comes Home*," *Children's Literature in Education* 35(September 2004): 244쪽.

2. 『구덩이』의 텍스트 난이도 분석과 교육 효과

청소년문학의 교육적 가치와 재현의 문제에 대해서는 다양한 의견이 있었지만, 엄선된 청소년문학 작품이 성인문학 정전에 버금가는 문학 교육적 가치를 지닐 수 있다는 점에서는 대체로 동의가 이루어진 것 같다. 그 한 예로 새커Louis Sachar의 『구덩이』*Holes*를 꼽을 수 있다. 이 작품이 아동문학과 청소년문학 연구에서 수많은 독자층을 확보하는 동시에 비평계의 관심을 끈 이유는, 이 작품의 군더더기 없는 명확한 문체와 긴장감 넘치는 구성, 그리고 문학성에 기인할 것이다. 13세 소년을 주인공으로 사실주의와 판타지의 묘한 결합으로 이루어진 이 소설은 저주, 우정, 꿈, 희망, 사랑, 코믹, 모험, 추리, 범죄, 미스터리, 통과의례 등 청소년문학의 거의 모든 주제를 섭렵하고 있다. 세계적 밀리언셀러, 『해리포터와 마법사의 돌』을 누르고 청소년문학 작품 인기 1위를 6주 동안이나 차지하였으며, 뉴베리 수상작으로 미국 초등학생부터 중학교 학생들에게 널리 읽히고 영화로도 제작된 아동 청소년문학 권장도서이다.

모험과 전율, 위험 그리고 금기로 가득한 이 작품의 내용은 청소년의 흥미와 호기심을 자극하기에 충분하다. 제목과 책의 겉표지에서 나타나는 구덩이들은 아동과 청소년 독자의 호기심을 즉시 자극하여 책의 첫 장을 넘길 때 이미 이들의 무한한 상상력은 활발하게 작동하게 된다. 더욱이 주인공 옐너츠Stanley Yelnats는 결코 재능이 뛰어나지 않으며 오히려 정상아들보다 매우 뚱뚱하고 여러 면에서 서툰 소년이다. 이렇듯 현실 세계 어디에서나 만나볼 수 있는 평범한 주인공 설정은 청소년 독자와의 친밀감을 더해주는 요소가 된다. 더 나아가 일상을 바탕으로 한 삭막한 사실주의와 환상적 이야기 전개를 교차시키는 이야기 구성 방식은 자칫 단조로울 수 있는 이야기에 역동성과 깊이를 부여하고 있다.

영어교육용 청소년문학텍스트 선정에서 고려해야 할 또 하나의 필수 사항이 언어 난이도의 문제이다. 『구덩이』는 독해 수준Reading level이 4.5로, 십 세 이상의 초등학교 고학년부터 중학생을 위한 책이다. 이 작품의 내용과 정서함양의 측면에서 볼 때, 영어가 외국어인 한국 상황에서는 중학생을 대상으로 교육될 수 있을 것으로 보인다. 또한 어휘의 수에서도 우리나라 중학교 영어 단어 규정 수인 1,450개를 넘지 않고 있어 중학생들이 읽어나가기에 큰 무리가 없다. 통사적 복잡성을 살펴보면 문장은 간결하며 절을 동반하지 않은 단문의 빈도수가 가장 많고, 그다음이 대등절로 이어진 중문이며 종속절을 포함하는 복문은 가장 적게 나타난다.

한국의 중 고등학교 문법에서 영어의 기본문형을 분류하는 방법으로 5형식 문형은 전통적으로 가장 널리 쓰이는 방법이다. 『구덩이』를 이에 따라 분석해 본 결과 문장주어+동사+목적어로 이루어진 3형식이 가장 많았고 문장주어+동사+간접목적어+직접목적어로 이루어진 4형식과 문장주어+동사+직접목적어+목적격 보어로 이루어진 5형식은 빈도가 낮았다. 4형식과 5형식 문장이 적다는 것은 『구덩이』의 영어 문장이 대체로 단순하게 구성되어 있음을 의미한다. 이런 점에서 이 소설은 중학생들이 읽어나가기에 무리가 없을 것으로 보인다.

또한, 플래시Flesch식 문장 난이도 점수와 플래시-킨캐이드Flesch-Kincaid식 학년 수준 점수를 통해서 『구덩이』를 분석해 보았다. 이는 마이크로소프트 워드에 『구덩이』 텍스트를 작성한 후 〔도구〕 메뉴에서 맞춤법 및 문법검사를 시행하고 문장 난이도와 학년 수준 점수를 표시하게 하는 방식이다. 100점을 기준으로 하며 점수가 높을수록 이해하기 쉬운 문장으로, 표준 점수는 60~70점 정도이다. 다음으로 플래시-킨캐이드식 학년 수준 점수는 미국 학생들의 학년 수준으로 글을 평가하는 점수를 의미한다. 예를 들어 7.0은 7학년 수준의 문장을 말하며 표준 점수는 7.0~8.0 정도이다. 즉, 숫자가 높을수록 고학년 수준의 문장임을 의미한다. 『구덩이』를 플래시식 문장 난이도 점수와 플래시-킨캐이드식 학년 수준 점수를 통해 분석한 결과, 플래시식 문장 난이도 점수는 대략 60정도에서 82.6까지의 점수 분포를 보였고 플래시-킨캐이드식 학년 수준 점수는 대략 4.5에서 8정도의 점수 분포 결과가 나왔다. 이러한 결과는 앞서 분석한 내용과 일치하는 결과로 『구덩이』의 문장 난이도는 평균 60~70점에 근접하거나 더 높은 것으로서, 비교적 이해하기 쉬운 문장임을 말해 준다. 또한, 학년 수준 점수 4.5에서 8의 분포는 우리나라 초등학교 고학년부터 중학교 저학년 수준의 문장임을 의미한다.

영어 난이도의 적합성뿐 아니라 『구덩이』는 일상생활의 교육적 측면도 고려한 작품이다. 그 예가 음식 문화이다. 이 작품에서는 양파를 둘러싼 일련의 이야기가 전개되는데 아동과 청소년들이 거부하는 냄새 나는 양파는 이 작품에서 마술적인 효력을 지닌 음식으로 등장한다. 흑인 남성과 백인 여성의 이루지 못한 사랑 이야기에 양파가 등장하는가 하면, 주인공과 흑인 소년이 죽어갈 때 양파를 먹고 살아나는 이야기, 또한 흙구덩이 속에서 독도마뱀에게 물려 죽을 뻔했지만, 도마뱀들이 양파 냄새를 싫어하기 때문에 물리지 않고 기적적으로 흙구덩이에서 빠져나오는 클라이맥스 등은 아동이나 청소년들이 금기시하거나 피하는 음식을 재고하도록 암암리에 유도하는 교육적 효과도 지닌다.

이러한 음식문화 교육은 아동문학이나 청소년문학의 주요 기능의 하나이다. 그 대표적 저서가 아동들의 언어교육서인 시우스 박사의 『초록색 계란과 햄』*Green Eggs and Ham*으로, 이 작품에서도 노란 달걀이 아닌 초록 달걀에 대한 거부감을 없애고 결국 주인공은 달걀을 먹게 된다. 달걀은 노랑이나 흰색이어야만 한다는 우리의 고정관념을 깨고 초록색 채소에 거부감을 가진 아이들의 편식을 없애도록 유도하는 것이 이 영어교육 서적이 지향하는 또 하나의 목표인 것이다. 결과적으로 영어교육은 언어적 측면에서만이 아닌 감성과 삶의 관점의 변화, 그리고 일상의 먹거리까지, 이 모두를 고려하는 다층적 교육이라는 점을 간과할 수 없다.

청소년문학 소설이 단순한 플롯과 표면적인 이야기 전개만을 지닌 것으로 폄하된다면, 『구덩이』의 구성과 문학성을 진지하게 살펴보아야 한다. 13살의 주인공 스탠리가 집에 오는 길에 육교 위에서 떨어지는 운동화에 머리를 맞고 그 운동화의 도둑으로 몰리면서 이야기는 전개된다. 운동화는 저명한 야구선수가 보육원 바자를 위해 고가에 내놓은 것으로, 고아들에게 돌아갈 수 있는 기금을 가로챘다는 누명을 쓰면서 스탠리는 텍사스의 청소년 자활 캠프인 "푸른 호수 캠프"로 보내진다. 캠프의 이름과는 정반대로 사방이 사막뿐인 곳에서 그가 맡은 일은 흙구덩이를 파는 일뿐이다. 그곳에서 그는 흑인 소년 지로Zero를 만나게 되고 우여곡절 끝에 그와 운명적으로 친구로 맺어지면서 결국에는 흙구덩이 속에서 보물 상자를 캐내게 된다. 하지만 이 우연에 기초한 표면상의 단순한 이야기와 얽혀있는 것은 미국문학 전통 속의 저주의 테마이다. 이 저주는 스탠리 집안에 내려오는 저주인 동시에 노예제도와 흑인 차별로 인해 미국 역사에 던져진 저주이기도 하다. 그 저주로 작품 속의 호수는 100년간 말라버리고, 한때는 아름다웠던 지역이 비 한 방울 오지 않는 불모지로 변한 것이다. 작품의 마지막에 저주가 풀리면서 비가 오는 장면은 엘리엇T, S, Eliot의 『황무지』*The Waste Land*의 주제와 연결되며 저주는 호오손Nathaniel Hawthorne의 『일곱 박공의 집』*The House of Seven Gables*으로 대변되는 미국 문학 전통 속 저주의 모티브와 맞닿아있는 것이다. 또한, 이러한 저주의 모티브는 소포클레스의 비극 삼부작을 포함하여 서구문학의 윤리의 핵심을 이루는 논의로 소급될 수 있다. 결과적으로 영미 청소년문학의 이해와 교육은, 교육자의 영미 전통문학을 포함한 폭넓은 지식의 훈련이 선행될 때 더욱 깊어질 것이다.

3. 『구덩이』의 젠더 재현

청소년문학의 작가는 청소년 자신이 아니라 성인이라는 점에서, 청소년문학이 그리는 '성인 되기'는 청소년이 스스로 선택하는 성인 되기가 아니라 이미 성인 작가가 몸담은 사회의 구성물로서 성인 되기이기 쉽다. 자크린 로즈Jacqueline Rose는 아동문학을 쓰는 과정에서 아동을 배제했다가 아동을 다시 들여놓은 일종의 "불가능성"이자 "유혹"으로 본다.[7] 같은 맥락에서 비평가 트라이스는 청소년문학 작가가 성인이라 해도 작품 속에서는 청소년의 임무를 수행하기 때문에, 청소년문학 소설의 서술구조에는 "권위"의 문제가 내재하기 마련이라고 주장한다.[8] 특히 작가가 성인 남성일 경우, 청소년문학은 가부장제 문화의 이데올로기를 전달할 가능성이 따른다.

트루스데일Ann M. Trousdale과 맥밀란Sally McMillan은 아동문학이 어린 소녀에게 끼칠 수 있는 영향을 구체적 사례를 들어 제시하였다. 이들은 니키라는 이름의 소녀에게 4년간 아동소설을 읽히고 그 반응을 인터뷰한 결과, 이 소녀가 아동문학의 여주인공과 공감보다는 갈등을 경험한 사실을 주시하였다.[9] 작품 속의 강력한 여주인공은 대개 추하고 악한 것으로 형상화되어서 니키는 여주인공보다는 오히려 남자주인공들과 일체감을 느낀 것이다. 삐아제Jean Piaget는 아이의 자기 중심성은 동화 속의 주인공과의 일치를 쉽게 만든다고 했지만, 트루스데일의 위의 사례는 여아들은 오히려 혼란을 일으키고 있음을 입증해준다.

이와 유사한 사례로서, 『해리 포터』 시리즈의 젠더 표현 문제를 다룬 헤일먼Elizabeth Heilman이 소개한 청소년기의 문학 독서 경험을 들 수 있다. 헤일먼은 청소년기에 자신이 끌렸던 매력적이고 강력한 작중 인물들은 남자주인공이었고 이것이 자신의 정체성과 텍스트 간의 벽을 만들었다고 고백한다.[10] 아동문학이나 청소년

7 Jacqueline Rose, *The Case of Peter Pan or The Impossibility of Children's Fiction*, Philadelphia: University of Pennsylvania Press, 1984. xii.

8 Tries, 위의 책, 4-7쪽.

9 Ann M. Trousdale, Sally McMillan, " 'Cinderella Was a Wuss': A Young Girl's Responses to Feminist and Patriarchal Folktales," *Children's Literature in Education* 34-1(March 2003): 1-28쪽.

10 Elizabeth Heilman, "Blue Wizards and Pink Witches: Representations of Gender identity and power," *Harry Potter's World: Multidisciplinary Critical Perspectives*, New York: Routledge Falmer, 2003, 221쪽.

문학 모두 역할 모델이 될 수 있는 여주인공을 제시하지 못하고 부수적 존재로서의 여성 이미지를 제공해온 것이다. 무수한 독자층을 확보해온 『해리 포터』 시리즈의 주요 등장인물인 허미오네는 똑똑하고 아는 것이 많지만, 비명을 지르거나 다소 신경질적인 인물로 묘사된다. 그녀는 지식과 기지로 해리와 친구들을 위기에서 구했음에도 불구하고 소설의 가장 핵심적인 장면에서는 종종 제외된다. 헤일먼은 청소년문학에서 선하면서도 동시에 강력한 여주인공을 찾기 어려웠고 『폭풍우 부는 언덕』에서조차 여주인공 캐서린보다는 오히려 남주인공인 히스클리프에게 더 끌렸다고 고백한다. 따라서 청소년 여성독자보다는 청소년 남성독자가 청소년문학에서 감정이입을 경험할 확률이 더 높을 수 있다는 결론이 나온다.

『구덩이』는 학교에서 놀림당하던 가난하고 매우 뚱뚱한 청소년 주인공이 일련의 모험과 우정을 통해 내적, 외적 자아성취를 이루는 성인 되기 이야기이다. 그러나 이 과정에서 여성성이 배제되거나 부정적으로 묘사된 점에서, 이 작품 역시 젠더 정형화의 문제를 극복했다고 보기는 쉽지 않다. 주인공 스탠리의 '진짜 남자' 되기는 여성성을 거부하는 과정에서 가능한 것으로, 여성적 성향이나 상징 혹은 인물은 두렵거나 역겨운 것으로 묘사되거나 암시되는 경우를 보이기 때문이다.

학교에서 놀림 받고 수동적이고 뚱뚱한 스탠리가 '진짜 남성'이 되는 과정은 도둑이라는 누명을 쓰고 소년 캠프로 보내지는 것에서부터 시작된다. 캠프에서 구덩이를 파는 작업은 혹독하고 고통스럽지만, 작업장의 성인들은 소년들에게 이 힘든 작업은 바로 남자가 되는 과정이라고 말한다. 여성 되기와 달리 남성 되기는 육체적 고통을 감내하고 극복하는 것을 필수 과정으로 보는 것이다. 캠프 상담사는 스탠리가 온 첫날 "너는 소녀 캠프에 온 것이 아니야"라고 말한다.[11] 물 한 방울 안 나오는 사막지대와 험상궂은 성인 감시자들만 있는 소년원과도 같은 캠프와 땡볕에

11 Louis Sachar, *Holes*. New York: Random House Childrens' Books, 1998, 13쪽.

서 종일 손이 부르트도록 구덩이만을 파야 하는 시련은 진짜 성인 되기를 위해 소년 주인공이 거쳐야 하는 통과의례로 묘사되고 있다.

문학이론가 크리스테바Julia Kristeva에게 있어서 주체의 구축이란 비체, 그가 일명 "애브젝트"abject라고 부르는 부정하고 부적절한 것을 배제하는 과정, '비체화', 즉 "애브젝션"abjection이다. 여기에는 어머니에 대한 근친상간적 열망과 육체의 배설물 등이 포함된다.[12] 비체를 통해 주체는 명확한 경계를 세우고 확고한 자기 정체성을 설립하려 한다. 내부와 외부, 주체와 객체, 자아와 타자를 구분하려면 먼저 청결하고 적절한 자신의 에고가 아닌 모든 것을 배제해야 한다. 청소년기는 경계를 부수고 도전하는 틈새의 시기이며, 어린아이에 관한 믿음이 도전받는 시기이고, 성인의 가치가 도전받는 시기이다. 자아 정체성과 제도, 질서에 대해 질문하고 회의하는 틈새의 시기가 청소년기라면, 비체화는 청소년문학의 주요 특성이 되는 셈이다.

『구덩이』에서 비체의 상징은 적지 않다. 스탠리의 아버지 집에 꽉 들어찬 냄새나는 신발, 이 작품의 주요한 음식 재료의 하나인 냄새 나는 양파, 캠프 침대 위의 토한 음식 자국, 성인 상담사 미스터 써가 뱉어내는 해바라기 씨앗과 담배즙 등은 스탠리의 성장 과정에서 어쩔 수 없이 만나게 되는 비체들이다. 또한 이 소년 재활원의 소년들은 모두 범죄자로, 고유의 이름 대신 별명으로 통한다. "구토물 봉지", "엑스레이", "오징어", "골통", "도마뱀" 등 모두 부정적인 의미를 내포한 별명들이다. 스탠리 역시 자신의 이름 대신 "원시인"으로 불린다. 재활원 캠프에서의 스탠리의 자기 찾기는 자신의 이름을 다시 회복하는 것을 의미한다. 흑인 소년 지로의 경우도 마찬가지다. 원래의 이름은 제로니Zeroni지만 말이 없는 그는 머리도 텅 비었다는 의미로 지로라고 불린다. 나중에 그의 이름이 제로니 헥터Zeroni Hector로 밝혀지면서 그리스 명장인 '헥터'의 이름을 회복할 때, 지로의 자기발견은 명확해 보인다.

12 Karen Coats, *Looking Glasses and Neverlands; Lacan, desire, and Subjectivity in Children's Literature*, Iowa City: U of Iowa P, 2004, 141쪽.

『구덩이』의 '성인 되기'는 '진짜 남성 되기'를 의미한다. 그러므로 비체를 구성하는 요소에 여성성을 상기시키는 모든 것이 포함된다. 여성스러운 소년과 여성들은 남성성의 구축에서 '타자'로 배제되거나 극복되어야 할 것들이다. 이 작품의 과거사를 이루는 주요 여성인물, 발로우Kissin' Kate Barlow와 현재 캠프의 우두머리인 월든Warden은 바로 그러한 '타자'이다. 발로우는 처음에는 마을에서 복숭아 통조림을 가장 잘 만드는 매우 여성적이고 인기가 많던 학교 교사였지만 그녀의 흑인 애인이 백인 여성을 사귄다는 이유로 마을 백인들에 의해 살해당하자, 원수를 갚고 시체에 빨강 립스틱 자국을 남기는 악당으로 변해버린다. 그녀가 만드는 복숭아 통조림은 영양과 양육을 의미하지만, 빨강 립스틱으로 대변되는 그녀의 섹슈얼리티는 범죄와 죽음으로 연결되면서 그녀의 여성성은 그로테스크하게 변모된다.

캠프의 거친 남성들을 제압하는 월든 역시 매우 파격적이고 파괴적인 여성으로 재현되고 있다. 이 작품에서 가장 치명적인 독도마뱀이나 방울뱀의 이미지와 연결되는 이 여성은 스탠리를 포함한 모든 남자의 남성성을 위협하는 인물이다. 다음 장면은 작품에서 가장 섬뜩한 장면의 하나로 월든의 본질을 드러내고 있다.

> 월든은 짙은 빨간색의 매니큐어가 든 작은 병을 들어 올렸다. "이거 보여? 스탠리?" 그가 고개를 끄덕거렸다. "이게 나의 특별한 매니큐어지. 검은 짙은 색깔이 보이지? 이건 상점에서 살 수 없어. 내가 직접 만들지." 스탠리는 왜 그녀가 그것을 보여주는지 알 수 없었다. 그는 월든이 매니큐어를 바르거나 화장을 할 필요가 도대체 왜 있는지 의아했다. "내 극비의 재료를 알고 싶어?" 그는 어깨 한쪽을 으쓱했다. 월든은 병을 열었다. "방울뱀의 독이지." 작은 그림 붓으로 그녀는 왼손 손톱을 바르기 시작했다. " 전혀 해가 되지 않지. 말랐을 때는 말이야." 그녀는 왼손을 다 발랐다. 이 삼 초간 허공에 손을 흔들더니 오른손 손톱을 바르기 시작했다. "단지 젖었을 때

만 유독하지."[13]

이후 곧바로 월든은 방울 도마뱀 독을 바른 손톱으로 캠프 상담사의 얼굴을 할퀴어 고통을 못 이기고 땅바닥을 뒹굴게 만든다. 그녀의 이 같이 그로테스크한 행위는 팜므 파탈의 전형적 이미지로 묘사되고 있다. 매니큐어가 담긴 분홍색의 예쁘고 여성스러운 화장 상자는 독약이나 죽음과 연관되면서 아름다운 여성성 속에 감추어진 괴물성이 극대화되고 있는 것이다.

비평가 워너메이커Annette Wannamaker는 작품 속에서 스탠리의 '성인 되기'는 '남근적 어머니'Phallic Mother나 월든과 같은 횡포한 여성을 진압함으로써 가능한 것으로 설정되었다고 주장한다. 그리고 이러한 설정은 월든이 지배하는 사막의 캠프를 떠나서 '신의 엄지손가락'이라 불리는 산봉우리에 오르는 것으로 그 의미가 뚜렷해진다. 마치 엄지를 치켜세운 거대한 동물처럼 보이는 산봉우리는 남근을 의미하는 것으로, 신의 엄지손가락에 오르는 것은 남성성을 획득하는 의미를 지니는 것이다.[14] 구덩이가 파이고 메마른 사막을 지나 남근을 상징하는 산봉우리의 정상에서 휴식처를 발견하고 죽어가는 친구 지로를 살려내면서, 비로소 스탠리는 집안에 몇 세대에 걸쳐 내린 저주를 풀어낸다. 지로는 스탠리의 조상에게 저주를 내린 점쟁이 집시의 마지막 후손인 것으로 설정되었다.

남성성의 승리는 스탠리와 지로가 산봉우리에서 내려와 사막의 캠프로 귀환할 때보다 확실해진다. 산봉우리에서 먹은 양파의 기운은 양파 냄새를 무척 싫어하는 노랑 점박이 독도마뱀을 쫓아내고 스탠리와 지로는 구덩이 속에서 마침내 월든이 그리도 찾았던 보물 상자를 발견한다. 보물 상자는 스탠리의 증조부의 것으로 키

13 Sachar, 위의 책, 90쪽.

14 Annette Wannamaker, "Reading in the Gaps and Lacks: (De)Constructing Masculinity in Louis Sachar's Holes," *Children's Literature in Education* 37-1(March 2006): 30쪽.

씽 발로우에게 빼앗겨 사막에 묻혀있었다. 그 사실을 알았던 월든은 소년 재활원을 가장하여 소년들에게 구덩이를 파는 노동을 부과해온 것이 드러난다. 그 보물 상자 위에 놀랍게도 스탠리의 이름이 새겨진 것을 발견했을 때 월든은 놀라 말을 잃는다. 워너메이커는 월든의 침묵을 괴물스런 여성성에 대한 남성성 승리의 상징으로 해석한다. 은유적으로 말해, 스탠리가 신의 엄지손으로 불리는 산봉우리로 올라간 것은 여성의 질의 이빨을 의미하는 월든의 위험으로부터 보호받는다는 것이다. 이 관점에서, 구덩이는 메워지기 시작하고 소설의 종결 부분에서 등장하는 여성 변호사나 축구 선수의 순종적 아내 모두 남근적 질서 안에서 정해진 여성의 역할을 하게 되는 것으로 워너메이커는 분석한다.[15] 주인공 스탠리의 '성인 되기'는 결과적으로 '남성 되기'였고 이 과정에서 여성성은 배제되어야 하는 요인으로 이 작품은 그리고 있다는 것이다.

아동문학이나 청소년문학을 페미니즘의 관점에서 분석하여 재해석하거나 다시 쓰는 시도는 특히 1980년대와 90년대에 활발하였다. 아동이나 청소년을 대상으로 한 문학작품에 이론의 잣대를 들이대는 것에 대해 거부 반응이 있을 수 있다. 그러나 특히 교육대학원이나 대학의 저학년을 대상으로 청소년문학교육이 진행될 때, 작품 분석에 대한 비평이나 비평 논문의 검토, 젠더를 둘러싼 이데올로기의 점검은 단조롭거나 자칫 간과할 수 있는 숨겨진 논제를 보다 활성화할 수 있을 것이다.

15 위의 글, 30-31쪽.

4. 영미 청소년문학 수업의 학생 반응과 텍스트 선정의 문제

영미 청소년문학은 중등 교육 교사들을 대상으로 한 교육대학원 영어교육 전공에서뿐 아니라 대학 학부의 저학년에도 교재로 활용될 수 있다. 영어전공 학습자들의 상당수가 영어교사인 교육대학원에서는 영미 청소년문학 개설이 비교적 가능하다. 그러나 영문학과나 영어교육과 같은 학부는 개설 과목이 한정되어 있으므로 영미 청소년문학을 따로 개설할 수 없는 상황이다. 또한, 정전문학에 대한 지식도 갖추어야 청소년문학에 대한 이해도도 높아지기 때문에 필자가 택한 방식은 2학년의 '영미 소설과 영화수업'의 정전 문학 소설에 청소년문학 소설을 끼워 넣는 것이었다. 모두 4권을 선정했는데, 2권은 성인문학으로 문학 정전에 해당하는 브론테Charlotte Bronte의 『제인 에어』*Jane Eyre*와 울프Virginia Woolf의 『댈러웨이 부인』*Mrs. Dalloway*을, 나머지 두 권은 골딩William Golding의 『파리 대왕』*Lord of the Flies*과 새커의 『구덩이』였다. 이 중 『파리 대왕』은 성인문학인 동시에 청소년문학의 범주에 들어가는 작품이다. 이들 소설은 난이도와 문장 스타일에서 정전 성인 문학과는 모두 상당한 차이를 보인다.

첫 주의 강의는 영미 소설의 기원과 역사에 관해 설명하였고, 처음 한 달간은 정전문학 소설을 강의하였다. 근대소설의 기원부터 시작해서 『제인 에어』를 읽었고 모더니즘으로 올 무렵은 『댈러웨이 부인』을 읽었다. 『제인 에어』는 문장 스타일이나 내용으로 보아 통권 해독이 가능했지만 이미 내용이 많이 알려진 만큼 주요 부분만 선택적으로 발췌하여 읽었고 영화 두 편을 비교 분석함으로써 읽지 못한 부분을 보충하였다. 『댈러웨이 부인』을 선택한 이유는 전통적 문학 기법과 모더니즘의 실험적 기법을 비교하는 것이 가능하다고 생각했기 때문이다. 학습자들은 이 작품의 실험성에 신기해하고 지적 호기심을 보였지만, 난해한 문장 스타일과 사실주의 소설이 흔히 보여주는 극적 전이가 결여된 점은 이 소설의 통권 독해를 어렵게 했다. 통권 독해가 가능했던 소설들은 그다음의 『파리 대왕』과 『구덩이』였다. 『구덩이』의 영화 각본은 원본을 되도록 살렸기 때문에 영화감상 또한 유익하였다. 중요한 부분을 조금씩 잘라 보는 영화감상과 통 편을 한꺼번에 보는 방식을 택할 수 있는데, 부분씩 잘라보는 방식은 교재진행과 더불어 보다 보니 영화의 통일감을 얻기에는 부족하지만, 원본 텍스트와의 대조를 선명하게 느낄 수 있는 점이 좋을 수 있다. 이 소설은 독해가 매우 쉬운 소설이라 소설을 다 읽은 후에 영화를 한번에 볼 수 있었다.

아동문학이나 영미 청소년문학은 무엇보다도 독자반응이 매우 중요한 영역이다. 따라서 필자는 마지막 수업에 아래의 4가지 질문으로 학습자들의 쪽 글을 유도해보았다.

1. 『댈러웨이 부인』, 『제인 에어』, 『파리 대왕』, 『구덩이』 중 어느 작품이 가장 읽기 편했는가? 그 이유는?
2. 네 작품 중 자신과 가장 많은 동일시와 공감대를 불러일으킨 작품은, 그리고 그 이유는 무엇인가?
3. 네 작품 중 자신의 영어능력 향상에 가장 많은 도움을 주었다고 생각되는 작품은? 그 이유는 무엇인가?
4. 네 작품 중 한 작품만을 배워야 한다면 무엇을 선택하겠는가? 그 이유는?

이 수업은 1학년과 3학년까지 다양한 학년으로 구성되었고, 개인 간의 영어독해 능력과 영어 구사력에 차이가 있어서인지, 질문에 대한 쪽 글은 예상을 넘어 매우 다양하였다. 1번에 대한 답은 모두 이구동성으로 『구덩이』라고 답했지만 2번은 여학생의 경우 모두 『제인 에어』였고 남학생의 경우는 학년에 따라 다소 차이는 보였지만 대체로 『파리 대왕』이나 『구덩이』였다. 『댈러웨이 부인』을 고른 경우는 전혀 없는데 문장의 난이도와 지루한 의식의 흐름으로 몰입하기가 쉽지 않은 점도 있겠지만 댈러웨이 부인이 쉰두 살의 중년 부인이라는 점도 동일시를 일으키기 어려운 점으로 작용했을 것으로 본다. 일반적으로 사범대학 영어교육과에는 여학생이 다수이기에 이 작품이 강의재료로 비교적 적절하지만, 남학생이 많을 경우, 이 소설의 52세의 여주인공과는 동일시가 덜 일어나는 것 같다. 그러므로 문학텍스트를 선정할 때 주인공의 젠더와 나이는 학습자들의 영어 읽기 작업에 매우 중요한 역할을 하는 것으로 보인다.

3번의 질문에는 다양한 의견을 내놓았는데, 회화와 듣기 등 일상적인 생활 영어와 현대적 구어 표현을 중시하는 학습자의 경우, 『구덩이』를 선택하였다. “동시대의 작품이고 청소년들을 위한 글인 만큼 문장의 호흡과 표현력이 마치 이야기를 듣는 듯한 느낌을 받았다”고 유선의(가명)는 쪽 글에 남겼다. 그러나 다양한 어휘를 습득하고 어려운 문장을 경험하기에 『댈러웨이 부인』이나 『제인 에어』가 좋았다고 하는 학생들도 있었다. “문장이 어렵고 비유적인 표현이 많아서 힘들었지만, 이와 같은 소설을 읽음으로써 독해하는데 자신감이 많이 생겼다”고 정의석(가명)은 설명하였다. 따라서 영어능력향상에서 주관적인 판단은 학습자의 영어능력 기대치에 달려 있음을 알 수 있었다.

4번의 질문에 예상 밖의 답이 나왔는데, 학습자들이 제일 어려워했던 『댈러웨이 부인』이 가장 많았고 두 번째가 『제인 에어』, 『파리 대왕』, 그리고 『구덩이』 순이었다. 그 이유는 『댈러웨이 부인』은 혼자서 읽기에는 무척 지루하고 난해하기 때문에, 수업을 통해 배우고 싶다는 것이었다. 『제인 에어』의 경우는 “이를 통해 영문학의 배경과 여러 사회문화적 측면, 페미니즘에 대한 이해 등을 알 수 있었다”(이정:가명)는 것이 이유였다. 『구덩이』를 선택하지 않은 이유는 “혼자서도 읽을 수 있을 것이기 때문에 굳이 하나를 선택하라면 『댈러웨이 부인』을 선택하겠다.”(김산:가명)는 것이었다.

4번 문제에 대한 쪽 글을 살펴보면 학습자들이 영문학 수업에서 영어습득만이 아닌 문학과 인문학의 이해와 지식을 원한다는 것을 알 수 있다. 이러한 사실은 영미 청소년문학 수업에 적지 않은 시사점을 전달해주고 있다. 말하자면 같은 영미 청소년문학이라 할지라도 영문학 정전과 연결되는 문학성을 지닌 작품을 선정해야 한다는 것이고 또 하나는 그 작품에 대해 비평과 학문적 논의가 많이 전개된 작품이라야 한다는 것이다. 또한, 같은 청소년문학이라 하더라도 하이틴 문학이 학부 저학년들의 정서에 더 다가설 것이다. 또한 4번 문안에 대한 쪽 글은, 영미 청소년문학이 학부에서의 영문학 정전 교육에 '절대적' 대안이 될 수는 없다는 것을 보여준다. 그러나 2번 문안에 대한 쪽 글에서 알 수 있듯이, 영미 청소년문학이 영어 교육의 '효과적 방안'이 될 수 있다는 것은 분명한 사실로 보인다.

EFL 상황에서 학습자의 감성에 호소하면서도 적절한 영어 난이도를 지니고 또한 뛰어난 문학성도 보이는 텍스트를 선정하는 문제는 그리 간단한 일이 아니다. 여기에 학습자의 젠더와 나이 그리고 사회, 문화적 이데올로기 등도 텍스트 선정에 무시할 수 없는 요소들이다. 올바른 영어권 청소년문학 텍스트 선정과 적절한 활용은 문학 정전의 지나친 영어 난이도를 피하면서도 영문학 정전이 지닌 문학성과 다양한 비평논의를 끌어낼 수 있는 동시에 학습자들의 영어능력을 함양하는 방안이 될 수 있을 것이다.

제 2 장
청소년문학의 금기와 검열

1. 청소년문학 검열의 역사

청소년문학은 청소년 선도와 교육을 담당한다는 점에서 그 어느 것보다 엄격한 검열대상이 되어왔다. 검열은 이미 플라톤 시대에도 존재하고 있었을 정도로 오랜 역사를 지닌다. 플라톤은 청소년 교육에 적합하지 않다는 이유로 당대의 문인들을 사회에서 추방할 것을 주장하였다. 이러한 신념은 현재 검열제도의 터전이 되었다. 영국의 경우, 검열의 문제는 구텐베르그가 1455년 인쇄기를 소개한 이후 표면화되기 시작했다. 활자화된 인쇄물은 종교나 정치 혹은 이윤 면에서 일단 조정, 통제되어야 할 상품이 된 것이다. 1517년 가톨릭 교황 레오 10세가 마틴 루터의 「95개 조 논제」를 배격한 이후 종교적 검열은 정치적 검열로 신속하게 이어졌다. 1521년 '인쇄법'은 루터의 저서를 인쇄하거나 판매, 소유, 읽거나 복사하는 것을 금하고 있다.

캔터베리 가톨릭의 금서목록이 영국에서 1555년에 발간된 것은 잘 알려진 사실이다. 당시 출판은 대주교와 런던 대주교 혹은 그들 대리인의 허가를 받아야 했다. 검열이 제도적으로 작동하면서 처벌의 대가는 혹독했다. 존 스텁스John Stubbs의 『깊이 갈라진 틈의 발견』*The Discovery of a Gaping Gulf*이라는 제목의 팸플릿은 엘리자베스 여왕의 프랑스인과의 결혼을 반대했는데, 이 때문에 저자는 오른손을 푸줏간의 식칼로 절단당해야 했다.

신교도 측의 검열도 가톨릭의 검열과 유사했지만, 신교도는 실질적인 국가의 권위를 수용했기 때문에 국가는 모든 검열제의 근원이 되었다. 영국은 국왕이 검열 법령을 제시하고 국가의 행정 기관을 통해 압력을 행사하였다. 그러나 종교나 국가의 협력에도 불구하고 검열의 망을 피해 금서들은 비밀스러운 네트워크를 통해 다른 나라로 유통되었다. 특히 18세기 프랑스의 경우 정치력이 약화하면서 검열을 피한 금서들이 경찰력의 엄중한 감시에도 불구하고 상업적으로 대성공을 이루고 있었다.

그러나 미국의 경우, 검열에 대한 사회적 여론이 국가나 교회의 권력보다 오히려 더 억압적이었다. 검열은 종교, 정치적 이데올로기에 관한 것뿐 아니라 재산이나 성적 절제에 관한 의식을 포함하여, 유럽의 그 어떤 지역이나 시대보다 엄격한 검열 그룹이 등장하고 있었다. 미국의 검열제도는 일요일의 근로 · 음주 · 유흥 따위를 금하는 엄격한 청교도적 금법禁法에 뿌리를 두었다. 그러나 이 법이 준수되지 않자 컴스톡Anthony Comstock은 “악 퇴치 협회”를 1872년에 창설하고 금서로 규정된 작품의 작가들을 투옥하거나 작품들을 불태웠다. 20세기에도 중앙정부나 연방정부의 권위기관 대신, 보수적 종교기관이나 개인들이 그룹을 형성하거나 개인적으로 도서관 주문도서나 학교의 교과서 선정에 개입하여 검열 권한을 행사해왔다. PAWPeople for the American Way가 제출한 1991~1992의 보도자료에 따르면, 교실과 학교 도서관에서 이루어진 검열이 점차 늘어나 한 해 만에 과거 10년간을 합친 총 검열 수와 맞먹을 정도다. 삭제할 것을 주장하는 교과 과정이나 도서관 자료 348건을 포함하여 ‘배워야 할 자유’에 대한 376개의 공격 건수가 44개 주에서 보고되었다.

이러한 검열 주장은 주로 보수적 정치단체에서 나왔으며 이들 중 몇 그룹은 교육 운영회에 입후보하여 성공하기도 하였다. 주요 검열그룹의 하나인 “우수 교육을 위한 시민연대”는 『공적 자리에 기독교인을 선출하는 방법』이라는 핸드북을 출간하였으며 종교적 근본주의 단체는 미디어를 통해 자신들의 종교에 맞지 않는 공립학교들에 대한 적대감을 노골적으로 드러내기도 하였다.

청소년문학이 금서의 대상이 된 것은 1990년대의 중반기였다. 이미 그 전에 마크 트웨인의 『허클베리 핀의 모험』이나 『율리시스』 등이 인종차별과 성 문란으로 검열대상에 오른 것은 잘 알려진 사실이다. 청소년문학 검열은 성, 악마주의와 욕설의 범주를 검열 기준으로 정하였고 여기에 동성애가 첨가되었다.

1990년대에는 일부 정치, 종교단체들이 학교의 교과과정을 조정하기 위해 법정으로까지 진출하였다. '루써포드 협회', '블랙스톤 협회', '기독교 복음주의 우호회', 그리고 '법과 종교 자유 서부 센터' 등이 이에 속한다. 이들의 법정 소송에 맞대응할 재정이 넉넉하지 못한 공립학교는 패소하는 경우가 적지 않았으며, 분쟁을 피하려는 학교 측은 가능하면 단체나 학부모들의 항의를 수용하는 경향을 보여 왔다. 1991~2 수업 연도 동안 검열 소송의 41%나 승소한 사실이 보고되었다.[1]

2. 동성애의 금기

검열은 당대의 정치, 종교, 철학적 이해에 기초하지만, 다원적이고 성숙한 지적 합의에 기초하지 않는다면, 시대의 편견이나 강박증의 소산이 될 수도 있다. 일정 정도 사회의 합의가 이루어진 현시대와 달리, 과거 동성애 이슈는 특히 미국 청소년문학에 있어서 검열 대상 1호였다고 해도 과언은 아닐 것이다. 그런데 동성애 금기에 대한 지나친 강박증 또는 편견은 자칫 성장하는 청소년기의 동성 간의 우정이나 젠더 주체성을 혼란스럽게 만들 위험이 있다. 그런 의미에서 빈번히 검열의 도마 위에 올라 논란의 대상이 되었던 놀즈John Knowles의 『분리된 평화』*A Separate Peace*와 앳킨스Catherine Atkins의 『제프가 집에 돌아왔을 때』*When Jeff Comes Home*를 동성애의 관

1 Herbert N. Foerstel, *Banned in the U. S. A.: A Reference Guide to Book Censorship in Schools and Public Libraries,* Westport, Conn.: Greenwood Press, 1994, xvii-xviii.

점에서 재조명하는 것은 의미가 있다고 본다.

금서논란에도 불구하고 놀즈의 『분리된 평화』는 고등학교 교재로 여전히 사용되고 있다. 뉴잉글랜드 남자 사립 고등학교를 배경으로 한 만큼 이 작품은 특히 이 지역에서는 거의 필독 도서에 속한다. 그러나 1991년 일리노이주 트로이의 한 학부모가 『분리된 평화』가 불경스럽고 부정적인 삶에 대한 태도를 표출하고 있다면서 교육 운영회의에서 문제를 제기했다. 이 부모는 "망할", "닥쳐"를 포함해서 45개의 불경한 표현을 지적하고 20여 년간 고등학교 교재로 사용되어온 이 작품을 커리큘럼에서 제외할 것을 요구하였다. 플로리다 잭슨빌의 한 부모는 학생이 수업을 빼먹는 이야기나 저속한 표현, 학교규칙을 어기는 이 작품의 내용이 부정적 교육 효과를 낳는다고 주장하였다.[2] 나아가 일부에서는 이 작품의 동성애적 함의를 비판하기도 하였다.

19세기 후반만 해도 청소년문학이 지나친 육체적 접촉만 표현하지 않는 한, 부모들은 소년들 사이의 우정을 용납하는 편이었지다. 하지만 20세기로 넘어가면서 동성애의 가능성만 내비쳐도 학부모들은 극렬한 거부 반응을 보였다.[3] 그러나 금서논란에도 불구하고 이 작품은 60년대 이후 계속해서 고등학교의 교재로 채택되어왔다. 인간 경험의 본성에 대한 주요한 관점을 제시하고 청소년의 상호 인간관계와 우정에 대한 통찰력을 심어주고 도덕적 교훈을 준다는 것이 그 이유였다. 학교 측은 이 작품을 비난하는 것이 현 사회의 강박증을 반영하는 것으로 진단하였다.[4] 이 연구 역시 이 작품이 동성애적 함의를 넘어 청소년의 이성애적 남성 되기를 지향한 것으로 해석함으로써, 이 작품에 대한 검열을 동성애 금기에 대한 당시 동부 뉴잉글랜드의 청교도적 강박증으로 진단하려 한다.

---

2 위의 책, 181쪽.

3 Eric L. Tribunella, "Refusing the Queer Potential: John Knowles's *A Separate Peace*," *Children's Literature* 30(2002): 81쪽.

4 Forstel, 위의 책, 189쪽.

『제프가 집에 돌아왔을 때』는 『분리된 평화』와는 달리, 출판되자마자 뜨거운 논란을 불러일으켰다. 대학원 수업에서 이 소설을 접한 일부 학생의 학부모들은 이 소설의 작가와 이 소설을 최고의 책으로 추천한 출판사뿐 아니라, 교재로 선정한 교수에게까지 분노를 폭발했다. 이 작품은 성범죄자에 의해 2년 반 동안 납치되었다가 풀려난 16살 청소년 주인공의 이야기이다. 제프Jeff는 그의 가족과 야구 시합하러 가는 도중 휴게소에 들렀다가 가족들이 자리를 비운 사이 레이Ray라는 이름의 42세 성인 남자에게 무력으로 납치된다. 이 소년은 캘리포니아 사막 어딘 가에 2년 반 동안 갇힌 채 성관계를 강요당한다. 작품은 이 2년 반 동안의 묘사가 아니라 이후 제프가 집에 돌아와서 가족과 만나고 학교에서 경험하는, 납치 사고 이후의 트라우마를 서술하는 점에서 사건 중심의 다른 이야기들과는 차별화된다. 유사한 한국 청소년문학 소설로, 이금이의 『유진과 유진』 역시 여주인공들이 어린 시절의 성폭행 경험이라는 트라우마를 극복해가는 과정을 그리고 있다. 이렇듯 아동문학이나 청소년문학은 성폭행이 미성년 주인공의 정신적 성장에 미치는 트라우마에 주로 초점을 맞추고 있다.

『제프가 집에 돌아왔을 때』에 일부 독자가 부정적으로 반응하는 이유는 성범죄에 남성을 희생자로 설정한 것 자체가 부적절하며 소름 끼친다는 데에 있다. 어느 학생의 어머니는 소설을 읽고 편집증적 정신분열이 걸릴 것 같다고 화를 냈다고 한다. 소설을 읽은 것이 후회되며 이 작품이 청소년문학작품으로서 부당하다는 것이다. 이러한 반응은 남성독자뿐만 아니라 여성독자들까지 성폭행의 피해자는 여성이어야만 한다는 사실에 익숙해져 있음을 말해준다. 성폭행의 피해자는 여성이어야만 하는가? 바로 이 같은 사회적 통념에 저자는 맞서고 있는 셈이다.

3. 『분리된 평화』의 동성애와 성인 되기

청소년문학 교육의 주요 기능의 하나는 청소년의 적절한 젠더 정체성과 섹슈얼리티 교육이다. 이와 관련하여 『제프가 집에 돌아왔을 때』와 『분리된 평화』는 주인공들을 통해, 청소년 남학생의 성인 되기에서 '남성성'과 관련된 젠더 정체성의 문제를 제기하고 있다.

남성성은 보상과 처벌의 복잡한 사회 구조로 인해 구성되고 지탱해온, 남성 일반에게 기대되는 일련의 행동과 태도를 말한다. 젠더 역할을 재정의하려는 페미니즘의 노력에도 불구하고, 남성의 술이나 자살, 범죄율은 오히려 증가했는데, 그 이유의 하나는 여성 역할의 폭은 넓어져서 남성과 중복되는 경향이 있지만, 남성은 남성 역할을 벗어날 때 동료나 부모로부터 여전히 질책을 받는 데 있다.[5] 아이슬러와 스키드모어는 '남성 역할 스트레스'라는 용어를 통해 네 가지 영역에서 남성 젠더 역할에 따르는 남성성의 기제를 설명한다.[6] 건강과 힘을 요구하는 상황에서 받는 스트레스, 감정적이고 여성적으로 보일 가능성에 따른 스트레스, 성적인 면에서 우월해야할 필요성과 지적 열등감에서 느끼는 스트레스가 그것이다.

남성성에 대한 새로운 관심은 제2 페미니즘 운동 시기인 1970년대에, 남성성에 관한 국가적 차원의 컨퍼런스가 1970년대 중반에 두 차례나 열린 사실에서 미루어 짐작할 수 있다. 1974년 파스토Marc Feign Fasteau의 『남성 기계』*The Male Machine*가 발간되었고 이듬해인 1975년에 패럴Warren Farrell의 『자유 남성』*The Liberated Man*이 뒤를 이었다. 또 그 이듬해인 1976년에는 도일Richard Doyle의 『남성의 강간』*The Rape of the Male*과 골드

5 Donald R. McCreary, "The Relationship between masculine gender stress and psychological adjustment; a question of construct validity?"〈http://findarticles.com/p/articles/mi_m2294/is_/ai_18585415〉.

6 Richard M. Eisler, & Jay R. Skidmore, "Masculine Gender Role Stress," *Behavior Modification*, 11-2(1987): 123-36쪽.

버그Herb Goldberg의 『남성됨의 위기』*The Hazards of Being Male*가 발간되었다.[7] 이 다양한 논의와 저서들은 모두 페미니즘 논의의 강화로 인해 위협받는 남성성에 대한 위기의식과 불안을 반영하고 있었으며, 이러한 불안은 특히 백인 중산층 이성애적 남성의 관점을 담은 것이었다.

그러나 이러한 불안은 남성성에 공존하고 있는 여성적 측면을 간과한 것이었다. 남성성을 여성성과는 철저히 분리된 영역으로 간주하여 여성의 돌봄과 배려 그리고 감성적 측면이 남성에게는 철저히 배제된 것으로 보는 것이다. 『분리된 평화』와 『제프가 집에 돌아왔을 때』는 이러한 남성성을 수용하는 과정에서 겪을 수밖에 없는 청소년들의 젠더 정체성의 혼란과 갈등을 클로즈업하고 있다는 점에서 공통점을 지닌다.

우선 이들 작품에서는 주인공의 성장을 도울만한 여선생님이나 여성 등장인물이 전혀 등장하지 않는다. 『분리된 평화』는 2차 세계 대전이 한창 진행 중인 1942년에 미국 뉴햄프셔의 남자 고교생들의 우정 관계를 그리고 있다. 이미 30대의 성인이 된 주인공 진Gene이 졸업한 지 15년 후 자신의 모교인 드본 고등학교로 돌아와 과거를 회상하는 것으로 시작하고 끝을 맺는 이야기 형식은 그 자체가 이 작품의 '성인 되기'의 주제를 드러내고 있다고 할 수 있다.

『분리된 평화』는 제2차 세계대전을 배경으로 하지만, 전쟁과는 달리 미국 동부의 매우 평화로운 학창시절을 그리고 있다. 화자는 자신의 시절이 이기적이라고 할 수 있을 정도로 평화로워서 전쟁이라는 현실을 받아들일 수 없을 정도로 '분리된 평화'의 영역임을 회상한다.[8] 이러한 의미의 제목은 진의 학창시절을 '영원성의 상징'으로 만들고 싶은 저자의 향수나 소망을 담고 있다고 볼 수 있다. 그러나 동시에

---

7 Junko Yoshida, "The Quest for Masculinity in *The Chocolate War*: Changing Conceptions of Masculinity in the 1970s," *Children's Literature* 26(1998): 105쪽.

8 John Knowles, *A Separate Peace*, New York: Scribner, 1959, 30쪽.

분리된 평화란 결코 존재할 수 없음이 암암리에 전달된다는 점에서, 이 작품의 제목은 이중적 의미를 지닌다. 전쟁과 분리된 평화로운 학창시절이지만, 전쟁이라는 악은 이미 인간의 내면에 내재해 있어 끊임없이 적을 만들면서 전쟁을 수행한다는 보편적 진리를 전달하면서 작품은 끝나기 때문이다.

진의 회상은 그가 자신의 의도와 달리 가장 친한 친구, 피니Finny를 죽음으로 몰아갔고 평생 그를 애도하며 살아왔음을 알려준다. 이 작품의 제1장에서 가장 많이 반복되어 나오는 단어가 '공포'fear로, 진이 15년 만에 다시 교정을 찾았을 때 그의 기억에 제일 먼저 떠오르는 감정도 공포의 감정이다. 경쟁이 치열했던 동부 기숙 고등학교 시절 느꼈던 공포가 마치 "문 닫은 방의 매캐한 공기"[9]처럼 남아있는 것을 발견하고 공포의 메아리를 느끼며 "두려운 추억"[10]의 옛 교정을 돌아보면서, 진은 학창 시절 공포와 함께 살았음을 새삼 깨닫는다.

이 공포의 실체는 무엇인가? 저자는 그것을 작품의 배경을 이루고 있는 제2차 세계대전뿐 아니라 궁극적으로는 이 작품의 서술자인 진을 포함한 인간 내면에서 벌어지고 있는 전쟁, 즉, 질투나 경쟁, 청년기의 불안으로 암시하는 듯하다. 그러나 이 공포의 실체를 가까이 들여다보면, 남성성을 성취해야 하는 사회적 요구에 대해 청소년들이 겪어야 하는 불안 심리를 발견할 수 있다.

1장에서 반복되는 공포는 두려운 추억을 상기시키는 강물 위의 나무로 이야기의 초점이 좁혀갈 때, 그 실체가 드러난다. 전쟁에 곧 투입될 것을 대비해 고등학교의 졸업반 학생들은 전투에서 가라앉는 배 위에서 뛰어내리는 것처럼 나무 위로 올라가 강물로 뛰어내리는 연습을 한다. 두려움을 조금도 내비치지 않는 채 까마득한 나무 위에서 강물로 뛰어내리는 학교의 최고 운동 스타 피니는 진과 친구들에게도 함께할 것을 권한다. 다른 친구들은 모두 거부하지만, 진은 피니의 독려에 못 이겨

9 위의 책, 10쪽.

10 위의 책, 11쪽.

공포감을 무릅 쓰고 생명을 내던지는 기분으로 강물로 뛰어든다.

> 내가 여기에서 무엇을 하는 거지? 왜 나는 피니가 이렇게 멍청한 일을 하라고 말하게 한 거야? 걔가 나에게 어떤 지배력이 있는 건가?
>
> 뛰어내려!
>
> 목숨을 버리는 기분으로, 나는 공간을 향해 뛰어내렸다.[11]

다른 친구들은 모두 거부했지만, 진은 공포감에도 불구하고 피니를 따라 강물에 뛰어든 자신을 도무지 이해할 수가 없다. 진은 피니의 마음에 들고 싶은 심리와 경쟁심리를 동시에 가진 것으로 보인다. 진은 자신도 모르게 피니에게 끌리는 감정을 이상하게 생각하면서 피니가 자신에게 어떤 지배력을 지니고 있다고 생각한다. 이 둘의 관계를 보면, 진은 수동적이고 학구적인 반면, 공부에서는 뒤지지만, 적극적이고 자신의 감정을 솔직하게 드러내는 피니는 운동에서는 학교의 최고 인기 스타이다. 진이 피니와의 우정 관계에서 더욱 솔직하지 못하고 상처를 입는 이유는 다음의 대화에서 엿볼 수 있다.

> "너 꽤 잘하더라." 피니가 장난스럽게 말했다. "일단 너에게 창피를 준 다음에는 말이지."
>
> "너는 누구도 뭘 하도록 창피 준 것 없어."
>
> "아니야. 내가 그랬어……. 난 그런 식으로 너한테 효력이 있지. 안 그러면 넌 뒤로 물러나는 경향이 있거든.
>
> "내 생전 그 어떤 것에서도 뒤로 물러난 적은 없어"라고 나는 소리 질렀다. 걔의 지

11 위의 책, 17쪽

적이 너무나 들어맞아 나는 당연히 매우 화낼 수밖에 없었다.[12]

선천적으로 두려움이 없는 운동선수 피니는 자신도 모르게 진의 수동성을 지적하여 자존심을 건드린 것이다. 진이 예민하게 반응하는 데에는 그 자신도 그 같은 성향이 남성적이라고 생각하지 않기 때문이다. 진이 집착하는 남성성은 피니를 선망하면서도 피니의 접근을 두려워하거나 곡해하는 요소가 된다.

비평가 트리부넬라Eric L. Tribunella는 피니와 진의 우정 관계가 동성애로 발전할 수 있을 가능성이 있다고 주장한다. 그런데 이 작품은 주인공 진의 정상적 성장이 남학생 간의 동성애적 관계에서 벗어나야 함을 독자에게 각인시키고 있다고 주장한다. 작가가 소설에서 의미하는 '성인 되기'는 남자 고등학교에서 가능할 수 있는 동성애적 우정에서 벗어나 보다 이성애적 남성으로 성장하는 것이다. 그러므로 이 작품은 이성애에 기초한 남성성의 추구라는 미국의 문화적 가치를 대변하고 있다는 것이다.[13]

그러나 이 소설은 남성성에 대한 사회의 고정관념과 편견 속에서 우정과 동성애 사이에서 혼란을 느끼는 청소년의 공포심을 그린 것으로 해석할 수 있다. 실제로 작품에서 진과 피니의 우정과 동성애의 경계는 매우 모호하게 처리되어 있다. 아래의 인용 문구는 진과 피니의 우정이 지닌 동성애적 잠재성을 시사하고 있는 부분이다. 진은 역사 시험 바로 전날 밤 자신의 학년에서 최고의 성적을 올리고 싶은 열망에도 불구하고 피니를 따라 바닷가에서 밤을 새운 후 이튿날 시험을 망쳐 버린다. 다음은 바닷가에서 진이 피니를 바라보는 장면이다.

---

12 위의 책, 18쪽.

13 Tribunella, 위의 글, 83-84쪽.

> 나는 사람들이 그 애를 뚫어지게 쳐다보는 것을 주목했다. 그래서 왜 그런지 봤다. 그 애의 피부는 햇볕에 타서 불그스레한 구리색으로 빛이 나고 있었다. 갈색 머리는 햇살에 약간 탈색되어 있었다. 햇볕에 탄 때문인지 그의 눈은 서늘한 청록색 섬광으로 빛나 보였다.[14]

피니를 향한 타인의 시선은 진 자신의 시선을 의미한다. 피니 또한 진의 시선을 받는다.

> 모든 사람이 너를 보고 있어. 오늘 오후 영화배우처럼 햇볕에 태운 것이…. 다시 나타나고 있기 때문이야.[15]

저자 놀즈는 진이 거의 무의식적으로 나뭇가지를 흔들어 피니를 나무 아래로 추락시킨 이유가 인간 내면에 내재한 보편적 악, 즉 질투에서 비롯된 것으로 암시한다. 그러나 단순한 질투로 처리하기에는 진과 피니의 우정에는 동성애로의 경계를 넘을 수도 있는 애매한 뉘앙스도 없지 않다.

> 그 애의 가슴에 내 무릎을 대고 위로 탔을 때, 그는 더 바랄 것이 없었다. 우리는 한동안 뒹굴다가 저녁 식사에 너무 늦었다고 확신한 후에야 떨어졌다.[16]

피니는 학교에서 상급생도 따라올 수 없을 정도로 최고의 스포츠 기록을 지니는, 두려움을 모르는 남성성의 소유자이다. 하지만 그가 즐겨 입는 진분홍색의 셔

---

14 Knoles, 위의 책, 47쪽.

15 위의 책, 47-48쪽.

16 위의 책, 19쪽.

츠는 그의 남성성에 여성성이 공존하고 있음을 상징적으로 보여준다. 피니는 그의 타고난 남성성에 대한 집착이나 자만도 보이지 않고, 짙은 분홍색이 그를 여성적으로 보이게 할 수 있다는 두려움 또한 전혀 느끼지 않는 자유로운 정신의 소유자이다. 절대적 남성성이나 기존의 남성성이 의미하는 이성애, 혹은 학교의 규율과 같은 그 어떤 경계에 대한 고정관념이 없어서 피니는 진을 향한 자신의 감정에 대해서도 솔직할 수 있다. 피니는 바닷가에서 진이 자신의 가장 친한 친구라고 고백하지만, 진은 아무 응답도 하지 못한다. 경쟁력이 강한 학교에서 피니처럼 솔직한 감정을 드러내는 것은 자살행위라고 생각하기 때문이다. 자신과는 전혀 다른 기질과 정신을 지닌 피니를 아직 이해하지 못하고 진은 피니가 자신의 학업 성취를 질투하기 때문에 수업을 빼먹도록 유도한다고 오해한다. 피니와의 관계에서 비롯된 정서적 혼란과 불안감, 피니의 진심을 의심하고 그의 자연스러운 남성성에 대한 질투로, 진은 자신도 모르게 피니가 딛고 서 있던 나뭇가지를 흔들어 땅에 떨어뜨려 피니를 불구로 만드는 결과를 초래한다.

피니를 떨어뜨린 요인이 단지 질투에서만 비롯된 것이 아니라는 것은 피니가 병원에 입원하고 혼자 남았을 때 진의 태도에서 드러난다. 피니의 추락 이후 죄책감과 상실감에서 비롯되는 진의 일련의 행동은 그의 평소의 억압기재를 표출시킨다. 진은 피니의 진분홍색 셔츠를 입고 거울 앞에 서서 자신이 바로 피니가 되었음을 발견한다.[17] 친구를 추락시켰으면서도 친구의 옷을 입고 일체감을 느끼고 그의 유머러스한 표정까지 자신의 얼굴에서 발견하면서 강렬한 안도감과 일체감을 느끼는 진의 이중적 면모는, 프로이트의 애도와 우울증 논의를 원용하여 동성애 우울증으로 연결한 버틀러Judith Butler의 논의를 적용할 때 설명이 가능하다.

프로이트에 따르면 사랑하는 대상을 상실할 때, 자아는 대상과의 합체를 통해

17 위의 책, 62쪽.

사랑의 상실감을 극복한다. 이때 합체된 대상은 순간적이 아니라 영원히 자아의 일부가 되어 자아 형성에 절대적 기여를 하게 된다. 프로이트의 자아 형성의 지점은 버틀러에게 있어서 젠더 정체성을 습득하는 지점이 된다. 버틀러에게 젠더는 사회에서 허락되고 인정되지 않은 상실을 슬퍼하는 미완의 과정, 즉, 일종의 우울증이다. 자아는 금기된 욕망의 대상을 내면화함으로써 슬픔을 극복한다. 이성애의 경우, 사랑이 대상을 상실했지만, 욕망 자체가 거부된 것은 아니어서 다른 성별의 대상으로 욕망은 옮아간다. 그러나 동성애의 경우는 대상뿐 아니라 욕망 자체도 금기되었기 때문에 '우울증의 내면화'라는 전략에 의존하게 된다. 이 내면화를 통해 현실에서 가질 수 없던 대상을 별다른 사회적 구속이나 금기 없이 소유할 수 있다. 버틀러는 이러한 우울의 일체가 주체의 젠더가 형성되는 과정의 핵심으로 본다. 남성성과 여성성은 선천적인 것이 아니라 이성애의 습득과 더불어 나타나는 성취이다.[18]

버틀러의 논의를 적용하면, 진이 피니가 올라 있는 나뭇가지를 흔들어 추락시킨 행위는 욕망의 대상으로서의 피니를 거부하는 행위로 해석할 수 있다. 피니가 진과 함께할 것을 원하고 진은 그러한 피니에게 끌리면서도 결국 그를 거부하고 만다. 진이 느끼는 막연한 공포감은 자신이 추구하는 이성애적 남성성을 성취할 수 없을지도 모른다는 불안감과 연결되고, 이는 피니를 무의식적으로 제거하는 행위로 표출된다. 그러나 금지된 대상인 피니의 분홍색 옷을 입음으로써 진의 내면의 욕망, 즉, 자신의 에고 속에 피니와 하나가 되고 싶은 금기된 욕망을 성취하고자 한다. 피니와의 우정 관계에 공포감을 느끼고 피니에 대한 자신의 감정의 형체를 분명히 깨닫지도, 인정하지도 못하는 이유는, 진이 기존 이성애적 남성성에 집착하는 것에서 연유한다. 피니의 우정에 동성애적 공포를 느끼면서 그의 접근을 거

18 Judith Butler, *Gender Trouble,* New York & London: Routledge, 1990, 73-79쪽.

의 무의식적으로 막는 진의 반응은 사회적 통념의 구성물로서, 동성애에 대한 금기와 공포의 표출인 것이다.

4.『제프가 집에 돌아왔을 때』와 남성성의 해체

청소년의 성장 과정은 성인이 주조해낸 문화형태와 절대 무관하지 않으며 청소년문학 역시 사회의 문화형태로 볼 수 있다. 어쩌면 청소년문학은 한 사회가 청소년에 대해 갖는 욕망 충족을 반영한 것일 수 있다. 그리하여 청소년을 사회화시키는 수단인 동시에 문화적으로 결정된 성숙함으로 이끄는 문화형태로 청소년문학을 해석할 수 있을 것이다.

그렇다면, 청소년문학은 성인을 위한 성인 사회의 이데올로기를 배태한 것이라 할 수 있다. 이러한 이데올로기가 때로는 비평의 잣대로 걸러지지 않아 정형화된 젠더나 소수자가 청소년문학에 재현되는 경우가 있다. 이러한 맥락에서, 앳킨스의 『제프가 집에 돌아왔을 때』는 독자에게 젠더에 대한 기존의 고정관념을 재고려할 것을 독려한 작품이라 할 수 있다. 『분리된 평화』가 동성애와 우정 간의 혼란과 공포를 그린 것이라면, 『제프가 집에 돌아왔을 때』는 성폭력의 희생자를 여성이 아닌 남자 주인공으로 설정함으로써, 기존의 남성성에 대한 새로운 이해를 도모한 작품으로 읽을 수 있다.

『제프가 집에 돌아왔을 때』 역시 『분리된 평화』처럼 성인 되기, 즉, 남자주인공을 소재로 사회의 남성되기를 다룬 작품이다. 이 작품은 『분리된 평화』보다 주인공의 정체성의 혼란이 더욱 표면화되고 있는데, 16세 청소년 주인공의 관점에서 그가 표현할 수 없는 심리상태까지 이탤릭체로 활자화시켜 나타내는 서술기법을 활용하고 있으므로 더욱 그렇다. 맥다니엘과 하워드는 비록 유쾌하지 못하더라도 사실주의적 글쓰기는 아동문학이나 청소년문학에서 성 학대를 예방하는 훌륭한 독서를 유도할 수 있다고 말한다.[19] 18세 미만의 미성년자 중 여자는 다섯 명에 한 명, 남자는 열 명에 한 명꼴로 성폭행 경험을 가졌고 이 비율은 점차 증가하고 있는 것으로 통계는 말해준다. 미성년의 성 학대는 죄의식과 혼란스러움, 자기 파괴적 감정을 불러오며, 여자아이가 남자아이보다 성폭행 경험을 더 잘 표현하는 편으로 나타났다.[20]

사실적 심리주의 서사에 기초한 이 소설의 첫 장은 제프가 납치되는 상황이 묘사되지만, 바로 이은 2장부터는 독자의 기대와는 달리, 2년 반 동안의 납치 생활이 소개되는 것이 아니라 제프가 집으로 돌려보내지는 장면이 이어진다. 나머지 이야기는 2년 반 동안 제프의 행적에 대한 추적과 제프가 새로 학교와 가정에 적응하면서 겪는 정체성의 혼란으로 이루어진다. 납치와 강간의 희생자는 일반적으로 여성이라는 사회적 통념에 반해, 이 소설에서는 남자가 납치와 강간의 희생자라는 사실이 이 소설의 독서를 충격적이면서도 불편한 경험으로 만들고 있다. 더욱이 제프가 건장하면서도 유망한 운동선수이자 중산층 백인 청소년 남학생이라는 사실은, 강간당한 희생자의 이미지와는 전혀 어울리지 않으므로 독자는 자연스레 기존의 남성성에 대해 의문을 갖게 되는 것이다.

제프가 『분리된 평화』의 주인공과 공통으로 보이는 정서는 공포감이다. 강간의 피해자로서 제프가 안고 있는 공포감과 불안은 훨씬 심각하다. 수동성과 대인 기피증은 일반적으로 강간 피해자인 여성에게서 나타나는 보편적 반응이지만, 주인공 청소년 제프도 예외는 아니다. 제프는 납치되기 이전 학교에서 재능 있는 야구선수이자 준수한 외모로 매우 인기 있는 소년이었다. 그러나 그의 훌륭한 외모로

19 Ellen Howard, "Facing the dark side in children's books," *The Lion and the Unicorn* 12-1(1988): 9쪽.

20 Cynthia McDanil, "Children's Literature as Prevention of Child Sexual Abuse," *Children's Literature in Education* 32-3(Sept. 2001), 205-11쪽.

인해 동성애자의 표적이 된다. 제프는 납치와 강간의 희생물이 되기에는 너무 비정형적인 인물이기 때문에 급우들로부터 오히려 동성애자라는 낙인을 찍힌다. 동기들은 그를 희생자로 받아들이지 않고 '자발적 피해자'로 분류한다. 제프가 스포츠맨인 데다가 근육질의 남학생이기 때문에 일반적인 희생자의 통념에서 크게 벗어나기 때문이다.

여기에서 강간은 매우 젠더화된 개념임을 재확인할 수 있다. 푸코Michel Foucault가 성폭행을 젠더가 포함되지 않는 폭력의 차원에서 벌을 줄 것을 주장하지만, 앤 커힐은 남성 대 남성의 강간이 수치스러운 중요한 이유는 희생자를 암묵적으로 여성화하는 데 있다고 말한다. 강간의 희생자 남성은 성적으로 수동적이고 무기력한 여성의 역할을 떠맡게 됨으로써 "사회적 여성"Social woman이 된다는 것이다.[21] 이렇듯, 저자는 운동선수이자 이성애적 백인 청소년을 성적 학대의 희생자로 묘사함으로써, 소녀와 여성을 희생자로 일치시키는 사회적 통념에 도전장을 내밀고 있다.

여성을 '대상'으로 보는 '남성의 응시' 역시 남자인 제프의 젠더 정체성에 혼동과 불안을 끼치는 요인이다. 제프가 귀환한 후 아버지는 아들의 모습을 보면서 아들의 매력을 언급한다.

> 아버지는 헛기침했다. 말이지, 너의 모습은 놀라워. 네 엄마 멜리아는 미인이었지. 너는 항상 엄마를 닮았어. 그리고 지금 크고 보니, 아름다운 젊은이구나. 그게 사람들이 쳐다보고 있는 이유야.

21 Ann J. Cahill, "Foucault, Rape and the Construction of the Feminine Body," *Hypatia: A Journal of Feminist Philosophy* 15(2000): 43-63쪽.

얼굴이 빨개져서 나는 테이블 밑을 응시했다. 아버지는 내가 소녀같이 보인다고 생각하고 계시군. 여자 같다고 말이지.[22]

제프는 자신이 여성처럼 남성들의 시선을 받는 것이 혼란스럽다. 자신을 납치하고 강간한 남자만이 아니라 거리의 남성들이 자신을 응시할 때, 제프는 남성으로서의 자신의 정체성에 혼동을 느끼는 것이다. 납치와 강간의 경험은 제프가 생각하는 남성성과는 거리가 먼 자기 이미지를 불러일으킨다. 제프가 거울을 보면서 납치범 레이의 눈에 아름답게 비쳤던 자신의 모습을 경멸하는 장면은 청소년기의 나르시시즘과는 거리가 멀다.

위층에서 거울에 비친 나를 응시했다. 커다란 초록색 눈과 높은 광대뼈, 도톰한 입과 레이의 눈에 아름답게 보이게 만든 나의 모든 모습을 경멸하면서. 나는 눈 아래로 머리를 흩뜨렸다. 그가 만지기 좋아했던 굵고 비단 같은 짙은 갈색 머리카락을. 나는 그것을 미워했다. 나 자신을 미워했다.[23]

이 작품의 긴장을 계속 유지하는 것은 2년간의 제프의 행적과 이에서 비롯되는 제프 자신의 반응이다. 자신의 납치범이자 강간범에 대해 당연히 느껴야 할 적의 대신 제프는 애증의 이중적 감정을 느끼며 이 같은 자신의 감정에 혼란스러워한다. 더 나아가 자신도 강요된 성행위에 어느 시점부터는 공조했다는 기억에, 단순한 피해자가 아니라 공범자라는 죄의식마저 느낀다. 첫날 밤 집에 돌아와서 제프는 납치범 레이가 밖에서 그를 기다릴 것이라는 공포감과 기대감으로 잠을 설친다. 2년 반 동안 자신을 바꿔놓은 강간범이 자신을 사랑했다고 착각하면서 자신의

22 Catherine Atkins, *When Jeff Comes Home*, New York, London: Penguin, 1999, 63쪽.

23 위의 책, 41쪽.

섹슈얼리티를 혼란스러워하고 남성으로서의 자기 정체성에 확신을 갖지 못한다.

제프의 일련의 경험과 남성으로서의 정체성의 혼란스러움과 갈등 등은 모두 궁극적으로 제프의 남성성은 무엇인가? 라는 질문을 불러일으킨다. 그리하여 애미 패티는 궁극적으로 앳킨스의 작품은 “성공적인 소설 작품인 동시에 청소년문학의 청소년 개념과 젠더를 의문시하는 정치적 진술”이라고 말한다.[24] 강간의 희생자를 제프로 설정함으로써 저자는 남성/여성, 가해자/피해자의 사회 일반의 젠더 공식을 흔들어 놓았기 때문이다.

제프의 갈등과 혼돈은 자신의 등에 새겨진 상처 자국을 그가 받아들이는 것으로 마무리된다. 납치범이 남긴 채찍 자국은 제프가 납치와 강간의 경험에서 얻은 육체적, 정신적 외상의 기표이다. 제프는 레이의 채찍질로 등에 남은 상처가 보기에도 끔찍할 것으로 상상하고 그 누구에게도 보이지 않는다. 그러나 작품의 끝 부분에서 아버지가 거울에 비추어준 자신의 상처가 생각만큼 끔찍하지는 않다는 사실을 발견한다. 그것은 그가 상상한 만큼 울퉁불퉁하거나 옹이 지지도 않고 가느다란 흰 줄로 희미하게 남아있을 뿐이다.

> 내 마음 귀퉁이에서는 사실이 아니리라고는 알고 있었지만, 내 등이 기괴하고 일그러진 옹이 마디 누더기일 거라는 두려움이 있었다. 그렇지는 않다는 것을 볼 수 있었다. 그러나 이 순간까지도 가지고 있던 나의 환상은 내 등이 그 어느 것도 볼 수 없고 납치당하던 날처럼 매끄럽고 깨끗하리라는 것이었다. 그것 또한 사실이 아니었다.[25]

24 Pattee, 위의 글, 242쪽.

25 Atkins, 위의 책, 227쪽.

자신의 등에 남은 상처처럼 그가 완전히 치유되는 데는 적지 않은 세월이 필요할지 모른다. 사회가 주문하는 남성성에서 자신이 멀다고 생각할 때, 과거의 트라우마의 늪에서 빠져나올 길은 요원하기 때문이다.

강요된 동성애를 사랑으로 착각하고 인간관계와 자신의 성적 정체성에 혼란스러워하는 제프의 진정한 성숙을 위해서는, 그의 아버지의 헌신적인 노력과 사랑 그리고 그의 진정한 친구 빈Vin의 우정이 필요하다. 그의 아버지의 인내와 사랑은 제프가 번민과 공포, 굴욕감에서 벗어나 예전의 자신을 회복하는 버팀목이 된다. 제프의 아버지는 이 작품에서 제시하는 진정한 남성성에 가깝다. 제프의 어머니는 제프가 5살에 돌아가시고 현재는 양어머니가 있지만, 제프에게는 아무 영향력을 미치지 못하는 인물로 설정된다. 사건 이후 제프의 혼돈과 불안, 비합리적 태도와 침묵을 수용하고 아들이 변할 것이라는 희망과 인내를 보이는 제프의 아버지의 부성은 모성애와 다를 바 없다. 제프의 아버지는 강인한 남성성보다는 자상하고 배려 깊고 인내하는 어머니상을 보여준다. 그런가 하면 그는 아들을 찾기 위해 행동력과 판단력을 보이는 지적인 변호사이기도 하다.

40대의 남성에게 성행위를 강요당한 아들은 아버지와의 어떤 육체적 접촉도 할 수 없는 정신적 외상을 입었을 뿐 아니라 지난 2년 반 동안의 행적에 대해 침묵하고 자신의 납치범을 변호하며 그가 자신을 나름대로 사랑했다고 오인한다. 그러나 작품이 끝날 무렵, 제프는 아버지의 조건 없는 관용과 사랑을 깨닫고 과거의 아버지와 아들의 관계를 회복하기 시작한다. 지금까지 친구와 가족의 자연스러운 접촉도 레이와의 성관계에 대한 기억 때문에 모두 불가능했다. 그러나 16살이 아닌 과거 6살의 아들로 되돌아가는 것 같은 착각을 느끼며 제프는 집에 돌아온 후 처음으로 아버지의 무릎을 베고 자신이 강간당했음을 시인하고 납치범을 미워한다고 절규한다. 그리고 법정에서 자신의 가해자에 맞서 증언하겠다고 말한다. 작품은 이렇게 끝난다. "말할 준비가 된 것 같아요."

결국 제프의 성숙은 운동이나 힘이 아니라 아버지의 사랑과 인내, 그리고 친구의 우정을 통해 가능하다는 것이 작품의 메시지로 보인다. 이것이 저자가 말하는 남성성인 것이다. 제프를 돌보며 어머니의 역할까지 감내하는 그의 아버지는 납치범 레이의 비뚤어진 동성애와 대조됨으로써, 이 작품은 결과적으로는 이성애적 성인인 아버지를 통해 참다운 남성성을 그리고 있다. 그러나 어머니같이 돌보고 인내하는 아버지를 통해, 기존의 강력한 남성성보다는 모성적 측면을 지닌 남성성을 부각하고 있는 것이 『분리된 평화』와의 차이점이다.

『제프가 집에 돌아왔을 때』와 『분리된 평화』는 주인공들이 자아정체성의 혼란을 극복하고 모두 이성애적 성인 남성으로 성장했거나 성장 가능성을 내비치며 귀결된다. 주인공들의 젠더와 섹슈얼리티의 혼란은 그만큼 이 시대의 청소년들의 젠더 정체성의 혼란을 반영하는 것이다. 『제프가 집에 돌아왔을 때』의 진정한 친구인 빈마저도 제프에 대한 자신의 우정이 주위에서 동성애로 오해된다는 사실에 무척 당황하고 혼란스러워한다. 자신은 우정과 사랑, 신뢰라고 생각하지만, 주위의 성 문화는 '동성애'로 지칭하기 때문이다. 동성 간의 우정과 동성애를 구별하기 어려워하는 청소년들은 사회에서 요구하는 이성애적 남성성과 자아상 사이에서 혼란을 경험할 수 있다. 이러한 혼란을 청소년문학의 "동성애 금기"라는 엄격한 검열 기준으로 논의하는 것은 동성애에 대한 성인들의 공포 또는 강박증을 반영하는 것으로 볼 수 있다.

이들 작품에 대한 독자들의 민감한 반응은 모두 청소년문학이란 과연 무엇이며 무엇을 지향해야 하는가? 라는 더욱 근본적 물음으로 회귀하게 한다. 그만큼 이 작품들은 청소년문학과 그 기능에 대한 일반적 이해를 높이게 만드는 작품들이다. 『초콜릿 전쟁』*The Chocolate War*의 저자 코마이어Robert Cormier는 이 물음에 하나의 답변을 던져주고 있다.

> "물론 슬픈 일입니다. 하지만 그렇지 않으면 네버랜드에 살게 될 뿐입니다. 그곳은 성장도 승리의 가능성도 없는 곳이지요."

이혼, 성폭력, 동성애가 청소년문학에서 금기시되었던 1950년대나 60년대와 지금의 21세기는 엄청난 시대적 차이가 있다. 청소년문학이라고 이러한 차이를 무시할 수는 없다. 성장과 자기 정체성을 중시하는 청소년문학은 아동문학의 범주로 구분되어있지만, 청소년문학 독자의 정신적, 미학적 의식의 수준은 오히려 성인문학 독자의 그것에 가깝다 할 수 있다. 문학의 기능이 현실의 재현을 기본으로 할 때, 청소년문학 역시 현실 재현의 의무에서 벗어날 수는 없을 것이다.

제 3 장
청소년문학과 비평

1. 청소년문학 비평과 '비체화'

영미 청소년문학은 교육보다는 연구에서 비교적 소홀히 되어온 분야이다. 그 이유는 잘 알려진 바와 같이 무엇보다도 대학에서 정전 문학이 연구의 중심이다 보니 영미 청소년문학에까지 관심을 가질 여유가 없는 데 있을 것이다. 청소년을 가르칠 교사를 다수 배출하는 사범대의 영어교육과조차 영미 청소년문학 장르에 관한 연구나 이해가 부족한 현실을 부정하기는 어렵다. 영어교육과의 상당수는 영문학과에서 다루는 영미문학 정전을 그대로 사용하거나 아니면, 문학은 아예 제쳐놓은 채 테솔TESOL이나 영어학만을 고수하는 경우가 적지 않다.

영미 청소년문학 장르는 영미 본국에서도 이에 관한 비평이론 연구가 부족했던 것이 사실이다. 적지 않은 청소년문학은 한국의 국어수업에 해당하는 '예술과 문학' 수업에서 교재로 채택되기보다는 방학 기간의 참고 도서 목록 속에 소개되어 있다. 나아가 난삽한 후기 구조주의 비평이론은 청소년문학의 원래의 가치와 목적을 훼손시킬 수 있다는 암묵적 합의가 존재해왔던 것도 사실이다. 이러한 상황에서 영미 청소년문학 연구는 대학 강단의 강의나 연구 대상에서 제외되어 온 것이다.

그러나 20세기로 접어들면서 이후 영미 청소년문학 장르는 비평이론을 급격히 흡수하는 현상을 보인다. 우선 미국의 경우 2000년도에 출간된 트라이스의 『우주 뒤흔들기』*Disturbing the Universe*와 2004년 코츠Karen Coats의 『거울과 이상향』*Looking Glass and Neverlands*을 들 수 있다. 이들 저서는 후기구조주의 이론들을 원용하여 청소년문학 장르가 정신분석과 마르크시즘을 포함한 다양한 비평이론의 대상에서 결코 제외될 수 없는 다층성을 지니고 있음을 제시한다. 트라이스는 푸코, 알튀세, 데리다, 라캉 등의 주요 후기구조주의 이론가들을 원용하면서 낭만주의의 배경을 둔 아동문학과 달리, 영미 청소년문학이 포스트모더니즘의 소산임을 과감히 단언하고 나선다. 미국의 청소년문학이 포스트모던 시대와 그 이데올로기의 소산이므로 포스트모던의 후기구조주의 비평 역시 청소년문학 비평의 잣대로 적용되어야 한다는 것이다. 『거울과 이상향』의 부제 '아동문학 속의 라캉, 욕망 그리고 주체'*Lacan, Desire, and Subjectivity in Children's Literature*에서도 읽을 수 있듯이, 코츠 역시 후기구조주의 정신분석 비평을 시도하고 있다. 이 책에서 분석한 작품 속에 다수의 영미 청소년문학이 포함된 것으로 보아 코츠는 아동문학의 범주에 영미 청소년문학을 포함시킨 것으로 보인다. 이같이 후기구조주의 비평의 다양하고도 다층적인 적용은 청소년문학의 문학적 내연과 외연을 공고히 하는 과정의 출발점이 될 조짐을 보여주고 있다.

청소년문학 분석을 위해 비평이론이 더욱 개발되고 원용되어야 할 필요성은 무엇보다도 청소년문학의 수용 방식에 있다. 청소년문학은 청소년의 윤리와 교육을 중시하는 근본 목적에 맞추어 그 폭이 제한되어왔으며 검열도 까다로웠다. 그 이유는 성인문학과 달리 청소년문학은 문학 고유의 특성인 미학적 측면이나 읽기의 즐거움보다는 청소년의 교육과 성장을 무엇보다도 중시해왔기 때문이다. 사회 시스템과 가치관, 그리고 인식구조가 급격하게 변해가는 상황에서 청소년문학이 아직도 보수적 측면을 견지하는 것은 바로 그러한 이유에서 비롯된다.

청소년문학의 보수성을 방관하게 한 주요 이유의 하나로, 무엇보다도 청소년문학 비평이 모자라는 점을 꼽을 수 있다. 1960년대부터 줄곧 성장해온 청소년문학 텍스트의 공급에 비해 이에 따르는 문학 비평이 턱없이 모자란 것이다. 청소년문학은 영문학과의 정규과정에서 다루지 않았고 사범대학에서 설령 이것을 다루더라도 중, 고등학교 교사들을 대상으로 한 교육 대학원 강좌에서 그나마 부분적으로 다루어 왔다. 이 과정에서 '이론'보다는 '응용' 중심의 수업이, 난해한 문학이론보다는 문학 텍스트의 독해 중심 수업이 진행될 수밖에 없었다.

교양이나 교육을 중시해온 청소년문학의 흐름을 바꾼 대표적 작품으로서 이미 잘 알려진 샐린저J. D. Salinger의 『호밀밭의 파수꾼』*Catcher in the Rye*을 비롯하여 코마이어Robert Cormier의 『초콜릿 전쟁』*The Chocolate War*, 그리고 힌튼의 『소외자』*The Outsiders*를 우선 꼽을 수 있다. 『호밀밭의 파수꾼』은 빈번한 속어와 퇴학생의 관점에서 서술되는 학교 비판이나 창녀의 등장 때문에 청소년문학으로 부적절하다는 비판을 받아왔고 따라서 검열의 대상이 되었다. 그러나 다양한 비평과 분석 덕분에 이 작품은 오히려 정전문학으로 끌어 올려져 한국의 대학 강단에서도 활발히 연구되어왔다. 이 소설을 둘러싸고 상당량의 비평 논문이 나왔으며 이 소설은 현재에도 가장 훌륭한 영미 청소년문학의 하나로 꼽히고 있다. 물론 시대의 변화에 따라 검열의 잣대가 완화되면서 과거의 금서를 수용하게 한 것도 사실이지만, 지속적인 비평이 없었다면 『호밀밭의 파수꾼』이나 『초콜릿 전쟁』 그리고 『소외자』가 청소년문학 정전으로 살아남기는 역부족이었을 것이다.

이 같은 맥락에서 미국 청소년문학 중 가장 많은 논란을 낳아왔던 코마이어의 『초콜릿 전쟁』과 힌튼의 『소외자』를 크리스테바의 '비체화' 이론을 원용하여 분석함으로써, 이들이 한때 청소년문학으로서 부적절하다는 낙인을 찍혔음에도 불구하고 한결같이 권력/억압의 역학을 통한 '성인 되기'에 고민하는 청소년의 문제를 진솔하게 다루는 청소년 성장소설임을 이 연구는 밝히려 한다. 이 과정에서 문학비평의 적용은 청소년문학 텍스트의 표면 밑에 감추어진 깊이와 의미를 새로운 각도에서 되살릴 수 있는 한 방안이 됨을 확인할 수 있다.

청소년문학 비평가 트라이스는 아동문학과 청소년문학을 교양소설bildungsroman과 구별하여 발달소설Entwicklungsroman로 정의한다. 괴테의 『빌헬름 마이스터』*Wilhelm Meister*로 대표되는 교양소설이 그러하듯이 다소 민감한 주인공 아이는 제한된 가정

환경과 배경에서 일련의 한계와 시련, 그리고 낭만적 사랑의 통과의례를 거친 이후 훌륭한 성인으로 성장한다. 청소년 상황을 극복한 후 주인공이 어느 정도의 사회적 권력을 소유하게 되는 이야기는 인간의 잠재력을 발견하려는 낭만주의적 이데올로기를 담고 있다. 그러나 성인이 되기까지의 과정을 다루는 교양소설과 달리, 청소년을 대상으로 하는 청소년문학 소설은 소재를 다루는 기간이 비교적 짧을 뿐 아니라, 청소년 주인공이 성인 사회의 시스템과 이데올로기에 회의를 느끼고 이에 저항하는 경향이 강하다는 점에서, 교양소설과 구분하여 발달소설로 규정한 것이다.

트라이스에 따르면, 낭만주의적 이데올로기의 소산인 교양소설과 달리, 1960년대 이후 청소년문학은 '주체는 사회의 결과물'이라는 후기 구조주의의 주요 이데올로기를 반영하는 장르이다. 따라서 만약 청소년문학 소설을 교양소설로 분류하면, 주인공의 성장을 둘러싼 권력과 역학의 미세한 관계를 간과할 수 있다는 것이다. 청소년문학에서 주인공이 겪는 권력과 억압, 그리고 저항의 갈등은 교양소설처럼 주인공이 성인의 나이에 도달하지 못하므로 해결되지 않은 채로 남아있는 경우가 많게 된다. 따라서 청소년문학의 "bildung", 즉 '성인 되기'는 실제라기보다는 상징적 과제이며 이에 따른 갈등과 문제도 더 치열하게 형상화될 수 있다.

'성인 되기'와 관련하여 살펴볼 수 있는 비평이론 개념의 하나가 크리스테바의 '애브젝션' 개념이다. 크리스테바에게 있어서 주체의 구축은, 국내에서는 '비체'로 번역된, 일명 "애브젝트"abject라고 불리는 '부정하고 부적절한 것'을 배제하는 과정, 즉 비체화abjection이다. 어머니와 하나가 되고 싶은 유아적 열망이나 땀, 침과 같은 육체의 분비물이나 배설물, 더 나아가 성인이 되기 위해서는 기억에서 지워야 할, 혹은 지우고 싶은 어린 시절의 트라우마 등이 애브젝트에 속한다.[1] 육체의 배설물

1 Karen Coats, *Looking Glasses and Neverlands: Lacan, desire, and Subjectivity in Children's Literature*, Iowa City: U of Iowa P., 2004, 141쪽.

은 주체가 육체에 의존하는 것임을 지속해서 상기시키는 기능을 하므로 독립적 주체는 자신의 의존성을 상기시키는 비체를 없애고자 하는 것이다.

그러나 크리스테바에 의하면 주체가 축출하려는 비체는 완전히 없어지는 것이 아니라, 주체의 정체성을 이루는 경계에서 맴돌면서 끊임없이 주체의 통일과 안정성을 위협하고 해체하려 한다. 그러다가 이따금, 프로이트의 표현대로, 의식의 영역으로 '억눌린 자의 귀환'을 시도하는 것이다. 주체 또한 이들의 위협을 느끼며 저항 또는 배제하려는 인지 감각이나 태도를 보이게 되는데, 이것이 크리스테바의 비체화이다. 비체화를 통해 주체는 자신의 명확한 경계를 세우고 확고한 자기 정체성을 설립하려 한다. 프로이트는 억눌린 자의 귀환의 지속적 가능성을 강조했지만, 귀환하지 않는 한 그것들은 보이지 않는 곳에 있다. 크리스테바에게는 억압된 것이 아니라 '추방'되었기 때문에 언제라도 돌아올 수 있도록, 우리의 의식 주변을 맴돌고 있는 것이다.

오이디푸스 이전 단계에서의 주체의 발달에서 비체화는 중요한 개념이다. 내부와 외부, 주체와 객체, 자아와 타자를 구분하려면 먼저 자신의 청결하고 적절한 에고의 일부가 아닌 것을 배제해야 한다. 크리스테바는 청소년기를 "열린 심리 구조"를 지닌 시기로 본다. 다시 말해서, 청소년기는 오이디푸스 단계에 진입 이후 아이가 다시 정체성의 위기를 맞닥뜨리는 시기이며, 경계를 부수고 도전하는 틈새의 시기이자, 자신의 믿음과 성인의 가치가 도전받는 시기이다. 이 과정에서 비체화와 청소년기는 밀접한 관계를 맺게 된다. 자아 정체성을 새로이 추구하고 사회의 성인이 되기 위해서는 배제하고 타협하는 과정이 필요하기 때문이다. 그리하여 법이나 사회 제도 혹은 과거의 트라우마에 대해 질문하고 회의하는 틈새의 시기가 청소년기라면, 비체화는 청소년문학의 주요한 주제의 하나가 될 수 있다.[2]

---

2 Julia Kristeva, "The Adolescent Novel," *Abjection, Melancholia, and Love,* Ed. John Fletcher and Andrew Benjamin, New York: Routledge, 1990, 8쪽.

하지만 크리스테바나 코츠가 주목하지 못한 점은 비체화가 청소년이 맞닥뜨리는 다양한 형태의 사회 권력과 밀접하게 연결되어 있다는 사실이다. 여기에서 권력은 성인 되기 이전의 청소년에게 가해지는 억압/힘 행사의 역학으로 나타난다. 온전한 사회적 주체로 성장하기 위해 청소년은 권력이 지닌 두 개의 얼굴, 즉 억압과 힘의 행사라는 역학관계에서 저항과 타협의 과정을 거치게 마련이다. 그러므로 비체화는 청소년이 사회, 정치, 학교 당국과 교사 혹은 부모의 권위에 저항하고 때로는 타협해야만 하는 '성인 되기'의 일련의 과정이며, 청소년문학 소설이야말로 바로 이러한 비체화를 가장 극렬하게 형상화한 문학 장르라 할 수 있다.

2. 『초콜릿 전쟁』의 비체화와 '성인 되기'

코마이어의 『초콜릿 전쟁』은 출판되기 전 모두 일곱 개의 출판사에서 거부당한 소설이다. 또한, 1998년에는 검열대상에서 1위, 1999년에는 3위의 자리를 차지하였다. 폭력적이고 너무 복잡하며 청소년 상황에서는 있음직하지도 않은 이야기일 뿐 아니라 등장인물도 너무 많다는 것이 문제였다. 그러나 지금은 문학성을 인정받아 세계 전역에서 다양하게 읽히는 청소년문학 소설이 되었다.

코마이어의 『초콜릿 전쟁』이나 힌튼의 『소외자』는 모두 억압에 대한 주인공 소년의 저항을 다룬 공통점을 보여준다. 『초콜릿 전쟁』은 주인공 르노[Jerry Renault]가 트리니티 고등학교의 기금 조성을 위해 마련된 초콜릿 판매를 거부하는 것으로 시작한다. 책 제목의 '전쟁'이라는 단어는 이 작품의 정치적 측면을 드러내며, 학교 사회도 전쟁터가 될 수 있는, 세상의 소우주라는 사실을 상기시킨다. 저자 자신도 이 작품의 배경은 가톨릭 남자 고등학교지만 세상에 대한 은유로 사용하였다고 말하고 있다.[3] 르노는 폭력 학생 지하 조직과 폭력 학생 조직을 동원해서라도 초콜릿 판매를 감행하여 기금을 모으려는 레온 교감에 저항하여 초콜릿 판매를 거부한다. 이러한 거부의 제스처는 권력에 의탁하는 삶의 방식에 대해 그가 은연중에 반항하고 있음을 말해준다. 그가 자신의 옷장에 붙여놓은 엘리엇의 「알프레드 푸르프락의 연가」에 나오는 시 구절, "내가 우주를 뒤흔들 수 있을까?"는 억압과 부정한 권력에 휘둘리지 않고 자신만의 삶의 방식을 선택하고 싶은 십대 청소년의 질문으로 보인다.

이 작품에 나오는 억압적 권력의 중심에는 학생 지하 폭력 조직인 비질Vigil이 있다. 푸코의 판옵티콘처럼 학생 지하 폭력 조직인 비질은 보이지 않는 억압적 권력의 상징으로 존재한다. 학생조직이지만, 학교의 어떤 공식 서류보다도 더 많은 정보망을 가지고 있는 이 지하조직은 레온 교감과의 타협과 음모를 통해 권력을 행사하고 폭력을 정당화시킨다. 교감은 학교 자금을 조성하기 위해 지하조직인 비질의 힘을 빌려 초콜릿 판매를 감행한다.

비질은 폭력을 행사하면서도 면밀 주도한 심리전을 사용하는 책략적 조직이어서, 아무도 입 밖으로 비질의 존재를 말하지 않는 그런 조직이다. 대표격인 아치Archie는 학생의 신분이면서도 동기들의 심리를 자극하고 이용하는 타고난 모사꾼이다. 그는 신입생 르노가 축구장에서 기절해야 할 상황인데도 일어서는 강인함을 먼발치에서 쳐다보면서 그의 강인함을 시험해보고 싶은 악마적 유혹에서 르노를 희생양으로 삼기로 한다. 그는 판옵티콘의 감시자처럼 권력자의 '보는' 위치에서 감시와 명령을 수행하며, 그가 입수한 학생 명단을 통해 학교의 모범생들과 신입생들을 폭력의 희생자로 전락시킨다.

르노는 고등학교 신입생으로 바로 얼마 전에 어머니와 사별한 바 있다. 이 작품

---

3 Robert Cormier, *The Chocolate War,* New York: Knopf, 1974, 7쪽.

에서 어머니의 부재는 주인공의 방황과 성장에 밀접한 연관을 지닌다. 크리스테바의 비체화는 주체가 더는 수용할 수 없는 것들을 배제하는 축출의 행위를 통해 자신을 구축하는 과정이자 방식이다. 첫 번째 비체는 가부장적 체계하의 오이디푸스 단계 이전의 어머니이다. 이 어머니는 상징계의 사회질서가 가변과 경계에 밀어놓은 '여성성'과도 통하는 것으로, 사내아이가 상징계의 성인으로 성장하기 위해 배제해야 하는 비체이기도 하다.[4] 『초콜릿 전쟁』에서 어머니의 죽음으로 인한 결별은 주인공의 성인 되기를 재촉하는 출발점이 되는 지점이다. 어머니의 죽음으로 인해 아버지는 무기력증으로 르노를 거의 고아나 다름없게 내버려둔다. 로노의 홀로서기는 고등학교의 교육현장이 초콜릿을 팔기 위한 모략과 음모가 행해지는 정치, 경제적 전쟁터가 된 상황에서 더욱 처절해진다. 이 와중에서 지하 폭력조직은 르노에게 초콜릿 판매를 얼마 동안 거부하라는 지시를 내리고 르노는 레온 교감의 정신적 고문을 감내하며 비질의 지시를 따른다.

아들의 상황을 전혀 눈치채지 못하는 아버지는 르노에게 삶에 대한 그 어떤 안내도 주지 못하고 답답한 미래만 던져줄 뿐이다.

> 인생이란 그리도 무미건조하고 지루한 것인가…. 자신의 삶이 그런 식으로 뻗쳐있다고 생각하기가 싫었다. 그저 그런, 좋지도 않고, 나쁘지도 않고, 대단하지도 않고 형편없지도 않고 흥분도 없고, 그 밖의 어떤 것도 아닌 그런 삶 말이다.[5]

『초콜릿 전쟁』이 검열대상이 된 이유는 이 작품이 그리는 성인세계가 매우 부정적이라는 사실에도 연유한다. 어른은 모두 무기력하거나, 잔인하거나, 음모를 꾸미거나, 타협적이다. 모든 것은 권력의 망 속에 존재하며 대부분 교사도 예외는 아

4 Noelle McAfee, *Julia Kriesteva*. 이부순 역, 『경계에 선 줄리아 크리스테바』, 엘피, 2007, 95-96쪽.

5 Cormier, 위의 책, 61쪽.

니다. 아버지는 무기력하고 교장은 병원에 입원해있다. 르노를 둘러싼 성인세계는 르노의 성장을 안내할 비전이나 신념을 전혀 제시하지 못하고 있다.

일정 기간이 지나 지하조직은 르노에게 초콜릿 판매 거부를 거두고 이번에는 초콜릿을 판매하라는 지시를 보내지만, 르노는 지시에 따르지 않고 계속 초콜릿 판매 거부를 고집한다. 르노가 지하조직의 폭력과 복수를 불사하고 초콜릿 판매를 거부하는 이유는 구체적으로 표명하고 있지 않지만, 생랙 집단의 권력과 폭력에 반대하여 개인의 독립과 자유를 희구하려는 의사표명임은 분명하다. 이는 어머니의 죽음 이후 르노의 홀로서기의 한 시도로 보인다.

어머니의 죽음이 성인 되기의 비체화의 한 과정이라면, 작품에서 자주 묘사되는 땀 역시 비체의 하나이다. 성장기의 청소년기는 유달리 신체적 분비물이 많은 시기이다. 이 소설에는 유달리 육체에서 분비되는 땀과 냄새에 관한 언급이 많이 나온다. 땀 냄새와 겨드랑이 냄새는 각 등장인물의 묘사에서 중요하다. 이것은 성인이 되기 위해 추방해야 할 크리스테바의 비체이다. 땀과 땀 냄새는 때로는 혐오스러운 권위 및 음모와도 연계된다. 땀 냄새는 작품 속의 청소년뿐만 아니라 위협적이면서도 혐오스러운 성인에게서도 나는데, 레온 교감이 그 대표적 예이다. 레온은 성인인데도 유독 땀 냄새를 풍기는데 그의 냄새는 그의 위험한 성격과 그가 벌이는 은밀한 음모를 알리는 메타포로도 작용한다. 그러나 아치는 청소년인데도 땀을 한 방울도 흘리지 않는 냉혈한으로 묘사된다.

> 땀 냄새가 공기 속에 가득했다. 체육관 안에 풍기는 시큼한 냄새였다. 이 장소는 지금 텅 비어 있는데도 마지막 체육 시간의 여파가 남아 있다. 소년들의 땀 냄새, 겨드랑이와 발 냄새였다. 낡은 운동화의 썩은 냄새. 아치가 스포츠를 좋아하지 않는 이유 가운데 하나였다. 그는 오줌이나 땀 같은 인체의 분비물이 싫었다. 그는 운동 경기를 싫어했다. 운동하면 땀이 더 빨리 나오기 때문이었다. 땀으로 흠뻑 젖은 채 계

속 땀을 흘리는 선수들의 모습은 참을 수가 없었다.[6]

청소년이지만 전혀 땀을 흘리지 않는 관찰자이면서 용의주도한 기획자인 아치는 성장을 이미 끝낸 성인의 이미지를 보여준다. 따라서 그는 성장과 발전, 또한 성장통도 따르지 않는 정체된 인물인 동시에 사악한 성격 또한 개선될 여지도 없는 완성형의 인간이다. 성장 과정에서 분비되는 땀이 없는 그에게 '성인 되기'의 개념은 존재하지 않기 때문에 진정한 의미에서 청소년의 범주에 넣기가 어려운, 개념적 인물 또는 상징적 인물에 가깝다.

이 작품의 성인 되기의 주제는 적지 않은 논란을 불러일으켰다. 이 작품의 결말부에서 주인공 르노의 '성인 되기'가 청소년문학의 주요 메시지의 하나인 '희망'보다는 절망 또는 포기의 메시지를 표면적으로 담고 있기 때문이다. 아치의 모략에 걸려들어 권투시합에 응하고 결과적으로 르노가 지하집단의 보복을 처절하게 당하게 되는 결론은 집단의 권위에 대항하는 개인의 무기력감을 전달한다. 자신의 의지를 관철하려다가 지하 폭력 집단의 멤버에게 죽을 정도로 얻어맞고 쓰러진 후 들것에 실려 가면서 르노는 가장 친한 친구 구버의 목소리를 알아듣고 자신의 속내를 전달하려 한다. 하지만 모든 힘이 빠져버린 상태에서 그의 목소리는 자신에게만 들릴 뿐이다.

풋볼을 해. 달리기를 하라고, 그리고 풋볼팀에 돌아가…. 또 초콜릿을 팔라고. 그들이 원하는 것은 무엇이든 다 팔고, 그들이 원하는 것은 무엇이든 다 하라고. 사람들은 네가 해야 할 일을 잘하라고 말하지. 하지만 진짜로는 그런 뜻이 아니야. 그들은 네가 너의 일을 하기를 바라지 않아. 네 일이 동시에 그들의 일이 아니라면 말이야.

6 위의 책, 136쪽.

웃기는 일이지만, 구버, 속임수야. 우주의 질서를 방해하지 마라, 구버. 포스터가 뭐라고 말하든 상관없어.[7]

이 구절은 비평가들이 작품에서 가장 비난하는 부분이다. 청소년문학이 전달할 희망의 메시지 대신 타협과 절망의 메시지를 전달하기 때문이다. 청소년문학의 불문율은 아무리 사실주의 소설이라도 반드시 인생의 선택권과 일정 이상의 희망을 주어야 한다. 그런데 『초콜릿 전쟁』은 이러한 불문율을 어겼다는 것이다. 이 구절 이후 르노는 들것에 실려 가고 트리니티 고등학교가 한동안 지하 학생 조직과 레온 교감의 동맹관계에서 운영될 것을 암시하며 작품은 끝난다. 이러한 결말에 대해 영웅으로 등장하던 주인공 르노의 패배는 미국 문학 전통이 보여준 영웅상을 무너뜨리는 모험을 감행하는 것이라고 비평들은 지적한다. 르노의 마지막 고백에서 '시민 불복종'의 문학 전통은 패배하고 만다는 것이다. 미국의 아담 또한 패배하고 허크 핀은 짐을 노예상인에게 팔아넘기는 결과나 다름없으며 그리하여 코마이어는 미국의 영웅 신화를 깨버린 것이라고 비판한다.[8]

어쩌면 코마이어는 청소년들의 성인 되기는 로맨틱한 청소년문학에서보다 훨씬 폭력적인 참패를 거치는 사실을 너무 잘 알고 있었기 때문에, 한 개인의 반항과 저항으로 우주를 흔들 수 없는 현실을 전달하고 싶었는지 모른다. 이러한 결말은 청소년문학이나 아동문학의 정형성을 꼬집으면서 그 낭만성에 일침을 넣으려는 의도였을 수도 있다. 그는 어머니가 의미하는 여성성에 대한 의존이나 청소년기의 육체의 분비물, 성인사회와 맞물려 돌아가는 학교 폭력과 음모, 이 모든 것을 거부하여 성인 되기를 이룰 수 없음을 암암리에 전달한다. 주인공의 희생으로 인해 세

7 위의 책, 249쪽.

8 Anne Scott Macleod, "Robert Cormier and the Adolescent Novel," *Children's Literature in Education* 12(1981): 74-81

상은 변하지도 않고 그냥 희생양으로만 되었을 뿐인 이 소설의 결말은 쓰디쓴 성장통을 보여주고 있다. 현실은 개선된 것도 없이 암울하기만 하다. 화해나 사회정화, 그 어떤 변화도 일어나지 않는다.

그러나 이러한 비판에도 불구하고 이 작품 속에 개인의 저항이 갖는 희망의 메시지가 암묵적으로 암시되고 있는 사실을 완전히 외면할 수는 없을 것이다. 뜻이 좌절된 주인공이 좌절의 메시지를 전달했다고 해도, 르노의 친구 구버에 대한 영향과 폭력조직 비질의 멤버들이 르노의 저항 의지에 보이는 경외심과 급우들의 동정심, 그리고 아치를 향한 증오심은 아직도 개인이 지닌 저항의 잠재력, 이 세상을 조금이라도 바꿀 수 있는 개인의 가능성에 대한 희망의 여운을 남긴다. 맨 마지막 장에 지하 폭력조직의 멤버인 오비는 아치를 비롯한 자신들의 절대 권력이 힘없이 무너질 것을 암시한다. "아마도 다음번에는 검은 상자가 쓸모 있겠지……. 아니면 르노 같은 또 다른 꼬마가 나타날지도 모르고……."[9] 검은 상자는 아치가 자신의 기획을 행사할 때마다 폭력 조직이 그에게 내미는 상자로서, 상자 속에서 검은 돌을 꺼내는 순간 아치는 행사권을 잃게 된다. 이로써 아치의 권력도 변덕스러운 운명의 힘이고 영원할 수 없다는 것을 말해주는 것이다. 실제로 『초콜릿 전쟁』의 속편에서 아치가 부하에게 배반당하고 참패하는 줄거리는 바로 이 같은 사실을 확인하는 것으로 보인다.

9 위의 책, 252쪽.

3. 『소외자』의 비체화와 성인 되기

『소외자』가 발표된 1967년 당시 저자 힌튼의 나이는 17세였다. 그 이유에서인지, 성인 작가가 발표한 청소년문학이 일반적으로 풍기는 노스탤지어의 감성을 이 작품에서는 느낄 수 없다. 이 소설은 청소년문학의 폭력에 대한 금기를 깨고 처음으로 뒷골목 십 대 건달들의 폭력을 다루었다. 소설 속 등장인물은 도시의 남쪽 지역에 거주하는 상류층 출신의 십 대 건달 패거리와 하층 십 대 패거리로 분류된다. 상층 불량 청소년 그룹인 삭스[10]에 대한 하층 깡패 그룹 그리저Greasers의 적대감과 열등의식은 사회적 약자들인 자신들이 아무리 노력해도 상류층 부모를 등에 업은 삭스를 이길 수 없다는 좌절감에서 연유한다. 소위 '흙수저' 층인 그리저들이 거리에서 패싸움하고 상점의 물건을 훔치는 것은 가난 때문만이 아니라 아무리 노력해도 부와 권력이 상류층 '금수저' 불량배 그룹의 편이라는 것을 알기 때문이다. 그러므로 이들은 삭스들과의 대적을 통해 자신들의 반항과 비행의 정당성을 찾고자 한다.

삭스 집단이 자아 정체성을 자신들이 몰고 다니는 부모의 비싼 자동차에서 찾는다면, 돈 없고 힘없는 그리저들은 독특한 머리 스타일에서 찾는다. 이들의 덥수룩하고 기름칠한 머리는 짧은 머리를 요구하는 1960년대의 보수적 문화전통에 대한 명백한 위반이었다. 극장에서 나오는 포니보이의 머리를 자르려는 반대 패거리의 위협행위는 포니보이의 정체성을 없애겠다는 의미를 지닌다.

『초콜릿 전쟁』의 비체가 육체의 분비물인 땀이나 땀 냄새로 묘사되었다면, 이 작품의 비체는 그리저들이 머리에 바르는 머릿기름으로 대변된다. 머리에 끼는 기름*greaser*은 비누나 샴푸를 사용하여 없애야 하는 오물이지만, 이 작품의 그리저 그룹에게 머릿기름은 자신들의 정체성을 표현하는 수단이다. 하지만 성인이 되면 머릿

10 Socs: Socialites의 줄인 말

기름이 다시는 자신들의 정체성을 대변해주지 않기에, 이들의 성장 과정에서 없애야 할 대상, 비체가 되어 버린다. 실제로 미국의 1960년대에 일부 유행하던 끈적끈적한 머릿기름은 불쾌한 촉감 때문에 곧 추방되었다.

이 작품의 서술자이자 주인공인 14살의 포니보이Pony boy와 그리저의 멤버인 자니는 삭스 멤버의 여자 친구에게 말을 걸면서, 집단의 경계를 넘었다는 이유로 폭행을 당한다. 그 와중에 자니는 포니보이를 구하려다 삭스의 두목을 죽이고 버려진 교회로 숨어들게 된다. 그러나 교회 안의 뜻하지 않은 화재로 어린아이들을 구하다가 화상을 입고 죽는 것이 이 작품의 주요 사건이다.

이 작품에서는 자니를 포함하여 3명의 청소년이 죽는다. 청소년의 죽음은 때 이른 죽음으로 나이 많은 성인의 죽음보다 문학 전통에서 더욱 강한 카타르시스를 불러일으킨다. 특히 희생적인 죽음은 삶에서 더욱 오히려 그들의 존재의 힘을 느끼게 한다. 예수 그리스도의 죽음이 그러하듯, 『톰 아저씨의 오두막』*Uncle Tom's Cabin*의 에바의 죽음, 그리고 이 소설에서 자니의 죽음 역시 극적인 공감대를 불러일으킨다. 16살의 자니는 어린아이들을 불이 타오르는 교회에서 구하던 중 화상을 입고 죽는데, 그의 죽음은 그의 거친 친구들이 폭력을 거부하기 시작하는 원동력이 된다. 이렇듯 어린아이나 청소년의 때 이른 죽음은 영적인 구원의 힘을 발휘하는 신화의 전통으로 기능하다고 드 빅De Beeck은 주장한다.[11] 이 작품 세 명의 죽음에서 자니의 죽음이 가장 구원의 힘을 지닌 것으로 드러난다.

그러나 드 빅이 간과한 것은, 크리스테바의 비체화의 개념에서 볼 때 자니는 이 작품에서 포니보이의 '성인 되기'를 위해 희생되어야 하는 비체로서의 의미를 지닌다는 사실이다. 하층계급 출신인 자니는 희생적으로 죽기 전까지는 거리의 불량아이자 떠돌이였다. 그리저 멤버들은 아동학대를 일삼는 가정에서 자라 자신들을 가

---

11 Nathalie de Beeck, "'Sixteen and Dying': Lurlene McDaniel's Fantasies of Mortal Endangerment," *Children's Literature Association Quarterly* 29(2004): 67쪽.

족처럼 의지하는 자니를 보호해야 할 의무를 느꼈으며 이러한 의무를 자신들의 존재 이유로 생각했다. 그러나 자니는 가정환경 탓에 거리의 불량아들과 어울리기는 하지만, 거칠고 폭력적인 불량아들과는 달리 본성적으로 나약하고 착한 인물로, 그리저나 삭스 그 어느 불량아 그룹에도 속할 수 없는 경계 선상의 존재이다. 그의 희생적 죽음은 양쪽 그룹의 화해를 유도하게 되고 주인공 포니보이에게는 성장통의 역할을 한다. 사회정화를 위한 그의 희생적 죽음은 그리저와 삭스 그리고 주인공 포니보이의 성인 사회의 진입을 위한 비체화의 과정으로 해석할 수 있다.

작품에서 소개되는 세 명의 죽음 중 하나가 델리Dally의 죽음이다. 그리저 그룹에서 가장 강하고 거친 인물인 델리 역시 아버지의 법칙이 지배하는 성인사회에서 추방되는 인물이다. 뉴욕거리의 깡패였던 그는 얼음같이 차가운 파란 눈과 요정같은 얼굴을 하고 다른 그리저들과 달리 블론드 색의 머리칼에 머릿기름을 바르지 않는다. 자신의 범죄기록을 자랑하는 거칠고 폭력적인 성향으로 다른 그리저들 보다도 유독 위험한 인물이다. 하지만 그는 자니에게만은 그 누구보다도 보호본능과 의리를 유지하면서 인간적 면모를 발휘한다. 자니의 희생적 죽음의 부당함을 느낀 그는 총알도 장착하지 않은 권총을 소지한 채 거리에 나가 휘두르다가 경찰의 총에 죽는다. 자니의 희생적 죽음과 달리, 사회에 대한 반항의 행위로 죽음을 선택함으로써 델리는 포니보이가 진입해야 할 사회의 존속을 위해 필연적으로 제거되어야 할 비체가 된다. 사회와 제도권에 대해 보이는 그의 극단적 반항과 폭력은 어느 타협도 허락하지 않은 것으로, 그의 죽음은 불가피한 것으로 보인다.

어른의 세계로 진입하는 것이 허용되지 않고 제거되는 이 두 인물은 공교롭게도 모두 동물의 형상으로 묘사되고 있다. 델리는 턱이 뾰족하고 작으며 날카로운 동물의 이를 하고 귀는 스라소니처럼 보인다. 머리 색깔은 옅은 갈색이다 못해 하얗고 머리를 자르기 싫어해서 앞이마 위로 머리칼이 내려와 귀와 목 뒤까지 덮여 있다. 뉴욕의 거친 거리에서 3년을 지냈으며 경찰서에 그의 서류가 보관되어 있을 정도이다. 자니 역시 강아지의 이미지로 소개되고 있다. 그룹에서 가장 작은 자니는 너무 자주 발길에 차여 낯선 무리 사이에 방황하는 작고 까만 강아지를 연상하게 만든다.

이 두 인물의 죽음은 작품의 주인공이자 화자인 14살의 포니보이의 성장을 위한 비체화의 임무를 수행한다. 같은 그리저 집단에 속해 있으면서도 포니보이는 아버지의 법이 작동하는 사회에 더욱 잘 적응할 수 있는 잠재력과 가정 배경을 지니고 있다. 델리나 자니와 달리 포니보이는 정상적 가정에서 자랐지만, 부모가 자동차 사고로 갑자기 돌연사하고 책임감이 강한 맏형이 부모의 역할을 이어받아 대행하고 있다. 거친 부랑아 그룹에서 포니보이는 유달리 시와 문학과 영화를 좋아하고 독서를 즐기는 인물이다. 그룹에서 자기만큼 영화와 책을 즐기는 사람은 없다고 말하면서도 그는 자신의 약점을 정확하게 파악하는 현실 감각을 지니고 있다. 자신의 그룹에서 가장 나이가 어린 그는 그룹의 성향과 성격을 알며 사회적 기능 또한 이해한다. 그는 작품에서 가장 많이 성장하는 역동적 인물이다. 그의 정신적 성장은 상층계층의 불량배들도 하층계층의 불량배들만큼이나 다 같은 인간이라는 인식의 변화와 병행한다. 상층계층의 소녀 체리와 만나면서 공감대를 형성하고 두 계층 간의 화해가 이루어진다.

이 소설은 국어교사가 본인의 경험을 서술하라고 포니보이에게 내준 숙제의 결과임이 작품의 끝에서 드러난다. 이로써 이 소설은 성장소설의 차원을 넘어 예술소설의 성격을 지닌다. 이 소설의 서술에서 포니보이가 보여주는 문학성은 가난과 하층계층이 반드시 문화가 부족한 것이 아니라는 사실을 입증한다. 그는 로버트 프루스트의 시를 낭송하며 자니에게 마가렛 미첼의 『바람과 함께 사라지다』를 소개한다. 그의 문학적 재능과 가정 배경으로 말미암아 포니보이는 제도권에 편입할 가능성이 작중의 어느 인물보다 높다. 정결하고 성숙한 사회로의 편입은 아버지의 질서를 대행하고 있는 그의 맏형에 대한 이해와 타협을 전제로 한다.

포니보이의 집으로의 귀환은 상징계의 질서와 법의 세계로의 입문을 의미한다. 맏형 대리Darry는 아버지의 부재를 대신하는 역할을 떠맡고 있다. 6피트 2인치의 키와 넓은 어깨, 근육질의 몸, 근엄하고 냉정한 얼음조각과도 같은 눈을 가진 그는 평소 아버지의 검은 갈색 머리와 스타일을 물려받아 자신의 나이 20세보다 더 들어 보인다. 자니와 델리가 죽은 후 포니보이는 맏형이 자신을 진정으로 사랑했다는 사실을 깨닫고 맏형의 권위를 수용하며 제도권인 학교생활에 적응해나가게 된다.

이 소설 역시 어머니가 부재하다는 사실은 흥미롭다. 아버지 역시 부재하지만, 맏형인 데리가 삶의 기준을 분명하게 제시해주는 아버지의 역할을 대행하고 있다. 이 소설은 성인사회를 비교적 긍정적으로 투사시킴으로써, 성인사회로의 진입은 『초콜릿 전쟁』의 르노보다 포니보이에게 보다 수월해 보인다.

비평가 트라이스는 청소년문학은 성인사회의 이데올로기의 반영물로서, 청소년이 성장할 필요가 있다는 이데올로기를 주입한다고 말한다. 상당수의 청소년문학 소설이 성인 화자를 등장시키는 이유는 십 대 청소년의 권위가 그들의 것이 아니며, 그렇게 되어서도 안 된다는 성인사회의 이데올로기를 주입하기 위한 것이다. 이렇게 볼 때 청소년문학 장르 자체는 '이데올로기적 국가장치'가 된다고 트라이스는 지적한다. 말하자면 "청소년을 보다 위대한 사회의 가치를 위해 억압되어야 할 것으로 구성하는 사회 제도"인 것이다.[12]

『초콜릿 전쟁』과 『소외자』는 모두 주인공의 '성장 통'을 그린 소설로 유명하다. 이들은 그 어느 청소년문학보다도 사회 이데올로기 장치와 억압구조에 격렬한 반역을 시도했고 그 결과 검열의 대상이 되었다. 그런데도, 이 두 소설의 청소년 주인공들의 '성인 되기'도, 트라이스의 지적처럼, 궁극적으로 성인 사회의 이데올로기와 억압을 일정 정도 타협하여 수용하는 과정임을 보여준다. 여기에서 비체화는

12 Tries, 위의 책, 83쪽.

심리적이든 물리적이든 성인사회의 진입을 위한 필수적 절차가 된다. 이렇게 볼 때, 청소년문학은 현 성인 사회의 질서유지를 위한 공모자라는 트라이스의 지적이 지나칠 수는 있어도, 전적으로 틀린 표현은 아닐 것이다.

4. 청소년문학의 교재 선정 문제

마지막으로 영미 청소년문학의 비평적 접근뿐 아니라 영어를 외국어로 배우는 한국의 교육 상황에서 이 두 소설의 영어교육적 측면을 특히 난이도를 중심으로 살펴볼 필요가 있다. 문학텍스트를 EFL 교실수업에서 지도할 때 고려해야 할 가장 중요한 요소의 하나가 독해 난이도의 문제이기 때문이다.

플래시식 문장 난이도 점수와 플래시-킨캐이드식 학년 수준 점수를 통해서 『초콜릿 전쟁』과 『소외자』를 분석했을 때, 『초콜릿 전쟁』의 플래시식 문장 난이도 점수는 65~73 정도였고 플래시-킨캐이드식 학년 수준 점수는 7~7.5의 결과가 나왔다. 또한 『소외자』의 플래시식 문장 난이도 점수는 60~76정도이며 플래시-킨캐이드식 학력수준 검사는 6~8.5이다.

이 결과로 이 작품들이 모두 미국 중학교 수준에 맞는 것을 알 수 있다. 그러나 한국의 EFL 상황에서는 학교와 학생에 차이는 있겠지만, 고등학교 수준의 학생을 대상으로 교육할 수 있는 작품들이다. 문장은 수동태가 거의 없는 능동태 문장이 대부분이다. 단지 유념해야 할 점은 문학 작품의 성격상 문장의 난이도가 조사 결과마다 다소 차이를 보일 수 있다. 특히 작품의 서두 부분은 두 작품 모두에서 가장 고난도의 문장 난이도를 보였다.

적절한 난이도의 영미 청소년문학작품을 선정하고 학생들에게 읽힐 때 가장 중요한 고려 사항은 학생들의 자신감이다. 문법 위주의 수업에서 벗어나 감성과 이해를 바탕으로 하나의 문학작품을 통권으로 읽을 때 느낄 수 있는 해방감과 자신감이다. 이러한 자신감은 지속적 독서행위의 밑거름이 된다. 이를 위하여 선정된 문학교재의 난이도 분석은 필수적이다. 그러나 아무리 쉬운 청소년문학작품이라도 중고등 교육에서 통권으로 읽히기는 절대 쉽지 않다. 이 경우는 작품의 주요 부분을 발췌하여 난이도를 측정할 것이 요구된다.

새 학기에 개설된 교육대학원 영미 청소년문학 수업에『초콜릿 전쟁』과『소외자』를 포함했다. 모두 열 명으로 구성된 이 수업의 종강 시간에 수업에서 읽은 소설 네 권을 대상으로 이 작품들의 영어교육적 측면과 난이도에 관하여 설문조사를 했다. 질문은 아래와 같았다.

1. 로버트 코마이어의『초콜릿 전쟁』, 힌튼의『소외자』, 라울링J. K. Rowling의『해리포터와 마법사의 돌』Harry Potter and the Sorcerer's Stone, 그리고 새커Louis Sachar의『구덩이』중에서 본인이 가장 좋아하는 작품을 꼽는다면? 또한 그 이유는 무엇인가?
2. 중 고등학생들에게 읽히면 좋을 작품과 그 교육적 효과는 무엇일까?
3. 작품 읽기와 병행한 영미비평 이론연구가 작품 이해에 도움이 되었는가?
4. 영미 청소년문학 작품의 독해가 중고생의 영어교육에 도움을 준다고 생각하는가? 그렇다면 어떤 방식으로 주는가?
5. 영미 청소년문학 독해가 영어의 4가지 능력을 향상시킨다고 생각하는가? 4 작품 중 난이도의 순서를 매긴다면?
6. 위의 작품을 수업에 적용한다면 몇 학년을 대상으로 하겠는가?

이 강의실의 응답은 비교적 동질적이었다. 1번에 대한 답은 대부분『구덩이』를 선택했고 두 명이『초콜릿 전쟁』을 선택했다. 수강생 전원이 현직교사인 만큼 자신에게 좋은 것이 학생들에게도 좋은 것으로 생각하는 경향을 보였기 때문에 읽기 쉽고 흥미도에서도 떨어지지 않는『구덩이』를 추천했다. 그러나『초콜릿 전쟁』의 경우는 다층적인 비평을 시도했을 뿐만 아니라 성인의 세계에도 적용될 수 있는 주제를 살린 만큼, 작품에 대한 감정이입이 강렬한 것으로 드러났다. 이것을 보면 고등 교육 수준에서는 청소년문학도 비평이론이 실재비평과 접목될 때 더욱 교육 효과가 있음을 발견할 수 있다.

> 개인적으로 성인의 관점에서 가장 인상 깊은 책은『초콜릿 전쟁』이었다. 청소년 시절의 개인적 향수도 느낄 수 있었고, 주인공에 대한 감정이입도 가장 강렬했다. 그렇지만 아이들과 함께 읽는다면『구덩이』도 재미있을 것 같다.(이향:가명)

중고등학생들에게 읽히면 좋을 작품으로는『구덩이』와『해리 포터』가 단연 1위에 올랐다. 무엇보다도 이 작품들은 읽는 재미와 판타지가 학생들의 답답한 교실에서 일종의 도피처를 제공할 수 있다는 이유였다. 그러나 교육적 효과 면에 관한 질문에 대해 더욱 명확한 대답은 오히려 힌튼의『소외자』를 추천한 답변지에서 찾아볼 수 있었다.

> 자신의 가치관과 외부세계에 대한 가치관이 성립되는 시기에 이 작품을 읽고 토론을 한다면 사람을 보고 사회를 보고 외부세계를 보는 시각이 정립되는 데 도움이 될 것 같다. 언어적 영역뿐만 아니라 학생들의 정서 함양 및 서구 사회 청소년 문화를 우리와 비교하면 문화적 측면 학습에도 도움이 될 것 같다.(김양숙:가명)

이 수업에서는 포스트모던 이후의 비평 이론을 각 작품에 적용하였는데, 이에 대해서는 작품 속에 스며있는 역사, 문학적 배경 및 이론과의 협업은 작품의 깊이를 경험하는 데 도움이 되었다. 또한, 영미 청소년문학 작품의 독해는 중고생의 영어교육에 도움을 줄 수 있다는 의견이 지배적이었다. 문법만으로 언어의 규칙을 익히기보다는 의미의 발견으로 내용을 이해할 수 있다던가 언어에 대한 노출을 강화할 수 있고 상황과 맥락이 주어져 있어 영어뿐만이 아닌 문화의 이해에도 도움을 받을 수 있다는 이유에서였다.

다소 예상 밖의 반응은 작품의 난이도를 묻는 말에 대한 답이었다. 난이도는 객관적인 사안임에도 불구하고 그 순서가 제각기 다르게 나타났다. 그 이유는 아마도 독자 개인의 흥미도와 정서 혹은 독서 경험에 따라 소설이 쉽거나 어렵게 느껴진 것으로 생각된다. 적지 않은 답변자가 『해리 포터』를 가장 어렵다고 대답했는데, 같은 질문을 중고생들에게 했다면 다른 답변이 나올 수도 있을 것이다. 이로써 판타지 장르가 성인들에게는 감정이입을 일으키기 쉽지 않을 수 있음을 추측할 수 있다.

따라서 교재 선정에서 영어 난이도뿐만 아니라 주제의 적절성과 학생의 지적 성숙도도 역시 참고사항이 되어야 할 것이다. 예컨대 수업교재로 선정할 경우 몇 학년을 대상으로 하겠는가? 라는 6번의 질문에 『초콜릿 전쟁』은 대학생에도 적용 가능하다는 응답이 나왔다. 이 응답을 보면 『초콜릿 전쟁』이나 『소외자』와 같은 청소년문학이 중고생뿐만 아니라 대학의 영어교육에도 적합한 문학 장르일 수 있다는 결론을 도출할 수 있다. 또한, 고등 교육 수준에서는 청소년문학도 비평이론과 실재비평이 접목될 때 더욱 교육 효과가 있음을 확인할 수 있었다. 특히 우리와 같은 EFL 상황에서는 더욱 그렇다.

제 4 장

젠더와 민족을 넘어: 탈식민 페미니즘 독법

1. 『요코 이야기』의 국내외 수용

서인도제도 출신의 여성작가 진 리스Jean Reas의 『너른 사가소 바다』*Wide Sargasso Sea*는 저자가 어린 시절 『제인 에어』*Jane Eyre*를 읽던 중 이 소설이 서인도 제도 여성을 재현하는 방식에 분노를 느끼고 이후 성인이 되어 발표한 소설이다. 영국의 식민지였던 서인도 제도의 여성인 작중 인물 버싸Bertha를 다락방에 갇힌 광녀로 묘사한 영국제국의 『제인 에어』를 식민지의 시각에서 되 받아쓴 대항 소설이 『너른 사가소 바다』라는 것은 이미 널리 알려진 사실이다.

이 두 소설과 유사한 관계를 보여준 것이 국내에서 한동안 치열한 공방을 펼쳤던 요코 가와시마 왓킨스Yoko Kawashima Watkins의 일명 "요코 이야기"로 알려진 『대나무 숲을 멀리하고』*So Far from the Bamboo Grove*[1]와 이에 대한 대항 소설인, 최숙렬Sook Nyul Choi의 『떠나보낼 수 없는 세월』*Year of Impossible Goodbyes*이다. 한국계 재미 작가, 최숙렬은 한국의 식민지 역사를 왜곡한 일본계 재미 작가, 왓킨스의 자전적 소설이 미국 매사추세츠 주의 중학교 역사 교재로 사용되는 것에 분노를 느껴 『떠나보낼 수 없는 세월』을 발표하였다. 이 두 작품에 관한 연구는 미국 청소년문학 논의를 넘어 한국/일본/미국 3국이 개입된 한국 식민지 역사의 다층적 논의가 요구되는 작업으로 특히 『요코 이야기』는 국내 학계에서도 상당량의 보도와 깊이 있는 연구가 진행

1 이하 『요코 이야기』로 통일함.

되어왔다.

그렇지만 국내의 한국학 연구자와 역사학계의 열띤 논쟁과는 달리, 정작 영문학계는 이들 작품에 관하여 이렇다 할 반응이 없었다. 그 이유 중 일부는 영미 청소년문학 연구가 영문학 연구에서 주변적 위치를 차지할 뿐 아니라 이들 작품을 둘러싼 한국학계의 뜨거운 민족주의의 이슈에 관해서는 영문학 연구나 영어교육 연구자들이 상대적으로 관심이 적은 분위기도 작용하였을 것이다. 그러나 한국의 식민지 역사를 왜곡한 『요코 이야기』가 버젓이 한국의 제도권 교육에서 영어교재로 사용된 사실은 영어교육에서 교재 선정의 중요성을 새삼 상기시키는 일이었으며, 영어교육과 영문학 연구자들의 책임감을 느끼게 만든 사건이었다. 다시 말해서, 『요코 이야기』를 둘러싼 그간의 논쟁은 아무리 영어를 외국어로 가르치는 상황에서의 영어교육이라고 하더라도, 교재에 대한 치밀한 내용 분석과 역사의식을 점검하지 않은 채, 영어의 난이도나 스타일 분석 혹은 흥미도에만 중점을 둔 영어교재나 영문학 교재의 선정이 교육에 끼칠 수 있는 위험을 상기시킨 사례라 할 수 있다.

미국 교육 현장에서는 한국 학생과 학부모의 항의를 불러일으킨 『요코 이야기』를 교재에서 퇴출하기보다는 린다 수 박Lynda Sue Park이나 최숙렬 같은 한국계 미국 작가의 작품들을 함께 다룸으로써 보다 균형 잡힌 역사교육을 제공하려는 일련의 시도들이 있었다. 그러나 2006년도 미국 교육부와 주 교육청의 경고에도 불구하고 적지 않은 미국 교사들은 지적 논쟁을 교실에 끌어오기 위해서라도 논쟁을 불러일으키는 이 소설이 추천도서로 남아있어야 한다고 주장한 것으로 보도되었다.[2] 이러한 주장은 유효하여 『스타 불레틴』의 기사는, 2007년도에도 이 소설이 지속해서 학교에서 교재로 사용되고 있으며 미국 교육부의 조사를 인용하여 140개 학교에서

2 *The Boston Globe*, 2006.11.12.

150부가 발견되었다고 보도하고 있다.[3] 그런데도 그 이후 이 작품은 서서히 교재나 추천도서에서 철회되는 현상을 보인다. 어바우트 닷컴about.com이 제공하는 2011년도의 아동과 십 대를 위한 『탑 텐 여름 방학 독서 교재』 사이트[4]에서는 한 개의 사이트[5]에서만 유일하게 왓킨스의 2008년도 뉴욕 하퍼 트로피 판이 수록되어 있다. 이들 추천목록에는 소수 민족문학으로 『요코 이야기』보다는 한국의 과거 역사나 문화물을 소개하는 린다 수 박의 작품이 더 눈에 띈다. 『요코 이야기』에 대한 한국인의 반응을 감지하는 만큼 10년 이상을 뉴잉글랜드 지역에서 교재로 활용되던 이 작품이 예전처럼 필독도서나 교재로 선정되는 현상이 줄어든 것은 분명한 것 같다.

그런데도 미국 내에서의 이 작품에 대한 논의는 여전히 상반된다. 아마존 서점이 소개하는 『요코 이야기』 독자 서평에서도 볼 수 있듯이 미국의 독자반응은 동아시아 역사 교육을 주장하며 이 작품을 비판하는 그룹과 이 작품에 호의를 표하는 그룹으로 양분되어 있다. 이러한 반응은 미국교사들의 반응에도 그대로 반영되어 있다. 한 예로, 스티븐은 강력한 흡인력에도 불구하고 이 작품은 기본적으로는 근시안적 역사관을 지닌 것으로 평가한다.[6] 이와 반대 입장으로, 『보스턴 글로브』는 이 소설이 학생들에게 최고의 교육경험을 주었고 독서애를 점화시킨 작품이며 책 하나가 모든 것을 말해줄 수는 없는 것이라고 격한 감정이 담긴 떨리는 목소리로 주장하는 교사들에 관해 보도하였다.[7]

반면, 이른바 '요코 사태'를 둘러싼 국내 논의의 대부분은 작품을 직접 분석하기보다는 독자반응과 역사를 중심으로 하는 사회 문화 비평이 주를 이루었다. 한편

---

3 *Star Bulletin*, 2007.2.3.

4 http://childrensbooks.about.com/od/forparents/tp/summer_reading.htm

5 http://childrensbooks.about.com.

6 Walach Stephen, "*So Far from the Bamboo Grove*: Multiculturalism, Historical Context, and Close Reading," *English Journal* 97-3(Jan. 2008): 17-20쪽.

7 *The Boston Globe*, 2006.11.12.

으로는 주로 집단 기억을 이루고 있는 '민족'을 이슈로 하는 담론들과 또 한편으로는 이 '민족'을 구성하는 집단 기억을 파열하고 구멍을 내려는 페미니즘의 시각으로 양분되어왔다고 해도 크게 어긋나지는 않을 것이다. 이 논의들을 보면 민족주의나 혹은 민족주의에 뿌리를 두고 있지만, 이를 이론화하고 객관화하려는 탈식민주의 논의조차도 페미니즘의 관점과의 거리 좁히기는 쉽지 않다는 것이 새삼 확인된다.

주지하다시피 탈식민주의와 페미니즘은 역사적으로는 기본적으로 같은 지향점을 추구했지만, 구체적 현실에서는 양립하기 힘든 간극을 드러내 왔다. 포스트모더니즘을 거쳤다고 하더라도 반 식민 민족주의의 뿌리를 자를 수 없는 탈식민주의는 젠더 문제를 간과한 채 지역이나 민족주의로 흐르는 측면이 있었다. 또한, 페미니즘은 피해자로서의 여성의 보편성을 강조하는 가운데 여성 간의 차이를 간과하고 지역과 국가 혹은 탈식민주의 이슈와의 맥락을 충분히 검토하거나 그 논의를 확대하지 못한 측면이 있었다. 탈구조주의와 탈식민주의의 영향을 받으면서도 거리를 견지해온 탈식민 페미니즘은 바로 이러한 페미니즘의 한계를 인식하면서 탈식민주의의 기본 입장을 수용하여 젠더의 문제를 지역, 국가와 탈식민의 문제로 확대하고 이를 비판적으로 검토하려는 노력을 보여 왔다. 그런가 하면 탈식민주의나 민족 담론에도 더 진지한 젠더 의식을 주문해왔다. 그런 의미에서 탈식민 페미니즘은 "페미니즘의 탈식민화, 탈식민주의의 페미니즘화"를 지향해왔다고 할 수 있다. 이러한 탈식민 페미니즘은 문제가 되어온 『요코 이야기』와 『떠나보낼 수 없는 세월』을 꼼꼼히 읽고 이 작품들을 통해 제국 담론 내지 민족 담론이 여성과 가정을 작동시키는 방식을 분석하는데 매우 적절한 이론 틀이 될 수 있을 것이다.

2. 『요코 이야기』의 가족 내셔널리즘과 제국의 향수

미국 소수민족 청소년문학인 『요코 이야기』의 저자 왓킨스는 5학년에서 8학년 대상으로 매사추세츠 주의 교육청이 추천하는 60명의 저자 중의 한 명이었다. 그녀는 같은 주에 거주하였으므로 쉽게 초청할 수 있는 연사이기도 했다. 태평양 전쟁을 경험한 산 증인인 그녀의 입을 통해 이 작품의 반전 메시지를 직접 학생들에게 생생하게 전달한다는 것은 교육 효과를 배가시킬 수 있는 일이었을 것이다. 실제로 왓킨스의 인기는 상당하여 보스턴 글로브의 교사 인터뷰에 의하면, 졸업생들도 다시 초청 연사를 찾을 정도였다고 한다.[8] 이 작품의 강력한 반전 메시지 때문에 폭력에 용기로 저항한 사람들을 기념하는 비교파적 단체인 평화 수도원The Peace Abbey은 왓킨스에게 양심의 용기 상을 수여하기도 했다. 또한, 반전 메시지뿐만 아니라 특권층으로 편안한 삶을 누리던 아이가 쓰레기 줍는 운명으로 나락하는 줄거리와 역경을 헤쳐나간 주인공의 이야기는 학생들에게 인생을 가르칠 수 있는 교육적 의미를 충분히 전달하는 소재였을 것이다. 더 나아가, 일본을 원폭의 피해자로 만든 미국의 죄의식이 이 작품을 학교 교재로 선정한 요인이 될 수 있다는 신경희의 지적도 유효할 수 있다.[9]

상상할 수 있는 『요코 이야기』의 위와 같은 일반적인 이해에도 불구하고 이 단원은 다시 한 번 되묻는 것으로 시작하려 한다. 과연 "요코 이야기"는 어떻게 미국 독자의 정서를 자극하고 교재로까지 선정되었을까? 그 '강인한 흡인력'은 어떻게 형성된 것일까? 이 물음에 대한 해답의 일부는 이 작품이 보여주는 '가정과 내셔널리즘의 공모'라는 관점에서 찾을 수 있을 것 같다. 가정은 흔히 여성의 공간으로 분류

8 *The Boston Globe*, 2006.11.12.

9 신경희, 「미국의 세계사 교실수업-20세기 초 아시아 역사를 중심으로」, 『역사교육연구』 6(2007.12): 310-37쪽.

되어 왔다. 특히 전시 하에서 성인 남성은 전쟁터로 떠나고 가정은 여성을 포함한 약자만의 공간이 된다. 이 같은 사실은 여기에서 선정한 두 작품 모두에도 공통으로 나타난다. 요코의 아빠와 오빠는 전장이나 이와 관련된 장소로 나가 있고, 집에는 여자들만 남아있다. 『떠나보낼 수 없는 세월』도 마찬가지로 아버지와 오빠들은 모두 나가 있고, 집안에는 엄마와 소설의 화자인 소녀, 아직 나이 어린 남동생, 그리고 일제의 고문을 받아서 죽어가는 할아버지만 있을 뿐이다.

여성과 약자만 남은 가정은 항상 독자의 연민과 보호 본능을 자극한다. 특히 전시 상황에서 여성들이 위험에 노출되고 고통을 겪을 때 독자의 감정이입은 극대화된다. 문제는 『요코 이야기』가 강간 위험에 놓인 일본인 여성을 피해자로 규정하고 한국인 공산당 남성을 가해자로 규정하는 이분법적 구도 아래 가해식민지/피식민지라는 또 하나의 역사적 층위를 무시하는 데 있다. 그러기에 저자의 의도와 상관없이 이 작품에 재현된 가정은 제국의 이데올로기를 효과적으로 전달하는 매체로 작동한다. 그리하여 더없이 평화로웠던 요코의 가정은 전쟁의 피해자로 둔갑하고 일본 제국은 어느덧 피해국으로 변모되는 것이다.

요코와 일본이 피해자로 변모하는 모습은 카플란Amy Kaplan의 주장을 상기시킨다. 카플란은 『미국 문화 만들기에 있어서의 제국의 혼동』에서 미국 가정의 내적 논리가 1840년대와 50년대에 내셔널리즘에 기반을 둔 미국의 영토 확장의 모순을 사주하고 재생산하였다고 분석한다. 말하자면, 종종 제국주의 중심의 서사는 가족 서사의 순진무구한 얼굴 뒤로 내셔널리즘과의 공모를 감추고 있다는 것이다. 카프란은 가정성의 개념이 민족국가를 가족으로 만드는 데 일조하기 때문에 유동적이고 종종 불안정한 담론이며 가족과 국가의 경계를 확장하거나 줄여버릴 수 있다고 주장한다. 이들의 상호의존성은 외국이라는 인종 차별화된 개념에 의존한다. 제국의 언어는 가정의 수사학으로 포장되어 있다. 가정의 담론과 제국주의자 담론이 민족과 인종 차별주의를 공유하고 있는 배타성의 담론이라는 것이다.

카플란은 미국이 여타 제국주의 국가들처럼 식민지의 정치, 경제의 침입과 영토의 확장을 자신들의 '명백한 운명'으로 본 점에 주목한다. 인디언 정복과 관련된 거칠고 폭력적인 백인 남성들의 서부 확장의 '운명적' 역사는 인기 소설이나 대중 잡지, 그리고 문화적 매체들의 재현으로 포근한 가정의 일상과 가족사로 변모해가는 모습을 거친다. 다시 말해서 프론티어가 진정한 의미의 미국이 되기 위해서는 당시 "분리된 영역"Separate sphere의 이데올로기에 의해 여성에게 부여되었던 "가정성의 신화"Cult of domesticity로 포장하는 것이 필요했다.[10] 그리하여 매우 여성적으로 보이는 앵글로 색슨계의 미국 여성이 가꾸는 이상적인 가정은 제국주의 역사의 거친 실상을 가려주는 역할을 할 수 있었다. 이렇게 분리된 영역 이데올로기와 제국주의의 미묘한 결합을 카플란은 "가족 내셔널리즘"Domestic nationalism으로 표현하고 이것이 백인 중심의 국가 정체성을 규정하는 중요한 이데올로기로 작동해왔다고 주장한다.[11] 제국이 한참 진행된 이후, 폭력과 침략의 식민지 역사는 제국주의 종주국의 매력적인 가정이 보여주는 일상의 묘사 속에 가려 그 실상이 지워지는 것이다.

이 같은 카플란의 논의를 왓킨스의 『요코 이야기』에 그대로 적용하면, 이 작품 역시 '가족 내셔널리즘'의 틀에서 벗어나기 어려워 보인다. 이 소설은 조선 땅에서 정치, 경제적 제도로서의 일본 제국주의 건설의 폭력적 실상을 가린 채로 그 제국이 이미 '일상적인 삶'이 되어버린 한 가정의 모습을 제시하기 때문이다. 순진무구한 일본 아이가 반찬 투정을 한다든지 여성에게 어울리는 다도와 꽃꽂이, 시 짓기, 독서, 일본 전통무용 등을 배우고 엄마와 딸들이 상처를 입은 참전 군인을 병문안하는 모습은 여느 단란한 전통적인 일본인 가정의 전형을 보여주고 있다.

또한, 이 일본인 가정은 가장인 아버지나 오빠가 모두 전쟁터에 나가 돌보아줄

---

10 Amy Kaplan, *The Anarchy of Empire in the Making of U. S. Culture,* Cambridge: Harvard UP, 2005, 24-29쪽.

11 위의 책, 37-39쪽.

사람이 없는 연약한 피해자의 모습으로 재현된다. 이 작품이 시종일관 부각시키고 있는 것은 엄마를 비롯하여 언니와 화자인 요코가 모두 전쟁의 피해자이며 이북 공산당의 잠재적 강간 피해자라는 사실이다. 이들 가족 서사 속에서 식민지 조선인의 목소리는 들리지 않거나 그 모습이 가해자의 모습으로 왜곡되어 나타난다. 또한, 선한 조선인이라도 주체로서의 목소리는 주어지지 않는다. 청소년문학 소설이라면 나올 법한 한인이나 일본인 친구 이야기도 전혀 없다. 일본 아이들만 다니는 일본학교에서의 학예회 이야기만 나올 뿐, 고향에 공존했을 법한 같은 또래의 조선인 소녀나 소년의 이야기는 전혀 없는 것이다. 제국주의의 역사적 맥락을 거두절미하고 평화롭고 단란한 이 일본인 가정에 불어 닥친 불행에 초점을 맞춘 이 작품은 일본인 가정을 전시의 피해자로만 만들고 있다. 이렇듯 부지불식간에 저자 왓킨스는 카플란이 상정하는 제국의 '가족 내셔널리즘'의 전경화에 성공한 셈이다.

『요코 이야기』가 요코 가족을 이차 세계 대전의 피해자 모델로 만들고 있다는 점은 이미 국내 비평계에서 지적된 바 있다. 물론, 비평가 우에노 치즈코도 지적하듯이, 일본 여성들이 자신을 가해자로 인식하고 있는 경우는 극히 드물다.[12] 만주에서 귀환한 일본인들의 체험기도 자신들이 겪은 수난만을 다루므로, 자신들이 일본의 군사력에 의해 보호받는 침략자였다는 인식은 거의 찾아볼 수 없다고 지적한다. 일본군이 중국 여성을 강간한 역사나 일본군 '위안부'들의 수난에 대해서도 "피차 마찬가지였다"거나 "그런 시절이었기 때문에 어쩔 수 없다"는 반응을 보이는 경우가 대부분이다.[13]

식민지 조선에서 살았던 일본 여성들의 경험을 직접 청취한 일련의 작업을 살펴보면, 일본 여성들은 '회상된 과거'로서의 한국에서의 경험에 대해 특권층으로서의 '향수'에 가득 차 있으며, 그 '특권'이 일본 제국의 '불공정'한 폭력의 결과물이

12 우에노 치즈코.『내셔널리즘과 젠더』, 이선이 역. 박종철 출판사, 1999, 57쪽.

13 위의 책, 58쪽.

라는 사실에 대해서는 굉장히 무관심하다는 것을 알 수 있다.[14] 실향민으로서의 귀환 일본인이 과거 조선에 대해 드러내는 향수가 저자 왓킨스가 자신의 소설을 통해 드러내는 향수와 완전히 무관하다고만은 할 수 없다. 탈식민주의 담론의 관점에서 조금 더 확대하여 해석해 본다면, 이는 로살도Renato Rosaldo의 "제국주의자 향수"Imperialist nostalgia로 설명해도 크게 어긋날 것 같지는 않다.

제국 건설에 한몫했던 제국의 선교사나 인류학자들, 혹은 여행 작가들이 현대화해 변해버린 피식민지의 모습을 자신들이 처음 목격했거나 상상하는 원형 그대로의 식민지 이전의 문화로 되돌리고 싶은 염원을 보이는데, 이러한 아이러니한 갈망을 로살도는 "제국주의자 향수"로 부른다. 이 이율배반적인 제국주의자 향수는 사실은 과거 제국이 행사한 폭력의 역사를 부정하는 것이라고 로살도는 꼬집는다.

> 나의 관심은 이렇듯 특정한 종류의 향수에 있다. 이는 종종 제국주의에서 발견되는데, 사람들은 그들 자신이 변형시킨 것이 사라지는 것을 애도하는 것이다. 그러므로 제국주의 향수는 역설 주위를 맴돈다. 제국주의 향수는 사람들의 상상력을 붙잡는 동시에 종종 잔인한 지배와의 공모를 감추려는 "순진한 염원"의 모습을 취한다.[15]

Nostalgia*향수*의 어원은 17세기 후반으로 거슬러 올라가 nostos*귀향*와 algia*고통스러운 상태*의 합성어로 시작되었다. 병리적 상태를 묘사하기 위한 이 용어는 고향에서 멀리 싸우고 있던 스위스 용병 사이에 번진 현상으로, "병리학적 향수병"을 의미했다.[16] 그러나 로살도에 의하면, 제국주의자 향수는 지배의 폭력 과정을 덮어버리기 위한 '순진함의 마스크'로서, 표면적으로는 해롭지 않은 분위기를 만들기 위한 장

---

14 위의 책, 57쪽.

15 Renato Rosaldo, "Imperialist Nostalgia", *Representations* 26, Special Issue: "Memory and Counter-Memory"(Spring, 1989): 108쪽.

16 위의 글, 108쪽.

치일 뿐이다.

향수에 관한 논의는 탈식민주의에서뿐 아니라 페미니즘의 주요 이슈이기도 하다. 향수는 본질적으로 어머니와 어머니가 대변하는 어린 시절의 고향이 그 대상이 된다. 그런데 제국과 민족 이데올로기가 결합하여 가정의 이미지를 생산하고 여성을 분리된 영역으로 격리하여 고향의 이미지를 제조한다면, 그 고향은 사회에서 여성의 불평등을 가리기 위한 허구일 뿐이다. 이러한 고향에 대한 향수는 로살도의 표현처럼, 지배의 폭력을 덮어버리기 위한 순진함의 마스크가 된다.

일제 강점기의 조선을 그리워하던 귀환 일본 여성들처럼 『요코 이야기』 역시 로살도가 말하는 제국주의자 향수에서 벗어날 수 없다. 12살 소녀 요코의 순진무구함을 빌려 한 치의 거리감도 없이 피식민지 조선에서의 어린 시절에 대한 향수를 주저함 없이 표출시킨 이 작품은 '향수'가 의미하는 어린 시절의 고향에 대한 독자들의 보편적 감성을 자극하지만, 실제로는 젠더 의식이 빠진 제국주의자의 향수로 해석할 수 있다. 그러므로 일제 강점기라는 역사적 배경이 전혀 언급되지도 않은 상황에서, 조선의 어린 시절을 향한 향수는 일본제국 폭력의 역사를 지워버리는 결과를 낳는다.

소포클레스의 삼부작을 비롯한 고대 그리스 로마 문학부터 나싸니엘 호손 문학을 포함한 미국 현대 문학까지 서구 문학에 지속해서 나타나는 선대의 죄와 저주, 그리고 후대의 속죄라는 정의의 문제는 개인이 역사에서 결코 자유로울 수 없음을 상기시키는 주요 주제의 하나이다. 이 같은 주제는 영미 청소년문학이라고 예외일 수는 없다. 미국에서 『해리 포터』를 제치고 베스트셀러의 자리를 상당 기간 차지했을 뿐 아니라 인기 영화로도 상영된 새커의 『구덩이』조차도 선조의 배신과 인종 차별의 죄는 지속해서 후손의 일상을 짓누르는 역사의 유령으로 등장한다.

『요코 이야기』에서는 이러한 유령의 흔적을 전혀 찾아볼 수 없다. 제국도 피해자의 상황에 놓일 수 있다. 그러나 식민지 아이들이 먹을 것이 없어 굶주리던 일제 강점 시기에 반찬 투정과 온갖 취미 생활을 누리던 일본 소녀의 일상이 제국의 특권으로 가능했음에도 불구하고 단지 12세 순진한 소녀의 마음을 표현하였다고 하여 저자에게 물어야 할 역사의 연대책임과 자성의 윤리 의식이 면제될 수는 없을 것이다.

3. 대항 소설 『떠나보낼 수 없는 세월』의 민족주의와 젠더

한국의 일부 평론은 "요코 이야기"를 국가를 넘어서 전시 상황 아래 개인 이야기로 해석할 것을 주문하였다. 예컨대, 이 작품이 12세 소녀의 순진한 관점을 빌렸기 때문에 2차 대전의 의미를 감당할 수 없고 그나마 평화운동가 요코가 있었기에 반전의식의 개입이 가능했다는 식이다. 그러나 청소년을 주인공으로 다룬 청소년문학 역시 성인 작가의 관점에서 구성되므로 진정한 의미에서의 청소년문학은 없다는 자클린 로즈의 주장을 고려할 때, 12세 소녀의 '순진한 관점'이 문학 재현의 중층적 책임을 전적으로 면할 수는 없을 것 같다. 작가는 결코 개인적일 수만은 없다. 특히 왓킨스나 최숙렬처럼 미국 내 소수민 작가의 경우는 더욱더 소속 집단의 문화와 역사를 재현해야 하는 부담에서 벗어날 수 없다. 자신의 글은 자기 개인보다는 소속 집단을 대표하는 것으로 간주되기 때문이다. 들뢰즈Gilles Deleuze도 소수민족 문학의 집단적 성격에 대해 이미 지적한 바 있다. 소수 민족 문학에서는 한 작가의 말이 이미 "그 자체로 집단적 행동"일 수 있으므로 필연적으로 정치성을 띤다고 말한다. 어떤 거장의 개인적 발화가 집단적 발화와 다를 수 있는 상황이 소수 집단 문학에는 가능하지 않다. 소수 민족 문학의 경우에 문학은 소수민족의 문제가 된다.[17] 최숙렬이나 왓킨스 역시 한국계 미국인과 일본계 미국인인 소수민족 작가들로서 들뢰즈가 지적한 소수민족 문학의 집단적 성격에서 자유로울 수 없을 것이다.

최숙렬이 『요코 이야기』를 읽고 잠이 오지 않는 고통을 겪으며 대항 소설을 쓸 각오를 다졌던 것은 바로 소수민족 문학의 특성을 인지했기 때문일 것이다. 작가가 원하든, 원치 않든, 이미 '그 자체로 집단적 의사 표명'이라는 현실에서 벗어날 수 있는 방도가 없으므로 『요코 이야기』는 비판적 검토를 피해갈 길은 없어 보인다. 저자가 표명한 한국 사랑에도 불구하고 이 작품에서 상당수의 조선인은 군인이거나 강간범 혹은 공산주의자인 가해자로 묘사되어있다. 물론 도피하는 요코의 오빠를 목숨을 걸고 도와준 조선인도 나오지만 말하는 주체로서의 한국 여성의 모습은 찾아볼 수 없다.

『요코 이야기』에서 보이지 않는 조선의 여성을 '말하고 보는 주체'로 세우려는 시도가 최숙렬의 『떠나보낼 수 없는 세월』의 의도라 하겠다. 마치 『너른 사가소 바다』가 『제인 에어』의 피식민지인 버사에게 목소리를 주고 존 쿳시John M Coetzee의 『포』*Foe*가 『로빈슨 크루소』의 원주민 프라이데이Friday에게 그러한 것처럼, 『떠나보낼 수 없는 세월』은 제국의 문학에 대한 탈식민주의의 대항서사이다. 이 작품의 배경은 일본제국이 강압적으로 동화 정책을 추진하기 시작한 1938년 전후부터 이차 세계 대전 종료와 함께 한국이 해방을 맞고 공산당이 이북을 점거하는 시기이다. 한마디로 이 작품은 『요코 이야기』의 성폭력 서사를 제국 폭력의 역사로 바꾼 것이다.

『요코 이야기』가 미국에서의 한국사 교육에 미칠 부정적 영향을 의식하면서 최숙렬이 『떠나보낼 수 없는 세월』에서 가장 심혈을 기울인 부분은 조선의 풍경 바로 세우기로 보인다. 그 하나가 꽃에 대한 묘사이다. 왓킨스가 일본의 대표적 나무인

17 들뢰즈, 가타리, 『소수집단의 문학을 위하여-카프카론』. 조한경 역. 문학과 지성사, 1992, 33-39쪽.

대나무를 마치 한국의 풍경인 것처럼 재현하여 일본의 고정된 이미지를 강화한 데에 반해 이 작품에서는 한국의 전통적인 꽃으로 소나무, 채송화, 봉선화, 분꽃, 나리꽃, 나팔꽃 등이 소개되고 있다. 할아버지와 함께 등장하는 늙은 소나무는 조선 가부장 역사와 한국 전통의 상징으로서, 할아버지의 기개와 항일운동 등 할아버지가 상징하는 조선의 무구한 역사적 의미를 담고 있다. 소나무 밑에서 휴식을 즐기시던 할아버지가 소나무가 일본 경찰에 의해 베어지면서 곧 쓰러지고 죽음으로 이어지는 것도 소나무의 의미와 할아버지의 상징인 민족혼이 겹치는 부분이다.

그런데 최숙렬의 조선 풍경은 『요코 이야기』 이상으로 여성과 남성을 분리하는 전통적 젠더 구분에 기초하고 있다. 풍경의 중심이 되는 소나무는 할아버지의 민족주의와 가부장적 조선을 지시하는 상징물이다. 이에 반해 꽃은 여성적 이미지와 연결된다. 봉선화를 비롯한 다양한 꽃은 주인공 소녀와 어머니를 비롯한 여성 인물과 연결되어 있다. 또한, 해방을 맞이하여 여주인공이 제일 먼저 하는 일이 앞마당에 꽃씨를 뿌리는 일이다. 이 과정에서 나오는 한국의 전통적 꽃인 분꽃, 나리꽃, 그리고 나팔꽃 등은 해방의 자유와 일본의 풍경에 대한 대항 담론의 역할을 하는 셈이다.

학교의 풍경 역시 왓킨스가 그리는 제국의 교육과는 전혀 다른 식민지의 현실을 고발하고 있다. 학생들이 학교에서 죽창으로 사람의 형상을 닮은 인형들을 찌르는 것을 배우는 모습이나 초라한 한국 학생들의 도시락, 강제청소, 일본인 교사로부터의 폭력, 자존감의 상실 등이 그것이다. 『요코 이야기』가 한국의 식민지 상황이 정상이고 자연스러운 것으로 인지시키는 반면, 최숙렬의 풍경은 바로 그러한 자연스러움을 깨뜨리고 그곳에 대항 서사를 끼워 넣는 일이다. 일본 교장의 훈시에 맞서 한 조선인 학생이 일본 교사와 일본인에 대해 "그만! 그만! 그만! 우리는 너희 놈들부터 먼저 찔러 버릴 테다! 우리는 미국인들을 도와 너희 모두를 파멸시킬 거다!"[18]라고 절규하다가 어딘가로 끌려가는 장면 등이 그것이다.

『요코 이야기』에서 한국 군인이 잠재적 강간범으로 나온다면, 『떠나보낼 수 없는 세월』에서는 해방 후 징용에서 돌아온 군인 아들들은 죽어가는 모습으로 나온다. 일본의 패전 이후 군인들이 귀향하지만, 영양 부족과 전쟁의 여파로 속속 죽어가 온 마을은 병원으로 변한다. 물론 최숙렬은 한국의 역사에 한국인의 책임도 있음을 지적하였다. 가령 소련 공산주의에 대한 충성으로 소련인보다 더 헌신적으로 반동분자를 색출하는 한국 공산당들을 통해 '자발적 헤게모니'의 한 모습을 그리고 있다.

『요코 이야기』에서 느낄 수 있는 가해자/피해자의 이분법은 최숙렬의 『떠나보낼 수 없는 세월』에서 또 다른 방식으로 더욱 강렬하고 일관되게 나타나고 있다. 『요코 이야기』가 착한 한국인도 일부 담고 있지만, 『떠나보낼 수 없는 세월』의 일본인들은 모두 부정적이다. 인정사정 없는 나리타 순사장이나 표독한 일본 여교사를 비롯하여 일본인들은 모두 가해자이며 나쁜 인간들로 점철되어있다. 와킨스의 작품에 대한 대항 담론이기에 피해자의 관점에서 그려지는 제국은 한결같이 저항해야 할 나쁜 가해자의 모습을 띤다. 대항서사가 피해자와 희생자로서의 민족 담론에 집착할 때 나타날 수 있는 현상이다.

그러나 모든 한국 식민지 문학이나 미국의 한국계 소수 민족 문학이 피해자의 입장에서 일본인을 가해자로만 그린 것은 아니다. 한 예로 고태원의 『곰 바위의 쓴 과일』*The Bitter Fruit of Kom-Pawi*은 본국으로 귀환하는 일본인을 불행한 피난민으로 생각하고 연민의 정을 가지고 바라보고 있다. 자신의 나라에서 먹고살기가 어려워 한국에 왔고 적응하느라 힘들었지만, 이제는 빈손으로 귀국하는 일본인들을 불쌍히 생각하는 것이다. 오갈 데 없는 피난민이나 선생님, 또는 감옥의 다정한 일본인 간

18 Choi Sook Nyul, *Year of Impossible Goodbyes*, New York: Yearling, 1991, 80-81쪽.

수 등으로 일본인을 가해자의 입장에서만 보지 않고 다양한 사람들로 보는 이 소설의 다층적 관점은 민족주의를 넘어선 중층적 피식민지 저항문학의 가능성을 보여주고 있다.[19] 또한, 조선 엘리트 집안에 대한 일본의 예우가 『떠나보낼 수 없는 세월』에서처럼 폭력으로만 일관된 것은 아닐 것이다. 김은국Richard E. Kim의 『빼앗긴 이름』*Lost Names*에서도 전시체제 아래의 일본 억압이 한층 심해졌음에도 불구하고 한국 엘리트에 대해 견지했던 일본인의 어느 정도의 예우는 느껴볼 수 있다. 그리하여 최숙렬의 작품은 『요코 이야기』가 피해자 의식을 표출시킨 만큼이나 한국 식민 역사의 피해자 의식에서 크게 벗어나지 못했다는 지적들이 불합리하게 들리지는 않는다.

여성 교육의 관점에서도, 『떠나보낼 수 없는 세월』과 『요코 이야기』는 뚜렷한 차이가 있다. 딸들을 최고의 사립학교에 보내기 위해 돈을 절약하느라 쓰레기통에서 음식을 주워 먹게 하는 요코 어머니의 교육열은 처절하기까지 하다. 한편 『떠나보낼 수 없는 세월』에서 딸의 교육에 대한 어머니의 자세는 일관된 민족주의 지향성에서 크게 벗어나지 않고 있다. 여주인공 숙인의 증조할아버지는 일제에 의해 상투를 잘리고 불온한 조선인이라는 이유로 삼촌과 함께 일본 제국이 지른 불에 타 숨졌으며. 할아버지는 독립운동을 하던 중 일본 경찰에 납치되어 옥고를 치른 후 고문 후유증을 앓고 있다. 이 집안 며느리인 어머니는 일제를 피해 만주로 올라가 남편과 함께 한글 신문을 발간하는 등, 글을 읽을 줄 모르는 동네의 아낙들에게 글자 해독을 도와주는 동네의 유일한 인텔리 여성이다. 제국 경찰을 쳐다보는 것만으로도 무례한 행동으로 간주되던 시대에 화자의 어머니는 “나리타 순사장을 맞상대하여 돌아가게 만들 수 있는 유일한 인물”로 묘사된다.[20]

---

19 김욱동, 「고태원의 『곰 바위의 쓴 과일』-자서전과 문학과 역사」, 『탈경계 인문학』 2-2(2009.6): 55-89쪽.

20 Choi Sook Nyul, 위의 책, 21쪽.

이 인텔리 어머니의 자녀 교육은 시종일관 전형적인 민족주의자의 태도를 보인다. 민족주의 정신이 투철한 어머니는 일본식 교육을 거부하여 딸 숙안을 아예 학교도 보내지 않고 공장 일을 돕도록 한다. 아들이 많은 어머니는 딸에게 남자 동생을 돌볼 의무를 강조하며 '돌봄'은 딸 숙안에게 무엇보다도 중요한 책임이자 덕목으로 교육된다. 할아버지를 둘러싼 국가적 상징은 여주인공의 교육과 취미와도 연관된다. 가령 할아버지와 함께 한글을 읽고 쓰고, 조선의 역대 왕조에 관해 배우는 것을 즐기며 한시 읽기와 붓글씨 쓰기를 좋아하는 대목은 "요코 이야기"의 취미 활동보다 훨씬 한국 민족주의 교육의 틀 안에서 이루어진다.

그러나 이러한 어머니의 딸 교육에 관한 태도에서 식민지하 조선에서 근대에 대한 욕망을 품었던 어머니들이 직면해야 했던 긴장된 모순은 찾을 수 없다. 예컨대 박완서의 『말뚝』에서도 드러나듯이, 식민지 조선의 어머니는 딸을 신여성으로 키우기 위해 근대식 교육을 염원하였다. 그러나 딸의 신여성 만들기는 근대화라는 일본의 제국주의를 수용해야 하는 이중적 면모를 지닌 것이었다. 『떠나보낼 수 없는 세월』에서의 숙안의 어머니는 일본의 제국주의를 반대하는 입장에서 과감히 딸의 신여성 교육을 포기한 셈이다. 엘리트 여성인 숙안의 어머니의 민족주의적 교육은 그녀를 둘러싼 식민지의 다층적 욕망에 휩쓸리지 않는다. 딸인 숙안의 교육은 밤이 되면, 촛불 빛이 새어나가지 않도록 창문을 담요로 가리고 한문 공부를 하고 동화책을 읽는 것으로 이루어진다. 식민 통치하에서 남성 민족주의 엘리트와 양반을 상징하는 시아버지와 남편, 그리고 아들이 사라진 그 시점/공간에서 이들의 역할을 물려받는 '어머니'는 피식민 주체로서의 전통을 이어나가려 한다. 이 과정에서 일본학교를 피하고 할아버지 밑에서 몰래 한글을 배우는 딸 숙안의 교육 역시 '민족'이라는 큰 우산 밑에서 반식민적 교육으로 이루어지는 것이다. 이 과정에서 민족을 가로지르는 신여성의 정체성과 교육이라는 또 하나의 획과 고민은 찾기 힘들다.

한편, 식민지 한국의 풍경을 바로 세우려는 저자 최숙렬의 일관된 열망은 문학적 재현으로 소화되기보다는 민족주의 언설로 표현되는 경향을 보인다. 역사 교사인 저자의 역사 지식이 등장인물의 대화에 그대로 대입되고 있는 것이 한 예이다.

> 우리 농부들이 우리 먹을 벼농사를 충분히 짓건만, 우리는 기장과 보리만 먹어야 해. 쌀이란 쌀은 모조리 일본군과 일본 놈들이 가져다 먹고, 어떤 것은 일본으로까지 가져간대. 그러니 조선 땅에 남는 그 적은 양의 쌀에 그렇게 비싼 값을 매기는 거지!"[21]

엄마의 입을 빌려 제국을 비난하지만, 저자의 목소리가 강하게 느껴지는 대목이다. 이 작품의 풍경은 미국 학생들에게 조선 식민지 역사를 바로 세우려는 작가의 일관된 민족주의 사관을 반영한 것으로 보인다. 민족주의 사관은 한국의 최근 역사적 경험을 민족적 자의식의 출현과 반외세 투쟁으로 해석하고, 그 결과 주권국가로서 정치적, 문화적 독립을 성취한 것으로 한국역사를 이해하는 것이다. 이러한 이해는 한-일 관계를 식민/피식민의 구도 아래에 경제, 문화의 착취자와 희생자라는 이분법적 역사관을 감지한다. 이 과정에서 여성해방 역시 일본의 억압에 대한 저항의 과정으로 전유 된다. 그 결과 민족은 식민지적 '타자'와 착취관계에서 '전체'가 되며, 그럼으로써 계급, 성, 지역, 신분 등과 같은 대안적인 집합 정체성은 뭉뚱그려지고 식민지배하의 모든 사회운동은 민족주의적이며 반식민적인 것이 된다. 작가의 이 같은 반 식민 대항서사의 대의 속에서 한참 성장기에 있는 여주인공 소녀의 갈등이나 성장통은 뭉뚱그려지고 희석된 감이 없지 않다.

---

21 위의 책, 7쪽.

4. 탈식민 페미니즘 독법을 통해 본 제국의 여성과 간극의 정체성

일본이 가부장주의의 역사가 강한 나라로 인식된 만큼 서양 문학에서 일본 여성은 피해자의 이미지로 굳혀졌다. 일례로, 영국 작가 카터Angela Carter는 일본 여성의 삶을 두꺼운 책갈피에 눌려 모습을 유지하는 나뭇잎에 비유했으며 일본 노파를 거의 식물인간의 모습으로 재현한 바 있다.[22] 이러한 수동적이고 나약한 일본 여성의 이미지는 『요코 이야기』에서 한껏 드러난다. 이렇듯, 일본 여성을 전쟁과 가해 제국의 역사에서 비켜선 피해자로만 생각하는 관점과 관련하여, 페미니즘의 영향을 받은 일본의 '성찰적 여성사'는 일본 여성을 역사의 수동적인 희생자로 간주하는 '피해자 사관'에서 벗어나 능동적인 역사 주체로 받아들이는 '가해자 사관'으로의 전환을 주장한다. 다시 말해서 일본 제국주의 침략사인 2차 세계대전에서 일본 여성은 수동적 관찰자가 아니라, 적극적 전쟁 협력자였으며 따라서 공범죄를 물어야 한다는 것이다.[23]

성찰적 여성사가 피해자와 객체 만으로서의 정체성을 넘어 여성에게 주체의 책임을 묻는 관점은 『요코 이야기』의 해석에도 어느 정도 유효할 수 있다. 전쟁은 여성을 가정에만 안주하지 말고 국민으로서 공적 영역에 어떤 형식으로든 참여하기를 원하기 때문에 요코 가족은 상이군인을 위문하러 간다거나 "제국의 승리"라는 글을 써서 군인에게 전달하는 등의 간접적인 방식으로 전쟁을 둘러싼 공적 영역에 소환되었다. 이러한 '국민화 프로젝트'는 간디가 이끈 인도의 독립 혁명이나 일본의 동아시아 전쟁에서 동시에 발견할 수 있는 현상이었으며 당시 상당수의 일본 페미니스트들도 새 시대의 제국 혁명으로 이를 수용했다. 이 논의에 따르면 『요코 이야기』의 인물들을 단순히 전쟁 피해자로만 보기 어렵다는 결론이 나온다.

---

22 Angela Carter, *Fireworks: Nine Profane Pieces*. NewYork: Penguin books, 1974, 12쪽.

23 치즈코, 위의 책, 187쪽.

그러나 이 같은 결론에도 불구하고 이 소설의 주요 메시지의 하나인 전시 성폭력의 문제는 분명 한국 내의 민족주의 진영만 빼고는 강인한 흡인력을 발휘해왔다. 특히 국내 페미니스트 진영에서는 전시 성폭력의 문제를 민족이나 국가적 차원과 분리해 읽을 것을 권고해왔다. 성폭력의 노출 위험은 국가를 넘어 모든 여성이 전시에 가장 많이 겪는 위험이기 때문에 국가적 차원을 넘어선 여성의 이슈라는 것이다.

그런데도 전시 성폭력의 문제는 여전히 민족이나 국가적 차원과는 분리될 수 없는 중층적 문제이다. 패전 이후에는 제국에 대한 식민지의 보복심리가 강하게 작동하여 피해자에 대한 죄의식이 정당화되거나 희석될 수 있다. 제국의 남성과 식민지 남성 사이에 낀 틈새의 존재인 제국의 여성은, 제국과 식민지의 위치가 바뀌면서 피해자로 전락할 위험에 노출된다. 패전 이후 한국 땅에서의 일본 여성의 강간피해가 거론되는 현시점에서, 이 작품이 전달하는 전시 성폭력은 가해자/피해자, 제국/식민지의 위치를 바꿀 수 있다는 가능성과 그에 따른 윤리 문제를 야기시킬 수 있는 것이다.

'가족 내셔널리즘'의 제국의 서사였던 『요코 이야기』는 작품의 후반부로 갈수록 저자의 보다 냉철한 사회인식과 여성의 한계 상황에 대한 인식을 드러내고 있다. 이차 세계 대전 종결 후 본국으로 귀환하는 일본인에 대한 조국 일본의 태도는 냉랭하기만 하다. 요코에게 자신의 모국 일본 땅은 타향처럼 느껴진다. 그러므로 그녀는 두고 온 한국의 이북땅을 그리워하지만, 그곳 역시 일본인으로서는 결코 돌아갈 수 없는 타향일 뿐이다. 요코의 현실적 고통은 갓 도착한 일본 땅에서 어머니가 갑작스럽게 죽는 시점부터 가중된다. 어느 장면보다도 충격과 독자의 동정을 불러일으키는 어머니의 예견치 못했던 죽음은 상대적으로 묘사가 짧다. 저자는 왜 엄마가 죽었는지, 무슨 병으로 돌아가셨는지에 대한 설명을 생략하고 있다. 엄마의 죽음을 둘러싼 전후 상황묘사보다는 엄마의 죽음을 홀로 목격하면서, 자신이 그 순간 훌쩍 커버려 성인이 되었다고 말할 뿐이다. 그만큼 어려움을 극복하고 어이없이 갑자기 일본 땅에서 죽은 어머니를 두고 요코의 언니가 나남에서 여기까지 와놓고는 왜 이제 죽어요? 라며 절규하는 장면은 어느 장면보다도 독자의 동정을 불러일으킨다. 밥을 얻어오느라고 어머니의 임종을 지키지 못한 그녀가 음식이 든 그릇을 길 위로 내동댕이치자 역에 모인 거지와 고아, 구경꾼들이 흩어진 음식으로 달려드는 모습은 전후 일본의 풍경을 전달한다.[24]

소설은 요코 가족의 와해와 더불어 종전 후의 일본사회를 더욱 살벌하고 척박하게 그리고 있다. 작품 전반부에서 보여준 단란하고 행복한 가족 내셔널리즘의 서사는 일본 제국의 와해와 더불어 붕괴된 셈이다. 제국의 가족이 흩어지면서 드러나는 것은 요코가 당면한 전후 일본 가부장제의 현실이다. 이 소녀들을 돌보고 보좌할 아빠나 오빠가 없기에 길거리에서 죽은 엄마의 시신을 화장시키는 문제를 두고 바가지를 씌우려는 장의사들이나, 어머니를 위해 기도를 부탁했지만, 시간이 없다고 매몰차게 거절하며 장지문을 거칠게 닫아걸고 안으로 사라지는 사찰의 승려, 이들 모두 한국 공산당들만큼이나 냉정한 일본사회의 단면을 말해준다. 또한, 어른이 없으면 입학을 허락하지 않는 학교의 풍습 때문에 어머니의 죽음을 학교에 알릴 수도 없는 상황이나 요코에게 온 편지를 어린 여학생을 돌봐야 한다는 핑계로 몰래 뜯어보는 아시다 교장의 행동 등은 요코에게 가족의 와해를 더욱 고통스럽게 느끼게 만드는 일들이다. 아무리 어린 여자라 하더라도 남자 동행인이 없이는 남자가 묵는 여관을 찾아갈 수 없는 현실과 여관에 묵고 있는 마스무라 상사를 만나고 싶은 나머지 언니가 빨리 결혼하여 형부를 대동하고 갈 수 있을 날을 고대하는 장면 등을 통해 저자는 여성이 주체가 되어 자신의 삶을 조율할 수 없는 전후 일본의 가부장제 사회를 고발하는 것으로서, 작가의 페미니스트 의식을 드러내고

24 Watkins, 위의 책, 122-23쪽.

있다. 소설의 앞부분에서 조선 공산당을 강간범으로 묘사한 만큼이나 일본 역시 모질고 잔인한 사회로 묘사된다. 너무나 야비하고 마치 "지옥 같다"고 말하는 요코에게 모국인 일본 역시 '타자'였던 셈이다. 어머니의 갑작스러운 죽음으로 요코의 인식은 투정부리던 막내딸에서 홀로 설 수밖에 없는 여성의 인식으로 차츰 변모해 가는 모습을 보여준다.

제국의 여성도 제국의 가족 내셔널리즘의 서사에 호명되고 원용되는 객체가 될 수 있다. 이들의 정체성을 제국/식민지, 가해자/피해자의 틈새를 넘나드는 간극의 정체성으로 봐도 좋을 것이다. 전시 상황의 성폭력 앞에서 이들의 정체성은 피해자와 타자로서 취약해질 수밖에 없기 때문이다.『요코 이야기』의 전반부가 보여준 역사 인식의 결핍과 모순에도 불구하고 한국의 독자가 요코를 피해자이자 타자로 이해하고 그녀의 고통에 귀를 기울일 수 있는 여유를 가질 수 있는 것은 이처럼 탈식민 페미니즘의 독법을 통해 가능한 일이다.

페미니즘과 탈식민주의 담론들은 억압적 지배 사회 속에서 주변화되어 온 '타자들'을 복원하는 것을 목표로 삼아 온 점에서 공통점을 찾을 수 있다. 여성과 식민지는 모두 억압과 폭력의 정치학을 경험해 온 '식민화된 타자'라는 점에서 보편적 합의를 얻어낼 가능성이 있다. 그런데도 현실에서 이 두 논의는 접점을 찾지 못한 채 평행선으로만 달려온 경향이 없지 않다. 탈식민 페미니즘의 독법은 이들의 간극을 메우려는 시도에서 유효하다. 말하자면, 민족주의와 제국의 서사 그리고 탈식민주의 서사마저 여성을 호명하거나 왜곡하거나 혹은 부정하는 지점을 추적하여 그 서사들의 온전함에 구멍을 내는 과정을 통해 더욱 객관적인 역사의식과 탈식민 서사를 추구하는 독해 방식이 탈식민 페미니즘의 독법인 것이다.

이 독법은 저자 왓킨스의 의식적 의도와 상관없이『요코 이야기』가 여성과 여성이 이루는 평화로운 가정의 일상을 전경화하여 독자의 시선을 모으면서 제국의 식민폭력 역사를 뒤로 가려버리는 전형적 제국서사의 하나임을 드러내었다. 여성 등장인물들의 잃어버린 조선 고향에 대한 향수 역시 가공된 제국주의자 향수의 하나임을 부각했다. 그러나 동시에 탈식민 페미니즘의 시각은 제국/식민, 제국남성/식민남성 사이에서 고정되지 않은 간극의 정체성을 전시 상황 속 제국 여성의 삶의 조건으로 파악하고, 이로써 제국의 여성의 삶 역시 타자의 삶이 지닌 고통의 무게를 전달할 수 있음을 상기시키기도 했다. 이 작품에 담긴 '제국의 혼동'Anarchy of Empire을 감지하면서도 가해자라고 생각했던 피해자의 고통을 한국 독자가 분담할 수 있는 여유는 바로 이러한 독법의 시도에서 가능할 것이다. 희생자가 가해자가 되고 식민지가 제국의 폭력을 행사할 수 있는 반전反轉의 역사 속에서, 여성의 정체성과 삶의 양상을 추적하는 것이 탈식민 페미니즘 독법의 한 방식이 된다. 그리고 이러한 독법은 집단이 지닌 기억의 완고한 경계에 균열을 낼 수 있는 잠재력을 지닌 것이다.

『요코 이야기』의 대항서사인 『떠나보낼 수 없는 세월』 역시 탈식민 페미니즘 독법의 칼날을 피하기는 어렵다. 이 작품은 한국사의 재정립이라는 반 식민 이데올로기의 책무 속에서 식민지 전통 한국 사회에서 성장하는 소녀가 겪었을 법한 젠더 이슈를 민족주의 가부장제의 큰 우산에 가려버리는 한계를 노정 시켰다. 이 과정에서 이 작품의 풍경은 여전히 남성/여성, 식민/피식민의 확고한 이분 범주에서 벗어나지 못하였다.

민족주의와 지역주의만의 탈식민주의나 반역사적이고 보편적 인식론을 주장하는 젠더의 정치학 중 그 어느 하나만으로는 이들 작품을 설명하기 쉽지 않다. 그리하여 이들 작품을 EFL 상황에서 영어교재로 선택했을 경우 탈식민 페미니즘에 대한 선지식은 작품 이해에 진정 도움이 된다. 바로 이 점에서 영어교육은 영어의 차원을 넘어 역사를 포함한 다양한 지적 담론과의 접합이 필요할 것이다.

제 5 장
젠더 불안과 프릭 문화: 『결혼식 멤버』

1. 프릭과 그로테스크

현재의 일상적 표현이 되어버린 "freak out"기겁하다은 20세기 중반 이후 사라진 프릭 쇼에서 비롯한 속어이다. '프릭'freak은 의학적, 미학적으로 정의된 정상의 기준에서 벗어나 비정상적으로 추하거나 그로 인한 주변화를 통칭한 개념이다. '프릭'은 '괴상함', '기형', '비정상', '이례', '돌연변이', '괴물의 실수', '괴물성', '이상한 인간', '매우 각별한 인간'으로 해석되지만, 이들 용어는 모두 괴물이나 괴물성을 함축하고 있다.[1] 공연으로서의 프릭 쇼는 서구 문화에서 사라졌으나, 60년대의 미국 히피 문화나 영화로 끊임없이 재생되어왔고, 'freak out'이라는 용어에서 보듯이, 그 상징적 의미는 여전히 유효하다고 볼 수 있다. 처음에는 선천적으로 차별화된 육체적 기형을 의미했지만, 20세기 후반으로 갈수록 단순한 병리 현상만이 아니라, 다양한 사회 역사적 과정을 통해 구성되는 것으로서의 프릭의 의미 층위에 비평가들은 주목해왔다. 1970년대에 발표된 저서에서 레슬리 피들러는 자신의 어린 시절 프릭 쇼 순회공연의 기형인간들에게서 느낀 충격과 공포가 성인이 된 후에도 트라우마로 기억에 생생하게 남아있음을 토로한 바 있다.[2] 이것으로 미루어 볼 때, 프릭 쇼는 20세기 중반까지 미국 시민의 어린 시절을 구성하는 문화의 하나였음을 짐작할 수 있다.

---

1 Leslie Fiedler, *Freaks: Myths and Images of the Secret Self*, New York: Simon & Schulster, 1978, 17쪽.

2 위의 책, 31쪽.

식민지 개척 시절부터 비서구 사회를 탐험하던 과학자나 탐험가는 아프리카나 아시아에서 고대 신화의 거인이나 난쟁이를 연상시키는 기형의 원주민을 데려와 전시하여 서구인의 상상력과 호기심을 자극했다. 프릭 쇼는 미국에서 1840년과 1940년 사이에 유행하였다. 유럽에서처럼 다양한 계층의 청중은 값싼 입장료를 내고 인간의 육체가 전시되는 순회공연을 관람하였다. 프릭 쇼에 전시된 난쟁이나 거인, 샴쌍둥이, 털북숭이, 팔이나 다리가 없는 기형, 자웅동체 인간들은 서구인의 몸을 우월하게 느끼도록 만드는 장치로 작동할 수 있었다.

19세기 후반이 되면, 프릭은 단순히 기형적 범주만 아니라 칼을 삼키는 사람처럼 괴이한 능력이나 기술을 지닌 사람까지 포함하게 된다. 이러한 문화 현상에는 유럽과 아메리카에서 유럽인종을 유전적으로 진화한 것으로 보았던 우생학 이론이 한몫하였다. 프란시스 갈톤Francis Galton, 칼 피어슨Karl Pearson과 찰즈 데이본포트Charles Davonport 등은 대표적 우생학 이론가였다. 이와 더불어 20세기 이후 이민이 많이 증가하면서 미국인들이 외부인들을 지적으로나 도덕적으로 열등하게 보는 사회문화적 여건이 조성되었다. 이 같은 우생학적 사고를 무너뜨리는 데 일익을 담당한 것은 1930년대 미국을 휩쓴 대공황의 경험이었다.[3] 그 후 1940년대 이후부터 우생학의 엘리트주의와 이에 따른 인종차별주의와 속물주의가 비판의 대상이 되면서 프릭 쇼의 윤리적 문제가 논의되기 시작했다.

1940년대 이후 미국 문학에서 프릭의 개념은, 등장인물의 소외감 혹은 하나의 정체성에 갇힌 심리적 상태의 상징으로 그 의미가 확대되는 것을 볼 수 있다. 프릭 쇼가 사회 역사적으로 구성된 과정을 살핀 보그단Robert Bogdan도 프릭을 소외와 주변성, 인간 경험의 어두운 구석을 의미하는 하나의 메타포로 해석한다. 그에 따르면 프릭은 "마음 상태이자 일련의 실천이며 인간에 대해 생각하고 제시하는 방식"인

3 Nancy Bombaci, *Freaks in Late Modernist American Cuture: Nathaniel West, Djuna Barnes, Tod Browning & Carson McCullers*, New York: Peter Lang International Academic Publishers, 2005, 3쪽.

것이다.[4] 봄바씨는 왜곡된 육체를 드러내는 프릭 미학을 '고급'한 주제와 '저급'한 주제를 섞은 후기 모더니스트들의 포스트모던적 관점으로 이어지는 "창조적 비전"으로까지 정의하고 있다.[5]

이 지점에서 그로테스크와 통상 '괴물'로 번역되는 프릭에 대한 논의가 필요할 것 같다. 이 두 범주는 흔히 하나로 이해되어 프릭 쇼는 바흐친의 '카니발'Carnival처럼 다양하고 종종 상치되는 형태와 가치가 공존하는 '헤테로토피아'로 설명되어왔다. 화이트 역시 그로테스크와 프릭의 범주가 겹치는 것으로, 그로테스크를 프릭의 확장된 개념으로 이해한다.[6]

'문화적으로 구성된 몸'이라는 관점에서 볼 때, 프릭 역시 그로테스크와 동질적인 것으로 정의된다. 스튜어트Susan Stuart도 그녀의 뛰어난 저서에서 보그단과 마찬가지로 프릭을 문화적 구성체로 해석하고 있다. 스튜어트는 프릭 쇼에서 인기 기형인간이었던 샴쌍둥이 프릭은 자아와 타자 간의 경계에 대한 질문을 던진다고 말한다. 또한, 자웅동체의 기형인간은 남성과 여성의 기존 정의에 문제를 제기하고 거인 기형인간은 몸 안과 몸 밖의 세상에 관한 문제를, 야생 프릭은 동물과 인간 간의 경계의 문제를 제기한다는 것이다. 그리하여 종종 "타고난 프릭"으로 불리는 기형인간들은 문화적으로 구성된 존재들일 뿐임을 강조한다.[7]

같은 맥락에서 톰슨Rosemarie Garland Thomson도 '프릭 만들기'enfreakment를 "제국주의나 상업적 쇼맨들이 피식민지를 침묵시키고, 차별화시키거나, 일정 양식 틀에 집어넣

4 Robert Bogdan, *Freak Show: Presenting Human oddities for Amusement and Profit,* Chicago: U of Chicago Press, 1988, 2-3쪽.

5 Bombaci, 위의 책, 6쪽.

6 Sarah Gleeson-White, *Strange Bodies: Gender and Identity in the Novels of Carson McCullers,* Alabama: The University of Alabama Press, 2003, 36쪽.

7 Susan Stuart. *On Longing: Narratives of the Miniature, the Gigantic, the Souvenir, the Collection,* Durham: Duke UP, 1993, 109쪽.

고 거리를 두는 문화적 의식들로부터 출현하는 것"[8]으로 설명한다. 환자의 사생활을 드러내고 자율권을 침해하는 것을 비윤리적으로 규정하는 동시대 의학의 윤리와 마찬가지로, 이들의 주장은 기형인간들의 존엄성을 해치는 비윤리적 행태로 프릭 쇼를 간주한 점에서는 공통되는 것이다.

이렇듯 괴물성이나 문화적 구성이라는 차원에서 프릭과 그로테스크는 동질적인 것으로 간주되고 있음에도 불구하고 이들 간에는 분명한 차이가 보인다. 루소는 그로테스크를 바흐친의 'carnival'과 프로이트와 카이저로 대변되는 "낯설고 이상함"the Uncanny의 두 범주로 구분하고 있다.[9] 바흐친의 그로테스크한 이미지는 양가적이며 모순적이다. 기존 고전 미학의 관점에서 보면, 그로테스크한 몸은 추하며, 괴물 같고, 흉측한 것이다.[10] 고전적 몸이 "엄격하게 완벽하며 종결된 생산물"이라면, 그로테스크한 몸은 제어하기 힘든 몸으로, 사회의 규범을 위반하고 저항하는 몸이다.[11] 이는 영원히 불안전하고 완성되지 않은 존재의 본질과도 같은 것이다. 바흐친이 의미하는 카니발적 그로테스크한 몸은 청중과 일정 거리를 두지도 않고 대상화되지도 않는다. 청중이나 연기자 모두 불완전하지만, 상상력의 상호교환이 가능한 것이다. 여기에서 그로테스크한 몸은 모든 가능성을 내포한, 열린 개념으로, 개인과 사회, 젠더, 계급 간의 경계가 명확하지 않다.

바흐친의 그로테스크 개념이 이렇듯 유토피아적 성향을 보이는 것과 달리, 프릭 쇼가 전시한 기형 인간인 프릭의 몸들은 관객과의 일정 거리를 둔 대상화된 몸이다. 기형 인간들의 몸은 청중과 프릭들이 시선을 마주 보아 이루어지는 것이 아

---

8 Rosemarie Garland Thomson, *Extraordinary Bodies: Figuring Physical Disability in American Culture and Literature*, New York: Columbia UP, 1997, 10쪽.

9 Mary Russo, *The Female Grotesque: Risk, Excess and Modernity,* New York: Routledge, 1994, 7-9쪽.

10 M. M. Bakhtin, *Rabelais and His World,* Bloomington: Indiana UP, 1984, 25쪽.

11 위의 책, 28-29쪽.

니라, 저만큼 거리를 두고 보이는 수동적 존재일 뿐이다.[12] 스튜어트는 서구가 피식민지를 태생적으로 길들여야 하는 대상으로 보았듯이, 프릭 쇼의 관객들은 전시된 기형 인간들을 대상화하고 태생적 괴물 타자로 간주했음을 지적한다.[13] 루소는 프릭 쇼의 프릭들을 볼거리 문화와 상품화 때문에 손상된 존재로 본다.

> 프릭은 상실되었거나 취약한 신분들을 흡수하고 통합하는 미디어 문화의 가장 큰 부분을 구현한다. 프릭은 '비밀스러운 자아'의 비유뿐 아니라 동시대 문화의 가장 구체화한 '저 밖의' 매우 두드러지고 노출된 부분의 비유이며, 사회주체들의 환상적인 문화 경험의 비유이다.[14]

바흐친의 그로테스크가 창조적 가능성을 안은 더욱 개방된 글쓰기 방식의 개념이라면, 프릭의 개념은 대상화되고 상처 입은 소수자의 정체성을 다룬 작품에서 유효한 글쓰기 책략으로 활용될 수 있을 것이다. 그리하여 바흐친의 카니발적 그로테스크와 차별화하여, 여기에서는 프릭 쇼가 의미하는 문학적 지형에 반응하던 소수자 여성의 젠더 정체성과 젠더 불안을 미국 남부 작가 맥커러스Carson McCullers의 청소년문학작품, 『결혼식 멤버』*The Member of the Wedding* 분석을 통해 클로즈업해 볼 필요가 있다.

맥커러스는 미국 남부 문학을 대상으로 고딕이나 그로테스크로 일반화하는 것을 꺼렸다. 그보다는 특이하고 강렬한 '사실주의'로 보았으며, 『결혼식 멤버』가 그린 사춘기 소녀의 젠더 정체성을 성적 변태 내지 양성성을 의미하는 것으로 "프릭 같은"freakish이라고 표현했다.

12 Russo, 위의 책, 79-86쪽.

13 Stuart, 위의 책, 109쪽.

14 Russo, 위의 책, 85쪽.

2. 카슨 맥커러스의 그로테스크 문학

카슨 맥커러스는 미국 남부의 그로테스크 문학을 대표하는 작가로 잘 알려져 왔다. 그녀는 나싸니엘 웨스트Nathaniel West, 주나 반스Djuna Barnes, 토드 브라우닝Tod Browning과 함께 다윈의 진화론과 거리를 둔 '퇴화'나 무목적론을 수용하는 "프릭 미학"freak aesthetics을 구현하였다. 그리하여 모더니즘의 엘리트주의에 반박하는 미국의 후기 모더니즘의 성향을 보이는 작가로 주목받아왔다. 근래 그녀의 소설들이 한국어로 계속 번역, 소개되었음에도 정작 그 문학에 대한 비평 연구는 국내에서 심도 있게 진행되지 못한 것 같다.[15]

미국의 남부 문학이 종종 러시아 사실주의와 관련하여 그로테스크 미학의 관점에서 연구되어왔다는 것은 잘 알려진 사실이다. 여기에서는 이러한 논의를 확장하는 동시에 그로테스크 미학 중에서도 특히 미국의 프릭 문화가 미국 문학과 중복되는 지점을 주시하였다. 맥커러스의 대표작의 하나인『결혼식 멤버』는 바로 그러한 지점을 설명할 수 있는 문학작품이다. 1930년대 말과 1940년대를 배경으로 이 소설은 당대의 프릭 문화가 십 대 여주인공 소녀의 몸과 젠더 정체성에 미치는 심리적 파급을 재현하고 있다.

비평가 이거는 시대의 변화에 따라 여성의 몸과 여성작가의 글이 반응하는 방식이 다름을 역설하고 있다.[16] 미국 남부의 삶을 드러내는 한 난폭한 반응으로서의 프릭 문화가 문학작품 속 여주인공들의 재현과 얽히는 방식을 살피는 것은, 궁극적으로 저자 맥커러스의 여성관뿐 아니라 여성의 몸과 시대가 교차하는 지점을 살

---

15 여기에서 논의하려는 *The Member of the Wedding*은 김범경의『내 이름은 제스민』으로 처음 번역되어 나왔고(열음사, 1979), 그 후 엄용희는『고딕 소녀』(열림원, 2006)라는 제명으로 재번역하였다. 선행 의역에도 불구하고 여기에서는 제목의 본의를 충실하게 드러내기 위해『결혼식 멤버』로 직역하였다.

16 Yaeger Patricia, *Dirt and Desire: Reconstructing Southern Women's Writing, 1930-1990*, Chicago & London: The University of Chicago Press, 2000, 130쪽.

피는 과정이 된다.

3. 『결혼식 멤버』의 젠더 불안과 프릭 문화

한 인터뷰에서 자신이 "남자로 태어났다"고 토로했듯이,[17] 맥커러스는 성장 과정에서 자신의 젠더 정체성을 남성에 가깝게 느낀 것 같다. 이 같은 성적 모호성은 그녀의 『결혼식 멤버』의 십 대 소녀가 경험하는 젠더 혼동과 연관이 있어 보인다. 작중 여주인공인 프랭키Frankie도 맥커러스처럼 보석상의 딸이며, 소설 속 익명의 마을이나 사회계급도 작가가 살았던 1930년대 후반과 매우 흡사하게 재현되어 있다.

『결혼식 멤버』가 여성의 경험과 관련하여 본격적으로 논의된 것은 이 소설이 나오고 30년이 지난 이후의 일이다. 이 작품이 발표된 1940년대나 그 이후 1960년대 초기까지만 해도 대부분의 미국 문학 연구는 여성의 경험보다는 인간 보편적 이슈와 경험에 초점이 맞추어져 있었다. 그러나 심해지는 인종 문제나 십 대의 반문화, 제한된 젠더 역할이나 성적 규범에 대한 반항의 기미는 전후 미국 문화의 저류에 이미 존재하고 있었으며 맥커러스는 이를 감지한 작가였다.[18]

바바라 화이트는 이 작품에 나타난 십 대 소녀의 반문화와 젠더 규범에 대한 반항을 처음으로 거론한 비평가이다. 그녀는 사춘기로 진입하는 소녀의 심리와 경험의 차이에 주목하여 『결혼식 멤버』의 가치를, 여성성이 소녀에게 처음으로 요구되

---

17 Virginia Spencer Carr, *The Lonely Hunter: A Biography of Carson McCullers,* Athens: University of Georgia Press, 2003, 39쪽.

18 Louise Hutchings Westling, *Sacred Groves and Ravaged Gardens: The Fiction of Eudora Welty, Carson McCullers, and Flannery O'Connor*, Athens: University of Georgia Press, c1985, 107쪽.

는 청소년기를 집중 조명하고 있는 점에 두었다.[19] 이 소설이 제한된 인간 경험을 다루고 있다고 지적한 초기 비평계 반응에 대해 화이트는 소년들의 통과 제의는 중요한 주제로 생각하는 반면, 소녀들의 통과 제의는 "보편적"인 주제로 다루지 않는 문학 비평계의 가부장제적 관행을 비판하였다.[20]

미국에서의 청소년기의 출현은 남북 전쟁 이후 경제 변화와 연결하여 종종 설명되어 왔다. 남북 전쟁 이후 진행된 도시화와 산업화는 농촌 청소년의 육체노동을 흡수하였지만, 적지 않은 경우는 부모의 농사일을 돕다가 적령기가 되면 결혼하고 분가하였다. 반면 중산층 청소년들은 미래가 보장되는 화이트칼라 직업을 위해 기숙사에 분리되어 정규 교육을 받았다. 이러한 이유로 아동기와 청소년기의 뚜렷한 구분은 하층 계층보다는 중상층 계층에서 두드러지는 현상을 보인다.[21]

소녀의 경우는 장래의 강한 어머니가 되기 위해 적극적이고 독립적인 아동기가 허용되었고 이런 상황에서 선머슴 같은 아동기 여아도 거부되지 않았다. 그러나 청소년기의 소녀가 계속 남성적 행동을 견지하는 것은 다른 문제였다. 소녀의 지나치게 과한 행동은 자궁의 발달을 저해할 것으로 간주되어 휴식이 권유되었고 그 과정에서 여성성도 살아날 것으로 기대되었다. 이처럼 어머니로서의 미래 역할이 습득되기 위해서는 여아의 아동기와 청소년기 간의 결정적인 단절이 필요했다. 사회와 가정에서의 이 같은 가시적, 암묵적 요구는 청소년기를 진입하는 소녀들에게 스트레스와 심리적 갈등을 불러일으킬 수 있었으며 그들이 아동기부터 꿈꾸어 왔던 삶의 목표를 교묘히 훼손할 가능성은 얼마든지 있었다.[22] 이렇듯, 아동기 여

---

19 Barbara A. White, *Growing Up Female: Adolescent Girlhood in American Fiction*. Westport, Conn.: Greenwood Press, 89-92쪽.

20 위의 책, 91쪽.

21 위의 책, 7-8쪽.

22 Sharon O'Brien, "Tomboyism and Adolescent Conflict: Three Nineteenth-Century Case Studies," *Woman's Being, Woman's Place: Female Identity and Vocation in American History*. Ed. Mary Kelley, Boston: G.K.I. Hall Co., 1979, 352-54쪽.

아와 사춘기 소녀에 대한 사회의 상반된 요구는 아동기가 끝나가는 사춘기 진입의 소녀에게는 정체성 혼란과 사회 적응 문제를 불러일으킬 수 있었다.

청소년기로 접어들면서 선머슴 같던 소녀들은 사회가 기대하는 여성성의 규범에 스스로가 부적절한 것으로 느끼게 된다. 여기에서 야기되는 갈등은 청소년문학 소설의 여주인공을 통해 잘 드러나고 있다. 십 대의 소년 주인공이 성년으로 성장하는 과정과 비교할 때, 소녀 주인공이 성년 여성으로 성장하는 과정에서 부딪히는 젠더 갈등은 매우 미묘하고 비가시적이다.

『결혼식 멤버』의 여주인공은 13살이 되어가는 사춘기 초입의 선머슴 같은 소녀이다. 그녀는 자신을 '프랭키'라는 남자아이 이름으로 소개하며 남의 탐나는 오토바이 가죽 좌석에 침을 뱉어 윤기를 내는 행동을 서슴지 않는다. 어머니를 일찍 여읜 그녀는 딸의 성장 과정에 별 영향력이 없는 아버지 밑에서 흑인 보모 베레니스와 일곱 살의 사촌 동생 존 헨리와 무료한 일상을 살아간다. 작품의 도입부에 그려진 그녀의 모습은 어디에도 속하지 않는 주변인의 불안감을 드러내고 있다.

> 그녀는 어느 클럽에도 속하지 않았고 세상 그 어디에도 속하지 않았다. 프랭키는 문간에서만 배회하는 떠돌이였다. 그녀는 두려워하고 있었다.[23]

이제 막 사춘기로 진입한 프랭키의 억압된 심리는 그녀가 몸담은 장소와 남부 날씨에 대한 반복된 언급으로 암시된다. 웨슬링Louise Hutchings Westling에 따르면, '장소'는 여성 정체성을 표시하는 것으로, 웰티Eudora Welty, 오코너Flannery O'Conner, 맥커러스의 작품에 나타나는 장소 묘사는 여성의 전통적 역할이 '감금' 상태였음을 말해준다. 이들 작가 중에서도 특히 맥커러스의 문학에서 장소와 경관은 가장 '감금된' 상

---

23 Carson McCullers, "The Member of the Wedding," *Collected Stories of Carson McCullers,* Ed. Floria V. Lasky with introduction by Virginia Spencer Carr, Boston: Houghton Mifflin Company, 1987, 258쪽.

황으로 그려지고 있다.[24]

프랭키의 삶의 방식도 역시 장소로 표출되는데, 그 대표적 사례가 부엌이다. 부엌은 그녀를 가두고 이상을 꺾어버리는 억압적 장소로 그려진다. 소설의 시작과 끝도 그녀가 대부분의 시간을 흑인 가정부와 사촌과 함께 보내는 부엌에서 이루어진다. 이 부엌은 "단조롭고 침침한 조용한 공간"이며 "슬프고 추한 방"[25]이다. 그녀가 할 일없이 식탁 주위를 돌아다니는 장면은 순환적이고 반복적이며 목적 없는 그녀의 삶을 반영한다.

또한 이 소설이 나타내는 남부의 지역성과 여성 상황과의 관계는 종종 남부의 작렬하는 태양으로 나타난다. "햇살은 마치 환하고 낯선 감옥의 창살같이 뒤뜰을 가로질렀다."[26] 이처럼 자주 언급되는 남부 여름의 열기는 그녀의 심리적, 육체적 감금 상태를 말해주고 있다. 남부의 뜨거운 태양이 마치 감옥의 창살처럼 느껴지는 프랭키는 할리우드나 뉴욕과 같은 머나먼 지역으로의 탈출을 꿈꾼다. 프랭키의 탈출 욕구와 더불어 남부의 작렬하는 여름 날씨에 대한 언급은 수시로 반복된다. 태양은 마치 타오르는 가마솥 뚜껑과 같다거나 "미친 여름"으로까지 묘사된다.[27]

자신의 환경에서 탈출하려는 프랭키의 염원은 오빠의 결혼식에 참석하여 오빠 내외와 함께 머나먼 곳으로 떠나려는 강렬한 소망으로 발전된다. 그러나 이 소망의 비현실성은 결혼식이 가까워질수록 극명해진다. 외국 경험을 했다는 이유로 프랭키가 선망하는 해외 파견 군인들은 술에 절어 행패 부리거나 삶의 목표를 잃은 듯 넋이 빠져 있거나 때가 낀 손톱으로 프랭키를 강간하려 든다. 프랭키가 고대하던 결혼식장 이름은 "겨울 언덕"으로, 이름이 지칭하는 그대로 시원한 북쪽 장소

24 Westling, 위의 책, 178-80쪽.

25 McCullers, 위의 책, 258쪽.

26 위의 책, 259쪽.

27 위의 책, 319쪽.

인 줄 알았지만 사실 더 남쪽에 있다거나 겨울 언덕으로 가기 위해 거쳐야 하는 버스 정거장 이름이 "꽃피는 가지"이지만, 그 이름의 뉘앙스와는 전혀 달리 아이러니하게도 가장 촌스럽고 추한 장소로 그려지고 있는 것이 그 예이다. 프랭키가 결혼식에 가기 위해 거치게 되는 촌스러운 지명들은 결혼식을 통해 탈출하려는 그녀의 환상이 지닌 실체를 노출하는 역할을 하고 있다.

자신의 답답하고 억압적 상황에서 벗어나고 싶은 프랭키의 충동은 때로 자학 증세로 나타나기도 한다. 발바닥의 딱딱한 껍질을 보기에도 아플 정도로 칼로 긁어 떼어내는 행위 같은 일련의 행동은 남부의 품위있는 숙녀에게 기대되는 행위 규범에서 한참 벗어난 것이다. 프랭키는 어느 날 거울을 보면서 비틀어지고 휘어진 큰 괴물 같은 자신의 모습을 목격한다.

> (프랭키)는 물때가 낀 부엌의 거울을 들여다보았다……. 거울 속의 형상은 비틀리고 휘어졌지만, 프랭키는 자신이 어떻게 보이는지 잘 알았다. '하나의 커다란 프릭'과도 같았다.[28]

남부 사회가 요구하는 숙녀의 규범에서 벗어난 자신을 괴물 같고 기형인 하나의 프릭으로 보는 장면이다. 프랭키와 프릭의 이미지가 겹치는 장면은 작품의 여러 곳에서 포착된다. 1930년대 미국 프릭 쇼의 출연자였던 "새대가리"Pinhead는 프릭 쇼의 인기 종목이었다. 이러한 새대가리의 모습은 프릭 쇼를 직접 참관한 프랭키의 눈을 통해 묘사되고 있다. "오렌지보다도 작고 쪼그라진 머리의 머리칼이 몽땅 면도질 당한 채, 정수리 꼭대기의 몇 가닥만 분홍색 리본으로 묶여있었다."[29] 이후 프랭키가 오빠의 결혼식에 참여하기 위해 머리칼을 모두 깎고 빈 머리에 은색 리본

---

28 위의 책, 258쪽.

29 위의 책, 272쪽.

을 두른 괴상한 모습은 마치 프릭 쇼의 새대가리를 연상시킨다.

그런가 하면, 프랭키는 거인의 이미지도 가지고 있다. 12세가 조금 넘은 나이이지만 이미 5피트 3/4인치로 또래보다 무척 키가 큰 그녀는 그 속도로 자라면 자기도 언젠가 거인 프릭이 될지 모른다는 공포심을 보인다. 자신의 새언니처럼 작고 사랑스러운 남부 여인 대신, 기형적으로 커버린 미운 성인 여자가 될지도 모른다는 공포심은 프릭 쇼에 전시되는 자이언트 프릭과 연결된다. 이로써 이 소설은 여성의 몸이 시대 문화 배경에 반응하는 양상을 형상화한 것으로 이해된다. 스튜어트는 자이언트 프릭은 자신의 몸과 외부 세계와의 경계에 대한 질문을 제기하는 의미를 지닌다고 말한다.[30] 그러므로 자이언트 프릭처럼 자신의 키가 너무 커질지도 모른다는 프랭키의 불안은 자아와 세계관의 관계에 대한 청소년기 소녀의 두려움을 반영하는 동시에 일정 여성의 몸을 범주화한 시대의 요구에 대한 소녀의 불안으로 해석할 수 있다.

프랭키의 사춘기에 나타나는 젠더 혼란과 불안 심리를 방증하는 프릭은 프릭 쇼의 그 어느 기형인간보다도 그녀가 마주치게 되는 충격적인 자웅동체 인간이다.

> 완전히 절반으로 나뉘어서 왼쪽은 남자이고 오른쪽은 여자였다. 왼쪽 복장은 표범의 가죽을 입고 오른쪽은 브래지어와 반짝거리는 스팽글을 단 치마를 걸쳤다. 얼굴의 반쪽은 시꺼먼 수염이 나 있었지만, 나머지 반쪽은 화장으로 밝게 빛나는 얼굴이었다.[31]

피들러Leslie Fiedler는 1930년대의 프릭 쇼에서 전시되던 '조셉-조세핀'Joseph-Josephine, '반남반녀'Half Man/Half Woman라 불리던 자웅동체 인간은 성장 과정에서 자신과 사회

30 Stuart, 위의 책, 109쪽.

31 위의 책, 272쪽.

가 요구하는 역할 사이에서 무언가 괴물 같은 불일치를 느끼기 마련인 아이들의 불안을 육화한 대표적 프릭이라고 설명한다.[32] 맥커러스가 소설에서 그리는 자웅동체 프릭과 프랭키와의 맞닥뜨림은 이제 막 사춘기로 진입하는 주인공 소녀의 젠더 혼란과 그에 따른 성적 좌절감과 맞닿아 있는 것이다.

더 나아가 이 자웅동체 프릭이 프릭 쇼에서 복장이나 화장법을 통해 젠더 차이를 부각하고 있다는 사실은, 결국 젠더는 태생적이기보다는 사회적 구성물이라는 사실을 뒷받침해준다. 1930년대의 남부 전통 여성에 대한 기준과 그 이미지는 고정되고 예측 가능한 것이었다. 이 기준과 이미지에서 벗어난 여성은 기형과 그로테스크한 자아 이미지를 외부로부터 스스로 투사하게 된다. 그러므로 프랭키가 스스로 부과하는 프릭 이미지는 사회적 행위로 해석될 수 있다.

피들러는 자신의 어린 시절 직접 관람했던 순회 박람회의 프릭 쇼는 사라졌지만, 그 경험은 영화나 시각 매체를 통해 여전히 되살아나는 트라우마와도 같은 충격이었다고 회상한다.[33] 프랭키의 자웅동체 프릭과의 조우는 사회에서 금기시하는 자신의 다른 한쪽과 마주친 것 같은 트라우마적 경험이었음이 다음 문장에서 암시되고 있다.

> 그녀는 모든 프릭을 두려워했다. 그들이 자신을 은밀한 방식으로 쳐다보고 그들의 눈을 자신의 눈과 마주치며 마치 "우리는 너를 알아. 우리가 너야!" 라고 말하는 것처럼 보였기 때문이다.[34]

---

32 Fieldler, 위의 책, 30쪽.

33 위의 책, 31쪽.

34 McCullers, 위의 책, 272쪽.

스튜어트는 프릭은 선천적이라기보다는 문화적으로 구성되는 것으로, 프릭의 비정상적 상태는 관람객과의 거리에 의해 만들어지며 관람객이 프릭을 기형으로 표시하는 만큼 관람객을 "정상화"하는 것이라고 주장한다.[35] 그러나 위의 문장에서의 프랭키는 기형인간들을 '보는 주체'가 아니라 그들에게 '보이는 대상'으로 그려지고 있다. 주체가 아닌 '보이는 대상'으로서 프릭과 프랭키가 중복됨으로써 위의 프릭 전시회 장면은 남부사회가 요구하는 숙녀의 몸이라는 당대의 이데올로기가 프릭이라는 반면교사를 통해 강압적으로 프랭키의 불안과 두려움을 극대화하고 있음을 보여주고 있다.

프랭키는 자신의 젠더 정체성에 줄곧 양가적 태도를 보인다. 처음 단원에서 선머슴의 느낌을 주는 남자 이름인 "프랭키"를 자신의 이름으로 선택하지만, 두 번째 장부터는 여성적이고 낭만적으로 들리는 본래의 이름인 자스민F. Jasmine으로 자신을 부른다. 이러한 변화로 프랭키가 여성스러워지는 것 같지만, 이 이름에 Esq[36]를 덧붙임으로써 남성스럽게 만드는 이중성을 노출한다. Esquire의 준말인 Esq는 중세의 젊은 기사 지망생을 지칭하는 것으로 프랭키의 남성성에 대한 로맨틱한 선망을 반영한다.

프랭키가 진실로 원한 것은 남성처럼 전쟁터에 나가서 비행기를 몰고 용맹 금메달 훈장을 타는 것이었다. 그러나 그것이 현실적으로 실현 불가한 것임을 경험할 때 프랭키는 오빠의 결혼식에 참가하여 오빠 부부와 더불어 신혼여행을 떠남으로써 답답한 남부의 현실을 탈출하려 한다. 그녀는 오빠의 결혼에 내포된 육체적 성적 합일 없이 결혼식의 구성원이 됨으로써 성인 세계에 진입할 수 있다고 이해하는 듯하다. 이처럼 선머슴 같은 프랭키에게 요구되는 여성됨이란 매우 극렬하게

35 Stuart, 위의 책, 10쪽.

36 Esquire는 Mr가 쓰이기 이전에 특히 업무상의 편지에서 남자 이름 뒤에 쓰던 호칭임.

혼란스럽고, 도피적인 모습으로 추측되고 있다.[37]

이 작품에서 프랭키를 통해 그려지는 젠더 불안은 끝 부분에 가서 완화된 인상을 준다. 오빠의 결혼식을 통해 현실에서 탈피하려는 일련의 소동과 좌절 끝에 프랭키는 학교생활에서 비교적 안정을 찾은 모습으로 그려지기 때문이다. 소설의 끝 장면에서 새로 사귄 자신의 단짝 여자 친구를 맞이하기 위해 부엌에서 샌드위치를 만드는 프랭키의 모습은 이제 그녀도 사회화의 과정을 거쳐 또 하나의 숙녀로 자리매김할 것 같은 예감을 던져준다. 그러나 그녀의 미래에 대한 그 어떤 확실한 대답을 맥커러스는 유보하고 있는 듯하다. 맥커러스의 젠더 정체성에 관한 실험은 그녀 소설의 상당 부분을 차지하고 있으며 좀 더 극단적인 예를 그녀의 대표작이라고 평가되는 『슬픈 카페의 노래』에서 찾을 수 있을 것이다.

4. 양성성의 좌절과 복장도착

『결혼식 멤버』에서의 프랭키의 좌절감은 양성적 존재로서의 젠더 정체성이 사회에서 전혀 수용될 수 없다는 사실에 기반을 둔다. 그녀가 꿈꾸는 사회는 여자나 남자를 자유롭게 선택할 수 있거나 양쪽을 공유할 수 있는 사회이지만 정작 그 같은 존재는 기형 인간, 자웅 동체의 프릭으로 순회 박람회에 전시될 뿐이다. 프릭 쇼의 남자와 여자의 복장을 한 몸에 갖추어 입은 자웅 동체 기형 인간 프릭은 남/녀 차이를 그로테스크하게 부각하고 있다. 이러한 자웅 동체 프릭의 복장 도착은 아직은 어린 프랭키의 젠더 정체성을 더욱 혼란스럽게 만들 뿐이다. 그녀는 결혼식에 가기 위해 사회가 요구하는 여성스러운 복장을 계속 시도하지만, 선머슴 같은 아

37 Constante Groba Gonzalez, "The Intolerable Burden of Femininity in Carson McCullers' *The Member of the Wedding* and *The Ballad of the Sad Cafe,*" *Atlantis* 16, 1-2(1994): 139쪽.

이가 여자의 옷에 억지로 맞춘 것 같은 복장 도착을 일으킨다.

복장 도착과 양성성의 좌절 그리고 이에 수반된 프릭 이미지는 맥커러스의 대표작 『슬픈 카페의 노래』*The Ballad of the Sad Cafe*에서도 중요한 이슈이다. 여주인공 아멜리아Amelia는 『결혼식 멤버』의 선머슴 프랭키가 사회가 요구하는 여성화를 거부하는 성인 여성으로 계속 성장했을 경우를 상상해 볼 수 있는 인물이다. 거무스름한 피부에 보통의 남자 키를 훌쩍 넘는 아멜리아의 근육질 육체나 남자처럼 짧게 깎은 머리 등은 『결혼식 멤버』의 사춘기로 진입하는 선머슴 같던 프랭키의 모습을 연상시킨다. 6피트가 훨씬 넘는 장신의 아멜리아는 마을의 남자들과 포도주 상권을 지배하는 능력 있고 부유한 인물이며 남성의 영역으로 알려진 법정 소송 절차를 통해 가차 없이 업무를 수행해나가는, 남자들을 주눅들이고 얌전하게 만드는 여자이다. 프랭키처럼 엄마 없이 홀아버지 밑에서만 자란 아멜리아는 늪에서 신는 긴 장화와 위아래가 하나로 된 작업복만을 걸친다.

이런 남자 같은 여자인 아멜리아가 여성성을 수행해야만 하는 상황에 놓인다면 어떤 결말을 맞을 것인가? 이러한 질문은 『결혼식 멤버』의 사춘기 소녀를 통해 이미 제기된 것이다. 다만 이 작품이 사춘기 소녀를 대상으로 한 청소년기의 성장소설이라는 점에서, 그로테스크 이미지가 『슬픈 카페의 노래』에서처럼 선명하게 드러나지 않는 것이 두 작품의 차이점으로 보인다.

『결혼식 멤버』에서 맥커러스는 선머슴 같은 소녀를 통해 사회가 요구하는 이성애나 기존 여성관, 그리고 여성성을 강조하는 결혼의 합당성을 묻고 있는 듯하다. 사회가 요구하는 여성의 규범이 정형화될수록 그 규범에 맞지 않는 여 주인공은 자신의 젠더 정체성에 혼란과 불안을 경험하며, 결과적으로는 자신의 정체성에 프릭의 이미지를 투사시키거나 자웅 동체의 프릭을 연출하게 된다. 소설 속의 프랭키는 자신이 견지해온 선머슴 같은 남성성과 사회가 요구하는 여성성이 공존하는 양성성의 삶을 원하지만, 그 구체적 존재를 프릭 쇼에 전시된 자웅 동체 프릭에서 발견하고는 자신의 젠더 정체성을 괴물 프릭으로 동일시하는 젠더 불안을 경험하는 것이다.

선머슴 같은 사춘기 소녀 속에 공존한 남녀 젠더는 조화의 공생 형태가 아니라 서로 간의 차이로 끊임없이 갈등을 일으키고 투쟁하는 잡종적 기형, 즉 프릭의 이미지이다. 이러한 이미지는 1930~40년대 미국 남부 사회가 규범을 넘어선 여성들에게 반면교사로 투사시킨 젠더 정체성이기도 하다. 이는 남녀 공존의 양성성의 정체성이 당대 사회에서 수용될 수 없음을 반영하는 것으로, 저자 매컬리스는 이 논제가 삼사십 년이 지나 페미니즘의 시대에 이르러 비로소 재론될 것임을 이미 감지하고 있었다고 보아도 지나치지 않을 것이다.

2부

역사와 기억

HUMANITIES

ENGLISH LITERATURE

YOUNG ADULT LITERATURE

ENGLISH EDUCATION

제 6 장
'낯설게 하기'와 다성성의 영어/역사 교육

1. 아동 청소년문학의 역사 다시 쓰기

주지하다시피 지난 10년 동안 아동 청소년문학과 성인 문학과의 거리는 좁혀져 왔다. '아동문학 벗어나기', '아동문학 비평의 새로운 목소리', '아동문학 없애기'와 같은 일련의 담론에서 알 수 있듯이, 종래 금기시되었던 주제가 다루어지고 내러티브 구조가 복잡해지는 양상이 그것이다. 나아가 아동 청소년문학 비평이 기존의 사실주의 미학을 넘어 1980년대 이후 포스트모더니즘 문학과 메타픽션의 테크닉을 수용하고 있는 것도 같은 맥락이라 할 수 있다. 시/소설/드라마/그림책/역사서/논문 등 다양한 장르의 경계를 무시하면서 각 요소를 혼합하여 더욱 새로운 내러티브 구조를 구사하는 시도는 최근 들어 더욱 현저해졌다. 이 같은 사실은 소냐 손 Sonya Sones이 제시한 약 40편의 운문소설 중 대략 삼 분의 이가 2000년 이후 발표된 작품들이라는 사실에서도 뒷받침된다. 2008년도 뉴베리 수상작인 로라 애미 쉬리츠 Laura Amy Schlitz의 『존경하는 신사 숙녀 여러분』 *Good Masters! Sweet Ladies!*도 바로 이러한 변화를 보여주는 대표적 영미 청소년문학작품의 하나이다. 홀린데일 Peter Hollindale은 청소년의 범주를 초기 청소년기 약 10~13세와 청소년기 14~19세 시기로 분류하였다.[1] 이 범주에 따르면 비록 초등학교 교재라 하더라도 영어를 외국어로 습득하는 수업 상황에서는 이 작품을 청소년문학작품으로 분류할 수 있겠다. 실제로 이 작

1 Peter Hollindale, "The Adolescent Novel of Ideas." *Children's Literature in Education* 26-1(1995): 84쪽.

품의 주인공들은 모두 십 대 이후로 구성되었다.

『존경하는 신사 숙녀 여러분』은 아동과 청소년의 눈높이에서 중세사를 새롭게 조명하여 서술한 아동 청소년문학이다. 위계질서가 엄격했던 중세사회의 계급질서와 영웅 개념을 새롭게 형상화함으로써, 이 작품은 평등, 인권, 인종, 여성 문제와 같은 사회 이슈와 관련된 논의를 촉발할 수 있다. 작품의 제목, '존경하는 신사 숙녀 여러분'은 작품의 맨 마지막에 등장하는 거지, 가일즈Giles가 동냥하면서 말을 거는 첫 대사이다. 이처럼 이 작품의 중세사 서술은 다양한 계층의 관점에서 전달된다.

저자 쉬리츠는 저자 서문에서 역사와 역사소설을 구별하면서 역사는 죽은 과거일 수 있지만, 역사 소설은 현재의 치열한 삶과 연결되는 드라마라고 말하고 있다. 역사소설을 드라마로 보는 저자의 관점은『존경하는 신사 숙녀 여러분』의 형식과 구성, 그리고 서술에도 그대로 반영되어 있다. 이 작품의 다양한 실험적 구성과 문체와 장르의 혼합은 문학 장르의 특성의 하나인 '다성성'과 '낯설게 하기'의 개념과 연결하여 논의해볼 수 있다. 말하자면, 이 작품은 기존의 역사서술을 문학 고유의 다성성과 낯설게 하기의 특성을 살려 보다 새로운 형식과 문체의 문학작품으로 구성함으로써, 역사/문학 읽기 경험을 보다 감성적이고 창조적 차원으로 만들고 있다.

수잔 피긴Susan Feagin은 독자는 문학텍스트를 해석하고 나서 다시 정서적으로 반응하는 것이 아니라 감정과 더불어 읽고 해석한다고 주장한다.[2] 피긴의 이러한 주장은 지난 20년간의 신경 뇌 과학의 연구에서도 입증된 바 있다. 대상을 인식하는 두뇌의 방추형이랑과 감정을 맡는 편도체와의 연결이 끊어질 경우, 대상의 진정한 이해에 이르지 못한다는 연구 결과가 그것이다. 심한 자동차 사고를 겪은 후 감정

2 Susan Feagin, *Reading with Feeling,* Ithaca, New York: Cornell UP, 1996, 25쪽.

을 담당하는 편도체에 심한 손상을 입은 카프그라Capgrass 증후군 환자는 자신의 엄마를 알아보기는 하지만 과거의 친밀감을 느낄 수 없기 때문에 진짜 엄마가 아니라고 주장한다. 요컨대 인간의 인식 능력에 있어서 감성의 중요성을 확인시켜주는 뇌손상의 사례인 것이다. 같은 맥락에서, 영어/역사 텍스트도 독자의 감성을 유발하는 서사 구조로 학습자들의 적극적 반응을 유도한다면, 보다 높은 학습효과를 기대할 수 있을 것으로 보인다. 『존경하는 신사 숙녀 여러분』에서 지루한 중세사를 감정을 중시하는 문학 서사구조로 구성한 저자의 노력은 아이들이 평소에 역사 공부를 얼마나 지루해하는가를 반영하는 작업이기도 하다.

그리하여 이 작품을 EFL 상황의 중등 영어교육 교재로 사용할 경우 영어습득뿐 아니라 역사 교육의 효과도 노릴 수 있다. 이 가능성을 염두에 두면서 이 작품의 서술양식과 다성성의 서사구조를 분석하는 시도는 교육 효과를 극대화할 수 있는 의미 있는 작업이 될 수 있다. 이 과정에서 바흐친Michael Bakhtin의 다성성 논의와 러시아 형식주의의 '낯설게 하기' 개념 및 문체와 독자 인지 간의 상관관계를 추적해 온 데이비드 미알David Miall과 돈 쿠이켄Don Kuiken의 인지심리와 언어 실험은 적지 않은 도움을 줄 수 있을 것이다.

2. 『존경하는 신사 숙녀 여러분』의 다성성

『존경하는 신사 숙녀 여러분』의 부제는 "중세 마을로부터 들리는 목소리"Voices from a Medieval Village이다. 부제가 말해주듯이, 이 작품은 다양한 목소리를 듣는 경험을 제공한다. 우선, 이 작품은 1255년 중세 영국 봉건영주의 장원을 배경으로 직업, 종교, 사회, 문화, 법률, 농경 등의 다양한 삶을 각 계층 아이들의 목소리를 통해 전달하고 있다. 서문에서 저자는 주인공이 되고 싶어 하는 초등생 17명에게 각기 주인공이 되어 각자의 관점에서 독백 형식으로 이야기를 전달할 수 있도록 이 작품을 기획했다고 밝히고 있다.

등장인물로는 중세의 장원을 이루고 있는 모든 계층의 구성원이 소개되어 있다. 상층 계층으로는 영주의 조카와 딸, 기사의 아들, 그리고 평민과 하층계층으로 대장장이의 딸, 농부의 아들, 양치는 소녀, 의사의 아들, 순례자, 농노의 딸, 방앗간 집 아들, 멍청이, 매를 부리는 아이, 평민 소녀, 대금업자의 아들과 상인의 딸, 시종 아이와 도주 농노, 유리공장 집 딸들, 뱀장어를 낚시질해서 먹고사는 소년과 무두장이, 그리고 거지 등이 나온다. 귀족의 아들이나 소작인의 딸이나 상관없이 모두 일정량의 대사를 독백체로 읽음으로써, 이 작품은 귀족과 기사 혹은 영웅 중심의 역사 서술에서 벗어나, 다양한 사회 계층의 목소리를 전해주는 역사 드라마가 된다.

이 작품의 이러한 시도는 포스트모던 시대 이후 개인의 일상에 초점을 둔 미시사의 서술방식과 동일 선상에 있는 것으로 볼 수 있다. 말하자면, 상징질서의 변방에 있다고 여겨지는 계층에게도 각기 살아있는 목소리를 제공함으로써 다성적 목소리가 울려 퍼지도록 한 것이다. 물론 여기에서 각각의 목소리는 각 계층을 대표하는 의미가 담긴, 담론으로 풀이되는 말의 의미를 지닌다. 주변부의 소리를 담론으로 듣는 것을 거부하는 것은 이들이 일정 공간 속에서 자신을 재현할 수 있는 정치적 존재임을 거부하는 것에 불과하기 때문이다.[3]

각 등장인물의 말이 상대방에게는 들리지 않는 것으로 된 독백체의 대사는 마치 조각 모음처럼 모여 중세의 그림을 조립해낸다. 각 등장인물이 무대 위로 나와 자신의 이야기를 전달하는 독백은 청중/독자와의 감정이입을 쉽게 일으키며 독해가 쉬운 대사는 어려운 중세 역사를 쉽게 이해하도록 돕는다. 바로 이러한 점들 때문

---

3 자크 랑시에르, 『미학안의 불편함』, 주형일 역, 인간사랑, 2008, 54쪽.

에 이 작품을 EFL 상황에서의 영어/역사교육 교재로 권할 수 있다. 일인칭의 대사가 불러일으키는 감정이입이야말로 아동/청소년의 영어교육에서 결코 간과할 수 없는 요소이다.

또한 바흐친의 대화주의의 관점에서도, 독백체 서술은 이 작품이 의도한 소수자의 재현방식에 더욱 적합한 것으로 보인다. 바흐친에 의하면, 소설의 스타일 구조는 언어의 두 가지 양상, 즉, 중앙으로 집중시키려는 구심력과 탈중심화하려는 원심력 간의 투쟁을 반영한다. 요컨대 소설은 "완성된 지배 문학 언어와 복수담론의 문학 외적 언어 사이의 경계에 존재한다."[4] 그리하여 소설로 형상화하는 과정에서, 문학 언어의 중앙 집중적 성향을 가속하거나 혹은 낡은 문학 언어를 패러디하고 혁신한다. 이 과정에서 문학 외적, 내적 언어 사이의 경계는 항상 변화한다. 바흐친이 말하는 문학 외적 공간은 편지나 고백록, 일기의 공간을 포함한다. 이들은 문학 외적 언어의 다성적 공간에 자리 잡는 셈이다. 또한 그것은 질서에 대치되는 무질서의 공간이다. 이 작품에서는 무질서의 공간에서 재현의 기회가 부여되지 않은 양치기 소녀나 시종의 아들, 도망자, 거지 등의 독백이 들려온다. 각자의 독백은 다른 독백들과의 연결 속에서 이야기를 만들어내고 의미를 생성해낸다. 이 과정을 통해 이 작품은 기존의 역사를 재해석하고 재기록하는 문학/역사 이야기로 변한다.

이 작품의 다성성은 장르의 혼합에서도 찾을 수 있다. 이 작품이 소설이라고는 하지만, 연극/시/소설/역사/논문의 장르가 혼재된 형식을 띠고 있다. 목차에 등장인물이 소개된 점, 한 명에게 각기 대사가 하나씩 부여된 점은 연극의 성격을 띠지만, 대사 자체는 발화하는 방식에 따라 각 라인이 조절되는 운문 형식을 띤 점, 그래서 산문소설보다는 운문소설을 읽는 듯한 문체는, 각각의 대사가 하나의 시와도 같은 느낌을 준다. 그런가 하면, 대사마다 이야기의 배경을 보여주는 그림이 첨부

---

4 M. M Bakhtin, *The Dialogic Imagination,* Ed. Michael Holquist, Trans. Caryl Emerson and Michael Holquist, Austin: U of Texas P, 1981, 67쪽.

되어 마치 역사 그림책과도 같은 느낌을 준다. 13세기 채색 사본에서 영감을 얻은 로버트 버드Robert Byrd의 정교한 펜화도 중세를 거의 완벽하게 재현하려는 시도를 담고 있다.

또한, 어려운 어휘는 옆의 칼럼에 각주를 넣고 책 뒤에는 참고문헌을 달은 점, 또한 중세 역사 배경 코너를 따로 마련해 중세사에 관한 핵심 정보를 전달하고 있는 점, 이 모두는 마치 한 권의 역사 서적 또는 논문을 만들고 있다는 인상마저 준다. 참고 서적을 보면, 중세의 어린이와 복장, 일상사, 중세의 기사와 여자들의 삶, 사냥개와 매, 중세의 마을, 축제, 신앙, 중세의 기계, 성소, 초서의 『캔터베리 이야기』 등 매우 다양한 읽기가 소개되어 독서의 확장을 유도하고 있다.

이 작품은 기본적으로는 아동을 위한 드라마이다. 에이담즈Gillian Adams는 중세에도 이미 어린이를 겨냥한 아동문학이 존재했다고 주장한다.[5] 이러한 주장은 아동은 어른의 결핍으로만 생각되었을 뿐, '아동기'childhood라는 단어는 17, 18세기에 가서야 "발견되었다"는 『아동기의 시대』*Centuries of Childhood*의 저자 아리에스Philippe Aries의 주장과는 상치되는 것이다. 에이담즈에 의하면, 아동기가 허락되지 않는 상황은 현재 제삼 세계나 그 어디에도 존재 가능한 것이다. 그는 이미 10세기 후반에 소품과 동물의 마스크를 학생들의 수업에 사용하였다는 사실과 동물시가 학생들이 동물 마스크를 쓰고 연행하기 위한 대사본이었다는 사실도 밝혀낸다.[6] 각 아동에게 대사를 읽히는 이 작품의 구성이 중세 어린이 드라마의 한 양식으로 볼 수 있다면, "중세 마을의 목소리"라는 이 작품의 부제는 과거의 현실성을 더욱 되살릴 수 있는 구도로 보인다.

바흐친에 의하면 다성적 소설 문학은 독립적이고 서로 병합되지 않는 다양한 목

---

5 Gillian Adams, "Medieval Children's Literature: Its Possibility and Actuality," *Children's Literature* 26(1989): 1-24쪽.

6 위의 책, 13쪽.

소리나 의식에 의해 특징지어지는 문학을 의미한다. 작중인물은 작가의 의도에 통제받지 않고 비교적 자유롭게 행동하고 사고한다. 물론 작가가 자신의 작품에서 완전히 배제될 수는 없으므로 진정한 의미에서의 다성성은 존재하지 않는다고 하더라도 이러한 소설에서 더욱 다양한 가치관이나 복합적 의미가 비교적 역동적이고 다원적으로 나타날 가능성이 크다. 교육을 중시하는 아동 청소년문학의 한계에도 불구하고『존경하는 신사 숙녀 여러분』의 장르와 문체의 혼합, 그리고 다양한 등장인물의 복합적 소리는 바흐친의 다성성 개념을 구현시킨 대표적 청소년문학 소설의 하나로 보아도 무방할 것 같다.

3.『존경하는 신사 숙녀 여러분』의 중세사 읽기

『존경하는 신사 숙녀 여러분』이 전달하는 다양한 목소리 중 역사교육에 중요한 몇 가지 담론을 살펴보면, 먼저, 중세의 불평등한 계급구조에서 빚어지는 계급 간의 갈등과 하층민 아이들의 노동문제를 들 수 있다. 현시대의 아동 근로법이 존재하지 않던 중세에 아이도 어른만큼의 노동 부담을 안고 살았다는 사실이 소작인 소년 윌will의 독백체 대사를 통해 전달되고 있다.

> 밀과 보리, 휴경. 이게 아빠가 가르쳐 준 거예요. 밭이 세 개 있으면 시월에 밀을 심고 삼월에 보리를 심고 세 번째 밭은 경작을 하지 않아요. 사람은 쉬지 않는데 어째서 밭이 쉴 권리가 있는지 모르겠어요."[7]

---

7 Laura Amy Schlitz, *Good Masters! Sweet Ladies!: Voices from a Medieval Village*, Somerville, Mass: Candlewick Press, 2007, 10쪽.

소작인 가족은 굶주렸지만 영주의 영토인 장원 내에서 산토끼마저도 잡는 것이 금지되어 있어서 몰래 잡아먹다가 배탈이 난다. 윌은 열심히 일해서 어머니와 여동생을 돌보라는 아버지의 유언에, 일하다 죽더라도 상관없으니 열심히 일하겠다고 맹세한다. 소작인보다 더 열악한 상황에 놓였던 중세의 농노는 영주의 재산에 속했다. 농노가 죽으면 영주는 농노의 가장 훌륭한 가축을 가지고 갈 권리를 가졌다. 또한 농노는 반드시 영주의 방앗간에서 곡식을 갈아야만 한다.

중세의 농노와 소작인 그리고 방앗간 주인과의 갈등관계는 방앗간집 주인 아들의 대사를 통해 생생하게 극화되고 있다. 방앗간은 영주만이 소유할 수 있었고 영주가 지배하는 마을에 사는 사람들은 영주가 지정한 방앗간만 사용할 수 있었다. 방앗간 주인은 일반 농노들과 다른 대우를 받았다. 당연히 방앗간 운영자들은 그들의 특권적 지위로 다른 농노들에게 거드름을 피웠으며 심하게는 곡물을 빼돌려서 농노들의 미움을 샀다. 방앗간이 종종 악마가 사는 신비한 곳으로 이미지화되는 배경에는 방앗간에 대한 하층민의 부러움 섞인 증오가 도사리고 있는 것이다. 초서의 『캔터베리 이야기』 뿐 아니라 중세를 배경으로 한 문학 작품에서 방앗간 집 주인이나 그 아내를 희화화하거나 방앗간에 악마가 나오는 것으로 묘사되는 것도 농노들의 방앗간에 대한 생각을 반영한 예라고 할 수 있다. 작품 속의 방앗간 아들, 오토Otho의 대사는 이러한 역사적 배경을 투영시키고 있다.

> 사람은 모두 사기꾼이에요. 그래서 먹고 살 수 있는 거죠. 우리는 일상의 빵을 위해 서로를 갉아먹는 것이니까요.[8]

> 할아버지는 물방아용 저수지에서 발견되었는데 두개골이 찌그러져 있었대요.[9]

---

8 위의 책, 27쪽.

9 위의 책, 27쪽.

우리 아빠는 농부들의 밀가루를 빻은 뒤 석회 가루로 바꿔치기해요.[10]

오토의 대사는 어른의 관점을 투영함으로써 중세의 한 단면을 창출해내고 있다. 자신이 방앗간 집 아이라는 사실 때문에 다른 아이들에게 미움을 받는다는 사실을 직접 언급하지는 않지만, 곧이어 나온 잭Jack의 대사는 오토가 아버지나 할아버지처럼 이웃에게 미움과 질투, 따돌림을 받는 아이라는 사실을 알려준다. 농노의 바보 아들 잭은 오토의 유일한 친구이다. 잭의 대사는 오토가 평소에 아이들의 돌팔매질을 당해서 울고 있던 사실을 폭로한다. 긴 세월에 걸쳐 방앗간에 대한 중세인들의 증오를 알 수 있는 대목이다. 또한 동시에 아이들의 우정은 증오와 편견을 넘어 가능하다는 메시지가 잭의 대사를 통해 전달된다. 비록 잭은 정신지체인이지만, 오토의 고통과 소외를 이해하는 유일한 인물이라는 사실을 그의 대사를 통해 알 수 있다.

중세의 의사 역시 그다지 호감을 느낀 직업은 아니었음이 의사의 아들 토머스Thomas를 통해 암암리에 전달되고 있다. 중세에서 의사라는 직업은 존경의 대상이기보다는 기술자의 의미를 지닌 경우가 적지 않았다.

보통의 상처는 검프리나 달걀흰자로 고쳐요.
뱀장어 껍질은 다리의 경련을 없앤답니다.[11]

중세에는 신분이 고정되어 아버지의 직업을 물려받았다. 한편 의사는 과학적인 치료법보다 민간요법 같은 방법으로 환자를 치료했다. 실제로 합리적인 의학은 십자군 전쟁 때 이슬람인들이 사용한 의료법이었다.

10 위의 책, 28쪽.

11 위의 책, 18쪽.

중세의 지배계층이 영주와 기사들 혹은 성직자이었기 때문에, 이 계급에 속하는 아이들의 독백은 소작인이나 농노의 아이들이 들려주는 노동에 관한 한탄과는 다른 내용의 서사가 담겨있다. 기사의 아들, 사이먼의 대사에서는 십자군 전쟁의 역사를 간접적으로 알 수 있다. 중세 기사의 갑옷은 상당히 비쌌기 때문에 이것을 마련하기 위해 기사들은 경제적 파탄까지 감수하는 경우도 있었다. 아이의 대사가 역사적 사실을 충분히 반영하지 못한다고 생각될 경우, 저자는 페이지를 따로 할애하여 역사적 배경 설명을 첨부하고 있다. 기사의 아들은 중세의 십자군이 그리스도의 영광을 위해 출정했다고 하지만, 중세의 십자군은 신의 영광을 위해 예루살렘을 탈환한다는 명목으로 새로운 땅이나 경제적 이득을 얻으려는 의도에서 출정한 사람들도 적지 않았다. 중세의 토지 상속은 장남에게 집중되었기 때문에 주로 차남이 새로운 땅에 대한 호기심으로 십자군 전쟁에 적극성을 보였다. 어린이의 대사와 저자의 설명은 중세 십자군 역사에 대한 엇갈리는 관점을 그대로 드러내는 역할을 하고 있다. 이 작품의 서술구조는 역사를 보는 다층적 관점을 그대로 재현하고 있다.

이 작품의 다성성은 억압받는 계층의 목소리와 지배계층의 목소리가 공존하여 창출된다. 예컨대 영주의 딸 이소벨과 천민층의 여자아이 바바리의 그것이다. 계층에 따른 위계질서와 사회계층의 불평등을 하늘의 섭리로 수용하는 지배층의 딸인 이소벨은 자신에 대한 평민들의 질투와 반감을 이해하지 못한다. 이소벨이 "수확제 때 부드러운 손으로 빵을 나눠 주고" 가난한 사람들에게 돈을 주어도 장원의 아이들은 그녀를 질투하고 미워한다. 누군가 그녀의 옷에 동물의 똥 덩이를 던지자 이소벨은 절규를 내지른다.[12] 이소벨의 대사가 끝나자 평민 여자아이인 바바리로 대사가 넘어가고, 이소벨에게 똥 덩어리를 던진 것이 누구인지, 그 이유가 무엇

12 위의 책, 42-43쪽.

이었는지가 밝혀진다. 각각의 대사는 다른 인물의 대사를 통해서만 이해될 수 있다. 이는 개인적인 목소리는 이미 현존하는 다른 목소리들의 복합적인 합창에 통합됨으로써만 이해될 수 있다는 바흐친의 대화이론과 맥을 같이한다.

비교적 긴 바바리의 대사는 이 작품에서 중세의 여성문제를 가장 실감 나게 드러내고 있다. 임신 조절이 현대와 같지 않던 중세에는 여성이 출산으로 죽는 경우가 허다하여 남자들은 보통 서너 번을 재혼하는 것은 예사였다고 저자는 주석을 달아 설명한다. 바바리의 엄마는 죽고 계모에게서는 계속 동생이 태어나고 있다. 곧 출산을 앞둔 계모는 생선을 사러 장에 가는 바바리에게 자신의 쌍둥이 아들들을 데리고 갈 것을 애원하며 눈물을 흘린다. 바바리는 할 수 없이 양손에 쌍둥이 아이들을 데리고 가다가 멀리서 바구니를 들어주는 시종을 끌고 장터로 나온 영주의 딸 이소벨의 화사하고 깨끗한 드레스에 동물의 똥을 던져버린다. 그러나 곧 후회하고 성당에 가서 기도를 드리고 회개하면서 모든 여자가 결국은 임신과 출산, 양육으로 고통받으면서 괴로운 것이라고 말한다. 이소벨 역시 결혼해서 짚더미에 쭈그리고 앉아 고통으로 비명을 지르며 출산할 것을 상상하며, 바바리는 같은 여성으로서 마침내 동정심을 느끼는 것이다.

어쩌면 모든 여자는 다 똑같지
비단옷을 입었던 누더기를 걸쳤건, 다 똑같아
항상 태어날 아기들이 있지
젖을 빨리고 씻기고
걱정해야 할.
영주의 딸, 이소벨
역시 결혼해서
짚더미 위에 쭈그리고 앉아

고통으로 비명을 지르며
살려달라고 기도해야 할 거야
나처럼.[13]

이 작품은 여성문제와 더불어 약자를 향한 중세의 폭력 역사도 다루고 있다. 농노의 딸인 모그Mogg는 아버지가 흑사병으로 추정되는 고열로 누워 돌아가셨을 때 솔직히 나쁘지 않았던 자신의 느낌을 토로한다. 아버지가 자신이나 엄마 혹은 동생한테 다시는 손찌검을 하지 못할 것이라는 사실이 다행스럽기만 하다. 농노인 아버지의 술주정과 폭력이 모그의 목소리만이 아닌 정신지체인 동생 잭의 대사를 통해 전달될 때 중세를 지배한 계층 간의 폭력과 가정 폭력의 문제는 혼성화음을 통해 이 작품의 주요 메시지의 하나로 전달된다.

이렇듯 이 작품은 계층 간의 폭력과 가정폭력, 중노동, 가난, 도피 등 중세의 암울하고 어두운 그림을 그리는 한편, 또 한편으로는 우정이나 동물과 아이의 사랑, 용기 등 긍정적이고 밝은 모습을 통해 각계각층 어린이의 목소리가 마치 교향곡처럼 울려 퍼지게 하고 있다. 여자 양치기 앨리스Alice와 양과의 우정이 소개된 앨리스의 대사에는 죽어가는 양을 살리기 위해 앨리스가 밤새워 양에게 자장가를 불러주는 이야기가 소개되어 있다. 죽음과 싸우지 않고 체념한 채 죽어가는 양을 노래로 위로하고 원기를 불어넣는, 중세의 목가극을 상기시키는 앨리스의 대사는 끝 부분에 노래 악보가 첨부됨으로써, 시와 노래, 소설, 드라마로서의 다양한 장르를 혼합시켜 다성적 문학으로서의 이 작품의 특성을 배가시킨다.

또한 중세 상류층의 스포츠의 하나인 매사냥도 소개된다. 매를 부리는 사람의 아들인 에드가Edgar는 아버지의 직업을 이어받아 작은 매를 부린다. 에드가의 대사

13 위의 책, 49쪽.

를 통해 독자는 앞에서 소개되었던 기사의 아들 사이먼이 수도승이 되기 위해 떠나면서 에드가의 매를 가지고 갈 것이라는 사실을 알게 된다. 매사냥은 수도승과 수녀들 사이에 인기 있는 스포츠였기 때문에 사이먼은 자신의 새를 가지고 갈 수 있다. 그런데 매의 소유권은 주인의 아들인 사이먼에게 있지만, 매를 잡아서 먹이를 먹이고 길들여 온 것은 에드가이다. 게으른 사이먼이 매를 보살피지 못할 것을 염려하여, 에드가는 처벌받을 것을 감수하고 매를 놓아주는 것이다. 이렇듯, 각 인물의 독백은 다른 독백과의 관련 하에 의미를 생성하고 있다.

4. 문체의 변이와 낯설게 하기, 그리고 감성의 영어교육

이 소설의 등장인물 각각의 독백은 계급과 성격, 젠더, 지성에 따라 문체가 모두 다르다. 정신지체인이자 노비의 아들인 잭의 문장은 매우 짧고 쉬우며 간단한 어휘로 구성되어있다. 상층계층인 영주의 조카 유고의 대사는 교육받지 못한 다른 등장인물들의 대사에 비해 문장이 길고 어휘가 다양하며, 표현이 극적이다. 그런가 하면, 다른 도시로 도주하여 피신한 농노의 아들, 패스크Pask와 넬리의 대사는 운문이 아닌 산문으로 표현되어 있다. 또한, 작품이 진행되면서 독백체의 대사는 대화체의 대사로 변하기도 한다. 더 나아가 운문시에서와같이 각 대사의 한 줄 한 줄이 음률을 가진 채 가시적으로 부각하되기도 한다.

『존경하는 신사 숙녀 여러분』의 다양한 문체의 시도는 러시아 형식주의의 '전경화'foregrounding의 개념을 빌려 논의가 가능하다. 무카로브스키Jan Mukarovsky에 의하면 시어와 일상 언어의 차이는 전경화에 있다. 그가 말하는 전경화의 개념은 탈자동화를 뜻하는 것으로 쉬클로브스키Victor Shiklovsky의 "낯설게 하기"Defamiliarization 개념과 유사하다. 자동화는 하나의 사건을 도식화하는 반면에 전경화는 그 도식을 위반하는 것이다. 그러므로 전경화가 되면 될수록 무의식적으로가 아니라 의식적으로 지각하게 되고, 일상 언어에서는 의사소통이 주된 목적이지만 문학에서 전경화의 목적은 이러한 일상적인 의사소통을 방해하는 것이다.[14] 다시 말해, 문학작품은 언어적 특성을 전경화하여 이야기 방식에 관심을 끈다는 사실에서 특별한 것이다. 『존경하는 신사 숙녀 여러분』은 기존의 서술방식에서 벗어나 장르와 내러티브의 혼합이나 산문의 운문화를 통해 문학적 스타일의 특성을 전경화함으로써, 이른바 쉬클로브스키의 "낯설게 하기" 효과를 작동시키고 있다고 볼 수 있다. 아름다운 문구를 쓰는 기교로서의 문체가 아니라 문학성을 표현하는 동시에 창조하는 것이 문체라면, 전경화와 낯설게 하기를 통해 나타나는 내러티브 연구는 매우 중요한 작업이 아닐 수 없다.

전경화는 무엇을, 어떻게 드러내느냐의 문제이므로 문체의 변이는 필연적이다. 이 작품에서 그러한 시도는 제이콥^Jacob^과 페트로넬라^Petronella^의 대사에서 찾아볼 수 있다. 유럽사회에서 비기독교라는 이유로 철저히 소외되었던 유대계 대부업자의 아들 제이콥과 비 유대계 상인의 딸 페트로넬라는 개울을 사이에 두고 각자의 대사를 외운다. 혼잣말하는 것처럼 보이지만, 이 둘의 대사는 한 장을 두 개의 칼럼으로 나뉘어 전달되며 서로 들리지는 않지만, 마치 대화를 나누거나 화답을 하는 듯한 인상을 준다. 중세시대에 유대인 아이에게는 돌을 던졌지만, 페트로넬라는 냇가에 돌을 튕기며 장난질을 치고 이에 맞장구를 치며 제이콥도 냇가에 돌을 튕긴다. 이 둘은 서로의 속마음은 모르지만, 대사의 구조는 이들이 마치 화답송을 하는 것 같은 내러티브 형식을 취한다.

14 Jan Mukarovsky, "Standard Language and Poetic Language," *A Prague School Readers on Esthetics, Literary Structure and Style*, Ed. Paul Garvin Washington: Georgetown UP, 1964, 17-30.

제이콥 :	페트로넬라 :
우리는 그곳에서 놀았지	행복하게
반 시간을	돌을 던졌지
돌은 미끄러져	냇가에
가라앉았지	돌이 튕겨
시간은 꿈처럼 지나갔지	우리는 함께 웃었지
그녀는 달랐지	그 애는 달랐지
다른 애들과는.	다른 애들과는.

Jacob :	Petronella :
We played there	happily
half an hour,	cast our stones at the watercress stream.
They skipped,	splashed, sank.
We laughed together.	Time flowed past us like a dream.
She was different	He was different
from the others	from the others[15]

위의 문장 배치는 지속해서 문체의 변이를 시도하여, 운문이 지닌 낯설게 하기의 효과를 충분히 발휘한 예이다. 제이콥의 "우리는 그곳에서 놀았지"We played there 다음에 페트로넬라에게 넘겨지는 "행복하게"happily는 전경화되어 의미가 강조되는 부사이다. 인종의 차이와 차별을 넘어 아이들 간에 화합이 가능할 수 있음을 알려주는 메시지에 부합되는 문장배열이라고 할 수 있다. 또한 "s" 발음을 반복하여 사

15 Schlitz, 위의 책, 55쪽.

용됨으로써 돌이 물가를 미끄러지고 물을 튕기는 소리를 연상하게 하는 두운법의 활용도 목격된다. 또한 같은 문구를 둘이 똑같이 화음을 내도록 하는 기법을 통해 청각 효과를 발생시키기도 하다.

제이콥과 페트로넬라의 대화와 대조되는 문체의 변이도 찾아볼 수 있다. 유리공의 수습생 피어스Piers를 사이에 두고 진행되는 유리공의 두 딸, 마리옷Mariot과 머드Maud의 대사도 이중창을 부르듯 한 장에 나란히 두 개의 칼럼으로 소개되지만, 이들의 소리는 불협화음을 내고 있다. 이 자매는 수습생 피어스에 대해 상반된 견해를 갖고 있기 때문이다. 피어스가 그들의 아버지의 사업을 물려받으려면, 두 딸 중의 하나와 결혼해야 한다. 마리옷은 의지할 데 없는 피어스를 측은하게 여기고 신랑감으로 생각하는 반면, 머드는 피어스를 싫어한다. 이 두 딸의 전혀 다른 반응은 한 줄에 둘의 소리가 동시에 발화되던 페트로넬라와 제이콥의 하모니와 달리, 각기 다른 줄에 엇박자를 내고 있다.

마리옷 :	머드 :
그는 세상에서 혼자야	
나는 알지	
그가 종종	
외로운 것을.	
	그는 더러워
	그의 손톱이라니- 으![16]

16 위의 책, 72쪽.

Mariot :	Maud :
He's alone in the world,	
and I know that	
he's often been	
lonely.	
	He's lousy
	His fingernails-ugh!

첫째 딸 마리옷은 수습공 피어스를 동정하고 있지만, 개성이 강한 둘째 딸 머드는 혐오감을 드러낸다. 인용 문구 중의 "lousy"는 현대 속어가 아니라 중세의 상황을 드러내는 단어로서, 잘 씻지 못하는 피어스의 몸과 옷 속에 들어 있을 이를 상기시킴으로써 혐오감을 더욱 자극한다. "lonely"가 문장 앞에 나와 의미의 전경화를 이루었다면, 같은 두운법의 "lousy"는 피어스에 대해 전혀 다른 감정을 지닌 머드의 관점을 드러내고 있다. 두운법과 각운을 일치시키면서도 전혀 다른 감성을 전달하는 방식에서 이 두 어휘는 깊은 인상을 남긴다. 이 같은 방식으로 저자는 의도하는 내용과 내러티브 스타일을 일치시킨다. 이 둘의 대사 후에도 큰 범주에서의 문체의 변이는 시도된다. 앞의 운문체 서사는 곧이어 나오는 뱀장어 잡는 하층민 넬리의 산문체 독백으로 이어지는 것이다.

앞에서 보았듯이 한 장을 두 개의 칼럼으로 쪼개 두 명의 대사를 병치시키는 두드러진 서술방식 말고도 문체의 변이를 통해 저자의 의도가 더 극적으로 전달되는 시도는 얼마든지 찾을 수 있다. 문체의 변이는 두운법이나 각운 같은 음성학적 차원과 생략이나 도치와 같은 문법적 차원, 은유나 아이러니 같은 의미론적 차원에서 발생한다. 물론 이들이 각기 달리 발생하기보다는 혼용되어 나타나는 것이 다반사이다. 대장장이의 딸 타곳[Taggot]의 대사가 그 한 예가 될 수 있다.

9일이 지났네, 오월제로부터

그런데 내 마음은 아직도 가라앉지 않았지

엄마도 모르고

아빠도, 로빈도 모르지

말들 만 알아.

오월제에 남들은

(아빠와 엄마까지, 그 나이에!)

숲으로 들어가서는

초롱꽃과 구륜 앵초꽃을 찾으며

나무 아래에서 키스하는데

나도 종종 가고는 했지-

어릴 적에, 꽃을 꺾기를 좋아했지

그리고 엿보았지-

그러나 지금은 나이가 들어버렸네

내 친구들은 모두 연인이 있는데.

Nine days it's been since the Maying,

and I am restless yet.

Mother hasn't seen it,

nor Father, nor Robin-

only the horses know.

It was May Day, and the others

(even Father and Mother, at their age!)

set off for the woods,

wanting bluebells and cowslips

and kissing under the trees.

I used to go-

when I was little, I liked to pick flowers

and peek-

but I'm older now-

my friends have sweethearts.[17]

이 두 스탠자에서는 더욱 분명한 메시지 전달을 위한 내러티브의 사용을 목격할 수 있다. 우선 첫 번째 줄에서 부사 Nine days를 문장의 맨 앞에 배치한 문장의 변이는 오월제가 지나 9일이 넘어도 대장간에서 우연히 만난 영주의 조카 휴고를 잊지 못한다는 의미가 들어가 있다. 이 대사는 강약trochaic과 약강iambic이 세 번 반복되는 3보격trimeter의 시행으로 되어있다. 또한 동일 단어의 반복은 대사의 리듬감을 살리며, 각운이 정확히 지켜지지는 않았지만, 반각운의 사용이 눈에 띈다. 반해음assonance이나 두운법도 사용하여 일상어를 낯설게 하려는 시도를 보인다. 주인공이 오월제에 꽃을 따러 가기를 좋아했지만, 실은 숲 속에 숨어 사랑을 나누는 남녀들을 훔쳐보는 것을 즐긴 사실을 알 수 있다. pick와 peek의 동음이의어pun처럼 장모음과 단모음의 차이를 통한 의미의 파생도 시도하였다. 이러한 시적 장치는 문체의 변이를 시도하는바, 일상의 언어를 보다 낯설게 하여, 독자의 시선과 감성을 조금 더 붙잡고 지연시키는 효과를 본다. 이 지연된 시간에 발동하는 것은 독자의 상상력이다. 영국 오월제의 모습이 상상 속에서 그려지면서 독자의 감성은 중세 대장장이 딸의 외로움에 다가서게 된다. 이 상황에서 영어/역사지식의 습득은 낯설

17 위의 책, 5쪽.

게 하기의 장치가 발동시킨 감성과 기억 때문에 보다 효과적으로 이루어질 수 있을 것이다.

문학텍스트의 문체론적 특성과 인지 행위와의 상관관계는 콜리지Samuel Coleridge, 쉬클로브스키, 무카로브스키, 반 피어Van Peer의 문학이론으로 소급될 수 있는 논의이다. 문체의 변이, 즉 전경화가 발생시키는 문학적 이미지는 지시대상의 의미만을 전달하는 것이 아니라 대상에 대한 감정과 비전을 불러일으킨다. 낯설게 하기 개념을 원용하여 문학작품과 인지심리의 접점을 연구해온 미알과 쿠이켄에 따르면, 특이한 언어학적 변이는 낯설게 하기이며 낯설게 하기는 감정을 불러일으키고 이 감정은 낯선 독서 경험을 다시 친숙하게 만들어 해석하려는 독자의 노력을 끌어낸다. 일상의 반복으로 둔탁해진 독자의 의식은 문학의 문체의 변이를 통해 문장 속의 감추어진 진정한 의미를 파악하거나 창조해내려고 노력한다는 것이다. 이것이 문학적 상상력이 창출되는 과정으로, 그 어느 때보다도 인지작용에서 감정이 작동하는 순간이다.

> 흔치 않은 신선한 언어적 변이는 독자를 낯설게 한다. '낯설게 하기'는 감정을 촉발시키며 이 감정은 다시 익숙해지기 위해서 재해석하려는 노력을 유도한다. 다양한 종류의 복합성을 창조함으로써, 전경화는 독자의 인지적 작업을 요구하는 것이다. 하지만 이러한 작업은 감정에 의해 촉발되고 지시된다.[18]

미알의 위의 주장은 영어교육에서 문학 독서가 불러일으키는 감정적 측면을 중시해야 하는 이유가 된다. 방법론이나 정보 중심의 영어교육만으로는 인지 활동에 필요한 감성적 측면을 채워줄 수 없다.

---

18 David S. Miall, & Don Kuiken. "Foregrounding, Defamiliarization, and Affect: Response to Literary Stories," *Poetics* 22-5(1994): 392쪽.

이러한 주장을 뒷받침하는 연구로 즈완의 실험을 들 수 있다. 즈완은 두 집단의 독자들을 대상으로, 한 집단에게는 정보 습득을 위한 신문 기사를, 다른 집단에게는 문학텍스트를 제시함으로써 신문기사와 문학 텍스트의 이해도를 측정하였다. 그 결과 뉴스 기사보다는 문학 텍스트의 읽기 속도가 느리다는 것과 뉴스 기사보다 문학텍스트가 더욱 강력한 기억을 남긴다는 사실을 알아내었다. 그 이유는 문학텍스트의 문체가 불러일으키는 독자의 낯선 감정에서 비롯된다.[19] 즈완의 실험에서 추정할 수 있는 것은 바람직한 문학텍스트의 이미지나 문체의 변이가 서서히 독자의 감정을 불러일으키며 이 감정은 더욱 풍부한 언어적 경험을 성취할 수 있다는 사실이다. 이때의 감정은 건설적이고 창조적인 독서경험을 유도하게 되는데, 바로 이것이 문학텍스트를 읽는 경험이 일반적으로 정보 중심의 기사를 읽는 경험과 구별되는 점이라 하겠다.

독자가 특정 텍스트의 담론형태를 이해하기 위해서는 자신의 특정 통제 스키마 control schema를 작동시킨다는 사실은 이미 널리 받아들여진 가설이다. 이 스키마는 독자가 사전에 특정 텍스트 유형의 구조에 익숙한가에 따라 형성된다. 킨취Walter Kintsch는 어떤 이야기를 읽을 때 그 이해도는 일반적으로 "이야기 스키마"에 따라 결정된다고 말한다. 마치 과학 논문이 "논문 스키마"의 통제하에, 신문기사는 "신문 스키마"의 통제하에 읽히는 것과 같다.[20] 각 스키마는 다른 방식과 목적으로 적용되어 결과적으로 다른 인지 효과를 보게 된다. 말하자면, 독자는 각각의 의사소통행위가 요구하는 특정 인지 조정 메커니즘을 활용하는 것이다

텍스트 내의 문체의 변이가 심할수록 인지 스키마의 작동시간이 길어지는 것은 당연한 결과이다. 문학텍스트와 인지 스키마의 관계는 EFL 상황의 영어교육 차원

19 Rolf A. Zwaan, "Some parameters of literary and news comprehension: Effects of discourse-type perspective on reading rate and surface structure representation," *Poetics* 20-22(1991): 140쪽.

20 Kintsch. W., "Learning from text, levels of comprehension, or: Why anyone would read a story anyway," *Poetics* 9(1980): 87쪽.

에서 활용해 볼 수 있을 것이다. 구태의연한 문장이나 서술은 파격적이고 충격적인 인터넷 영상물에 길들은 미성년 학습자의 인지력과 관심을 자극하지 못한다. 그러므로 문체의 변이를 전경화하여 서술방식을 낯설게 하거나 장르의 혼합을 시도한 텍스트 읽기는 학습자의 호기심을 자극할 가능성이 있다. 그렇다고 물론 너무 지나치게 난해한 문체의 변이는 학습자의 독서와 의욕을 저하할 수 있을 것이다. 학습자의 독서능력에 어느 정도 눈높이가 맞는 텍스트의 문체의 변이가 요구됨은 당연하다.

문체의 변이와 더불어 고려해야 할 점은 EFL 수업에서 텍스트의 영어 난이도이다. 『존경하는 신사 숙녀 여러분』의 문장이 다소 길 경우도 있고 가끔 중세시대 상황을 설명하기 위해 현시대에는 자주 사용하지 않는 단어가 등장하는 경우도 있다. 이 작품을 교재로 사용할 경우에는 고어는 현대어로 바꾸는 방법도 있을 것이다. 전반적으로 볼 때, 대사를 읽고 이해하기 쉽도록 하나의 문장을 여러 줄로 나누어 마치 운문시처럼 표현한 점은 이 작품의 독해를 돕는다. 기본적으로 낭송하기 편하도록 문장이 구성되어 있어서 내용의 이해가 쉽고 문장의 문법적 구조도 한눈에 익힐 수 있다. 장르의 혼합이나 문체 변이 등 다양한 측면에서 낯설게 하기의 효과를 시도한 이 작품은 취학 전 아이들을 위한 시우스 박사Theodor Seuss Geisel 교재 시리즈의 전통 속에서 이미 그 맥을 찾아볼 수 있을 것이다.

제 7 장

노스탤지어와 20세기 말의 미국 아동 청소년문학

1. 미국 20세기 말의 노스탤지어

미국의 1990년대는 1980년대의 레이건의 보수적 국가재건의 시대를 지나 부시 대통령의 저돌적이고도 공격적인 정치가 감행되는 시기였다. 확신으로 가득한 후쿠야마의 『역사의 종말』에서 보듯이 베를린 장벽이 1987년에 무너진 후 미국을 중심으로 한 민주주의의 찬란한 미래는 더이상 의문의 여지가 없는 듯 보였다. 그러나 그 직후 불황에 직면하면서 미국식 자본주의와 자유주의 미래에 대한 낙관이 한갓 환상이었음을 곧 깨달아야 했다.

이 시기의 불황은 동구와 소련의 사회주의가 붕괴된 후 자본주의의 승리가 역설되는 가운데 발생했다는 점에서 역사적 의미를 지닌다. 이 불황은 레이건-부시 행정부 하에서 신자유주의와 보수주의 정책의 하나인 성장 위주 정책이 시행된 후에 일어난 것이다. 자유주의적 시장도 정부의 불황억제 노력도 자유주의적 생산의 모순인 불황 발생을 저지할 수 없다는 것을 실증한 셈이다. 미국에서 GDP의 성장률이 2개 이상의 사분기에 걸쳐 연속하여 마이너스를 보일 때 이를 경기침체 또는 불황으로 정의한다. 1990년 7월 미국의 경기는 최정점에 있었지만, 생산과 생산수준이 하락하기 시작하면서 1991년 3월까지 약 8개월간의 불황이 지속되었다. 그 이후의 경기회복은 매우 완만하고 불황이 장기화되는 현상을 보였다.

이 상황에서 1990년대는 불안정하고 위태롭게 느껴졌고 과거로 회귀하려는 노스탤지어를 일깨웠다. 이러한 시대적 감성은 이 시대의 성인문학뿐 아니라 청소년문학 소설에서도 감지된다. 그런데 당시 출간된 청소년문학 중 적지 않은 작품들이 20세기의 가장 불안하고 힘든 장기 불황시대인 1920년대 말부터 30년대까지의 어린 시절을 회고하고 있다는 점은 역설적이다.

여기에서 생각할 수 있는 가설은 아마도 1990년대는 미국 20세기 역사 속에서 가장 혹독했던 경제공황 시절을 되돌아봄으로써 과거와 당대, 그리고 21세기의 미래사회를 지속할 수 있게 할 무엇인가를 모색했을 가능성이다. 물론 아동 청소년 문학 장르의 정체성은 그 어느 장르보다도 어린 시절에 대한 노스탤지어에 기반을 둔다. 그런데 이들 문학 소설에서 나타나는 노스탤지어는 개인적 차원을 넘어 20세기 말의 시대의 징후를 반영하고 있을 가능성이 크다. 그러므로 노스탤지어가 온전한 과거를 되살리기보다는 현재와 과거 기억 사이의 상호작용을 통해 과거를 구성하는 것이라면, 20세기 말 노스탤지어 연구는 그 시대의 상상과 열망을 드러내는 하나의 중요한 지표가 될 수 있을 것이다.

이러한 전제 아래 린다 허치언Linda Hutcheon의 논의를 중심으로 20세기 후반의 노스탤지어의 특성을 살피고 이어 1990년대의 청소년문학에 나타나는 노스탤지어를 분석하는 것은 의미 있는 작업으로 생각된다. 노스탤지어가 강하게 느껴지는 작품들로서 그 어느 작품보다도 1998년에 발표되어 1999년에 뉴베리 영예상을 받은 펙Richard Peck의 『시카고에서 멀리』*A Long Way from Chicago*와 2000년에 발표되어 이듬해 뉴베리 메달을 수상한 『그때 그 해』*A Year Down Yonder*를 들 수 있다. 첫 작품은 국내에서는 『일곱 번의 여름과 괴짜 할머니』로 의역되었으나 여기에서는 원작에 충실한 번역을 시도했다. 또한 후속편은 국내에서 『시카고에서 온 메리 엘리스』로 의역되었으나, 노스탤지어의 관점에서는 원작에 기초한 지역이 더 적절할 것 같다. 이들 작품 연구는 어느 문학 장르보다 노스탤지어의 특성이 강한 아동 청소년문학의 정체성의 문제뿐 아니라 20세기 포스트 시대의 노스탤지어의 한 면을 조망하는 방식이 될 수 있다.

2. 노스탤지어와 아동 청소년문학

노스탤지어[nostalgia]의 어원은 17세기 후반으로 거슬러 올라가 nostos[귀향]와 algia[고통스러운 상태]의 합성어로 시작되었다. 병리적 상태를 묘사하기 위한 이 용어는 고향에서 멀리 싸우고 있던 스위스 용병 사이에 번진 현상으로, "병적 향수병"을 의미했다.[1] 이렇듯 병적인 현상으로만 여겨지던 노스탤지어는 19세기 들어서 보다 보편적 현상이 되었고 20세기부터는 정신분석의의 관심을 끌게 되면서 육체적이기보다는 심리적 현상이 되었다. 노스탤지어는 처음에는 귀향과 관련된 장소의 문제였지만, 집에 돌아와서도 고쳐지지 않는 병이라는 점에서 장소가 아닌 시간, 즉, 젊은 시절의 문제가 된다. 시간은 공간과 달리 돌아갈 수 없고 역전될 수 없는 것이므로, 허치언은 노스탤지어를 이러한 슬픈 사실에 대한 하나의 반응으로 설명한다. 노스탤지어가 우리의 감성에 호소하고 감정적 영향을 주는 것은 과거가 회복불가능하고 접근 불가능하기 때문이라는 것이다.

20세기의 후기 문화에서 노스탤지어의 감성은 종종 감지되어왔다. 공식적인 가치 체계가 흔들리는 현실에서 어떤 절대적인 것에 대한 향수가 20세기 말 현상의 하나가 된 것이다. 그런데 노스탤지어에 의해 회상된 과거란 근본적으로 우리의 불완전한 기억에 기초하기 때문에, 온전하지 못한 과거가 된다. 즉, 상상한 과거이며 기억과 열망으로 이상화된 과거인 것이다. 과거는 "플라스틱 같은 것이라 만들고 다시 만드는 그 무엇"이라고 애드워드 쉴즈는 말한다.[2] 이러한 의미에서 노스탤지어는 과거와 현재의 상호작용 속에서 이루어진다. 포스트모던의 노스탤지어에 거리를 둔 제임슨은 순수 역사성과 달리 현재가 불안정하고 위태롭게 느껴질

1 Rosaldo, 위의 책, 108쪽.

2 Edward Shils, *Tradition,* Chicago: U of Chicago Press, 2006, 195쪽.

때 과거로 퇴행하는 것으로서 노스탤지어를 설명한다.[3] 노스탤지어의 과거는 기억과 욕망을 통해 이상화된, 상상의 과거일 뿐이라는 것이다. 이러한 의미에서 노스탤지어는 과거에 관한 것이라기보다는 현실에 관한 것일 수 있다. 이는 미하일 바흐친이 "역사적 전도"historical inversion라고 부른 것과 크게 다르지 않다. 이 역사적 전도의 본질은 "신화적이고 예술적인 사고는 목표나 이상, 완벽, 조화로운 인간이나 사회 조건, 혹은 이와 유사한 범주를 과거에서 찾는다"는 것이다.[4] 즉, 낙원에 관한 신화나 황금시대, 영웅시대, 고대의 진리와 자연의 '자연 상태'는 이러한 역사적 전도의 표현인 것이다.

역사는 과거를 정확히 기억하고 기록하는 의무를 졌지만, 노스탤지어는 기억을 생생하게 재현할 책임은 없다. 역사가 나와 타자들의 삶과 시대를 이해하고 설명하기 위해 꼭 필요한 존재라면, 노스탤지어는 주관적 선택이자, 시대적 감성이고 정서이기 때문이다. 그러므로 노스탤지어는 부지중에 기억을 선택하고 선택된 과거를 현재와의 관계에서 재구성하게 된다. 이와 관련하여 허치언은 노스탤지어의 허구성을 다음과 같이 지적한다.

> 노스탤지어의 거리 두기는 기억을 선택하면서 과거가 완벽하고 안정되고 일관되도록 예상 밖의 뜻밖의 것, 사건이나 배신으로부터 방어하는 것이다. 말하자면, 과거를 현재와 매우 다르게 만드는 것이다. 그러므로 노스탤지어의 미학은 단순한 기억의 문제이기보다는 복잡한 투사의 문제이다. 즉 부분적이고 이상화된 역사를 불러내어 현재의 불만족과 뒤섞는 것이다.[5]

---

3 Frederic Jameson, *Postmodernism, or the Cultural Logic of Late Capitalism*, Durham: Duke UP, 1991, 156쪽.

4 Bakhtin, 위의 책, 147쪽.

5 Hutcheon, Linda. "Irony, Nostalgia, and the Postmodern," No pagination, Web. 31.7. 2012. 〈http://www.library.utoronto.ca/utel/criticism/hutchinp.html〉

허치언에 의하면, 노스탤지어를 통해 현재 구현하지 못하는 이상은 과거로 투사된다. 노스탤지어의 감성을 통해 불러 온 과거는 과거로 '기념'되고, 기억 때문에 망각과 욕망이 왜곡되며 재구성되어 귀중한 순간으로 확고해진다. 거리를 두는 동시에 접근하여, 노스탤지어는 상상한 과거를 가까이 불러오면서 현재로부터 우리를 놓아준다. 이로써 단순하고, 순수하고, 질서정연하며, 쉽고 아름답고 혹은 조화로운 과거가 현재와의 관계에서 구성되는 것이다.

때로 노스탤지어 사회현상은 진정한 역사의식의 결여를 낳을 위험도 있다. 지난 세기에 미디어를 통한 노스탤지어의 상업화 현상은 노스탤지어를 하나의 문화적 스타일로 만들면서 동시대가 안은 역사의식과 사회이슈를 피하는 경향이 있었다.

> 랠프 로렌의 "사파리" 패션과 향수 등은 우리에게 그 어떤 역사적 대가도 치르지 않고 한 시대가 지닌 노스탤지어의 스타일을 경험하게 해주었다……. 이는 우리가 한 번도 잃은 적이 없는 것을 그리워하도록 가르치는 상업주의적 노스탤지어와 갈망된 시간에 대한 그 어떤 산 경험도 없이 존재하는 "안락의자 노스탤지어"arm chair nostalgia를 조합한 것이다.[6]

위의 인용은 노스탤지어의 몰입이 진정한 역사의식을 가릴 수 있다는 허치언의 경고로 해석될 수 있다.

허치언이 감지한 20세기 후반, 포스트 시대의 노스탤지어 현상의 또 하나의 측면은 자의식적이라는 점이다. 포스트 시대는 기본적으로 과거를 되돌아보는 노스탤지어적 성향을 보이면서도 노스탤지어에 몰두할 수 없는 불가능성을 인정하는, 역설적 이중 비전을 지닌다. 노스탤지어의 허구성을 인지하는 한은 온전한 과거로

6 "안락의자 노스탤지어(arm chair nostalgia)"라는 표현은 알준 아파두레이(Arjun Appadurai)의 책(*Modernity at Large*, 77-8: 국내에서는 『고삐 풀린 현대성』으로 번역됨)에서 인용한 것으로 허치언은 밝히고 있다.

돌아갈 수 없다는 인식으로, 노스탤지어의 감성에는 아이러니의 거리감이 수반된다. 요컨대 포스트 시대는 노스탤지어의 위험과 함정을 인지하고 이를 아이러니를 통해 드러내려 하는 것이다.

허치언을 비롯한 포스트모던 시대의 노스탤지어 비평을 이 시대의 아동 청소년문학에 그대로 적용하기는 쉽지 않다. 아동 청소년문학 장르의 정체성은 포스트 시대의 자의식적 분위기에서도 어린 시절을 향한 강한 노스탤지어의 페이소스를 기초로 하고 있기 때문이다. 포스트모던 문화 비평이 주로 거론해온 포스트모던 건축물들이나 문학작품들의 자의식의 미학은 아동 청소년문학 장르가 기초한 어린 시절에 대한 강한 노스탤지어와는 분명 거리가 있는 것이다. 그런데도 아동 청소년문학의 노스탤지어 역시 주관적 선택이자, 시대적 감성이고 투사라는 측면에서는 허치언을 비롯한 포스트 시대의 노스탤지어 비평과 맥을 같이 한다고 볼 수 있다.

20세기 말 아동 청소년문학이 풍기는 강력한 노스탤지어의 감성은 엘킨드의 표현대로 "아동기의 실종"이라는 시대적 현상으로 설명할 수 있을 것이다.[7] 20세기가 진행되어 갈수록 물질적으로는 풍요로워지지만 회고하고 그리워할 어린 시절이 사라져 갔다. 세계화 경쟁 시대에서 아동기는 국가 경제의 미래에 관한 정치적 논쟁과 연결되어 국가의 감시와 학교의 중앙 집중화된 통제 시스템 아래 놓이게 되었다. 국가 주도의 교육 커리큘럼이 만들어졌고 아동들은 특정 성취목표를 지향하는 국가 주도의 성취도 평가를 치러야 한다. 일정 기준에 못 미치는 아이들에게는 방과 후 수업 내지 여름 방학 교육이 의무적으로 부가되는 가운데, 교육은 어린 시절에 부가되는 '노동'과 같은 개념으로 변질하였다.[8]

---

7 David Elkind, *The Hurried Child: Growing Up Too Fast Too Soon,* Cambridge, M.A.: Dacapo, 2007. 정미나 역, 『기다리는 부모가 큰 아이를 만든다』, 한스미디어, 2008, 7쪽.

8 Joe Moran, "Childhood and Nostalgia in Contemporary Culture," *European Journal of Cultural Studies* 5-2(2002): 165쪽.

아동기의 감시와 통제는 비단 교육 영역에 국한되는 것만은 아니다. 아이들의 유희와 오락도 핵가족화를 거치면서 부모와 사회가 아이의 양육과 발달에 대해 가지는 불안감에 따라 결정된다. 어린이의 창조력과 상상력조차 다국적 자본주의의 다양한 시장 전략으로 조작되고 형성되고 있다. 이 과정에서 어린이와 청소년들은 질문자와 창조자보다는 소비문화의 수동적 사용자이자 소비자로 전락한다. 아동 청소년문학 작품 역시 부모들에 의해 선정되므로 성인 문학작품보다도 출판시장에서 이윤창출을 보장할 수 있는 상품이 되었다.

자잎스Jack Zipes는 그의 『막대기와 돌』*Sticks and Stones*에서 미국 아동 청소년문학이 동질화되어가는 현실을 지적하고 있다. 다양하고 창조적이어야 할 아동 청소년문학이 TV와 인터넷의 가상 영상이 보여주는 폭력과 광고, 범죄와 포르노그래피에 의해 상업문화로 변질되고 동질화되어가고 있다. 무서운 속도로 변하는 인기 게임과 쇼 문화산업은 아이들의 관심을 동질화시키면서 유행을 쫓아다니는 상품 소비자로 만들고 있다. 아이들의 여가는 더이상 자유롭지 못하고 학교에 거대한 영향력을 행사하는 문화산업에 의해 조정받는 것이다. 어린이와 아동기는 사회경제적 상황에 따라 결정되는 사회적 구성물이기 때문에 문화에 따른 각기 다른 의미를 가진다. 아동문학 역시 상상의 산물로서 성인들의 구성물인 것이다. 이런 가운데 아이들은 자신의 문학을 소유한 것이 아니다. 대부분의 독자는 작가나 편집인, 출판인이나 비평가인 성인이 되는 셈이며 이들의 기준에 따라 아동과 청소년 독자의 독서 이해가 유도되는 것이다. 그러므로 그는 아동문학은 존재하지 않는다고 단언한다.[9]

이러한 상황에서보다 전원 목가적 배경을 가진 어린 시절은 기억의 저편에서 제어할 수 없는 힘으로 출몰한다. 어린 시절을 향한 노스탤지어는 어린 시절이 유토

9 Jack Zipes, *The Sticks and Stones: The Troublesome Success of Children's Literature from Slovenly Peter to Harry Potter*, London: Routledge, 2002, 39쪽.

피아와 같은 낙원이어서가 아니다. 대개, 어린 시절은 문명이 더욱 발전된 현재보다는 경제적으로 어렵고 삶은 척박했다. 그런데도, 어린 시절의 노스탤지어는 현 자본주의 시대의 척박함이나 기계화와 상반되는 전원 목가적이며 더욱 따뜻한 인간적인 것과 관련이 있다. 어린 시절에 대한 그리움은 그것이 부모이던, 형제이던, 친구이던, 자연이던, 아니면 애완동물이던 깊은 애정을 느낀 그 어떤 존재를 향하게 된다.

3. 『시카고에서 멀리』의 노스탤지어와 풍자

1990년대에 발표된 청소년문학 소설 중 미국 1920~30년대를 배경으로 한 작품들을 보면, 대부분이 고아이거나 엄마가 없다. 어머니의 부재는 이들의 방황을 더 이유 있는 것으로 만들고 이들이 처한 현실을 더욱 비극적으로 부각시킨다. 혼자 남은 아버지와 대부분의 주인공은 소통이 부재하거나 친밀한 관계라 하더라도 어떤 이유에서든 헤어져 있다. 이렇듯 비극적 상황임에도 불구하고 난관을 극복하고 성장해가는 어린 시절을 그린 이들 작품에서는 과거를 향한 노스탤지어를 감지할 수 있다. 대표적 작품으로, 존 리터John Ritter의 『양쪽을 택하기』*Choosing Up Sides*는 야구에 운동 소질이 있는 왼손잡이 주인공이 근본주의자 목사인 아버지의 반대와 죽음을 무릅쓰고 야구를 선택하는, 20년대를 배경으로 한 이야기이다. 진 테스만Jean Thesman의 『이야기꾼의 딸』*The Storyteller's Daughter*은 금주법이 시행되던 시기를 배경으로 불법 밀매에 가담하는 아버지를 찾아가는 이야기이다. 잘 알려진 커티스Christopher Paul Curtis의 『난 버디가 아니라 버드야』*Bud, Not Buddy* 역시 아버지를 찾아 미시간의 보육원을 도망치는 이야기이다. 신시아 드페리스Cynthia DeFelice의 『고향은 없다』*Nowhere to Call Home*는 급작스러운 공황으로 아버지가 자살하자 친척 집에 얹혀 살기 보다는 부랑 생활을 선택하는 12살의 여주인공을 그리고 있다. 자네트 인골드 Jeanette Ingold 의 『비행장』*Airfield*은 15살 여주인공이 비행기 조종사였던 자신의 죽은 어머니를 따라 비행기 조종사가 되는 꿈을 다루고 있다.

리처드 펙의 『시카고에서 멀리』와 『그 때 그해』는 주인공들의 부모가 모두 생존해 있을뿐더러 괴팍하지만 깊은 배려와 위트를 지닌 할머니가 있어서 시종일관 웃음을 자아내는 독서를 유도한다는 점에서 위의 작품들과는 차별화된다. 그뿐만 아니라 이들 작품은 주인공들의 성격과 감성에 치중하기보다는 이들을 둘러싼 1929년대부터 37년까지의 장기 공황시대의 풍속도를 고스란히 전달하고 있다. 할머니의 사투리는 시골 풍경의 진정성을 보태고 이미 성인이 되어 과거를 회상하는 화자의 목소리는 적당한 친근감과 시공간의 거리를 견지하면서 어린 시절 시골 마을의 지역성을 살려낸다. 이를 통해 세기말의 도시화 속에서는 이미 잊힌 과거 중서부 시골 마을이 되살아나는 것을 볼 수 있다. 그러나 동시에 이러한 시골 마을의 풍속도는 할머니의 비순응주의 정신을 통해 여지없이 비판되고 패러디됨으로써, 어린 시절을 향한 노스탤지어에 함몰되는 위험을 경고하고 있다.

첫 작품인 『시카고에서 멀리』는 주인공 소년 조이Joy가 여동생 엘리스Mary Ellis와 해마다 여름방학이면 시카고에서 기차로 한 두 시간 남쪽으로 떨어진 시골에 사는 할머니와 함께 일주일을 보내는 이야기로, 모두 7장으로 구성되어 있다. 이 작품은 1929년 조이가 아홉 살, 엘리스가 일곱 살 때부터의 할머니 댁에서 겪은 이야기를 그때의 할머니보다 더 나이가 들어서 회상하는 내용이다. 시대 배경이 1929년부터 1935년으로, 경제 대공황에 많은 실직자가 일을 구하지 못하고 배고픔에 허덕이던 우울한 상황이지만 할머니 덕분에 조이와 엘리스는 도시에서는 경험할 수 없는 일을 겪게 된다.

문학에서 나타나는 할머니의 이미지는 대부분 '돌봄'의 개념과 연관됐다. 부모가 직장생활을 해야 하는 핵가족 체계에서 할머니는 어머니의 역할을 떠맡아 손자,

손녀가 기댈 수 있는 무한한 사랑과 헌신의 이미지로 종종 주목받아왔다. 그러나 이 작품들 속의 할머니는 이런 돌봄의 이미지와는 사뭇 다르다. 키가 크고 몸집이 장대하며 괴팍스러운 할머니는 마을 사람들이 피하고 두려워하는 '비체'로서의 할머니이다. 마을의 끝 부분에 있는 할머니의 집도 마을에서 외부자로서 그녀의 위치를 말해준다.

이 아동 청소년문학이 미국 문학 전통을 따르고 있다면, 그 첫 특징은 할머니의 성격과 행동에서 나타나고 있는 철저한 비순응주의 정신이다. 마크 트웨인의 『허클베리 핀의 모험』이나 헨리 데이비드 소로의 「시민 불복종의 권리」에서 볼 수 있듯이, 할머니 역시 사회의 법이나 기존의 통념과 규범을 자신의 양심과 가치 판단의 잣대로 평가한다. 할머니는 자신이 옳다고 생각하면 설사 그것이 불법행위라 하더라도 믿는 대로 거침없이 행동하는 개인주의 정신의 소유자이다. 금주법과 마을이 공유하는 집단정신도 때로 할머니에게는 버려야 할 쓸모없는 가치가 된다. 예컨대, 1931년의 대공황 시대를 배경으로 한 단원, 『할머니의 범죄행위』에서 할머니는 당시의 금주법을 어기면서 진정한 주민으로서의 행동을 선택하는 비순응주의 정신을 보여준다. 이 시기는 수많은 이민자가 일자리와 먹을 것을 찾아 도시를 옮겨 다니며 떠돌던 후버 대통령 시절로, 이 마을의 철도역 앞에는 "떠돌이 노동자는 내리지 말고 계속 이동할 것"[10]이라는 팻말이 세워져 있다.

할머니의 개방성과 인간주의는 마을의 폐쇄성이나 배타성과 대조를 보인다. 금주법이 엄했던 이 시기에 할머니는 집에서 만든 맥주와 불법인 통발을 이용해 잡은 생선으로 아무도 돌보지 않는 노인을 봉양하고 떠돌이 이민자들을 배불리 먹인다. 보안관은 이러한 할머니를 제어하려고 하지만, 할머니는 보안관이 오히려 밤새도록 도시의 유지들과 밀주를 마시며 유흥을 벌인다는 사실을 알고 있어서 감히

10 Richard Peck, *A Long Way from Chicago,* New York: Scholastic, 1997, 35쪽.

처벌하지 못한다. 허치언에 의하면 패러디는 비평적 거리를 지닌 모방이다. 할머니가 통발로 고기를 잡고 밀주를 만드는 범법행위는 보안관이나 주지사가 금지된 술 파티를 열고 통발로 고기를 잡는 행위를 그대로 모방함으로써 법 자체를 위한 법을 패러디한 것으로 볼 수 있다.

이러한 할머니를 통해 주인공들은 금주법은 몰래 술을 만드는 사람들에게만 이익이 된다는 사실을 알게 되고 저항해야 할 법에 저항하는 할머니의 비순응주의 정신의 참 의미를 서서히 깨달아가게 된다. 주인공 조이의 다음과 같은 결정은 허클베리 핀의 결정을 상기시키는 대목이다.

> 나는 약간 혼란스러웠다. 아빠는 낚시를 아주 잘한다. 주로 파리를 매달아 물고기를 잡았다. 아빠는 자연보호회 회원이다. 만약 아빠가 할머니가 불법으로 낚시한다는 사실을 안다면? 금주법은 밀수자들에게만 이익을 남기게 할 뿐이었기 때문에, 할머니가 집에서 맥주를 만드는 것은 별개였다. 우리는 여기에서 좋은 스포츠맨십에 관해 얘기하고 있다.
>
> 메리 앨리스가 나를 바라보고 있다는 것을 알았다. 할머니의 노 젓는 팔을 넘어 나를 쳐다보며 내 마음을 읽고 있었다. 그 순간 우리는 아빠에게 아무 말도 하지 않기로 마음먹었다.[11]

손자 조이는 할머니의 불법적 행동의 의미를 파악하기에는 아직 나이가 어리다. 그러나 본능적으로 할머니의 행동이 옳은 것으로 파악해 가면서 손자와 손녀는 할머니와의 공범 관계를 유지해간다.

어린 시절 할머니를 향한 노스탤지어는 그 당시 세태에 대한 패러디도 동시에

---

11 위의 책, 46쪽.

담고 있다. 할머니의 눈을 통해 드러나는 마을의 상류층은 강가 오두막에서 벌거숭이 채로 밤새 금지된 술 파티를 벌이고 아침까지도 노래를 부르고 있는 대의원 배지를 단 상공회의소 회장과 보안관들이다. 이들은 모두 마을을 쥐고 흔드는 유지들이다. "사내놈들이란 어울려 있으면 다들 저 모양 저 꼴이란다"[12]고 말하면서 할머니는 불법인 통발로 고기를 잡고, 남의 사유지 안으로 들어왔음에도, 유유히 배를 저어 이들을 빤히 쳐다보며 지나가는 대담성을 보인다. 여기에서 아이러니는 할머니의 범법행위와 책략들이 마을의 기존질서와 가치를 대표하는 고위 관료들이나 은행장이 행사하는 법질서의 허구를 들추어내는 것이다. 이렇듯 할머니의 비순응 주의 정신은 당대의 문학인 『배빗』이나 『메인 스트리트』가 보여준 미국 근대화 시기의 중산층의 속물주의나 순응주의와는 사뭇 다르다.

첫 단원인 『샷건 쉐덤의 지상에서의 마지막 밤 1929』부터 할머니의 비순응주의 정신은 빛을 발한다. 뒷소문이 무성한 작은 마을의 여러 문제와 신문 매체의 간섭을 할머니는 자신만의 독특한 방식으로 해결해낸다. 또한, 버릇없거나 무질서한 아이들의 버릇을 고치고 이들을 방임하는 부모들을 혼내줌으로써 할머니는 마을에 법과 제대로 된 교육을 심으려 한다.

할머니의 비순응주의는 학교의 정규 커리큘럼을 통해 습득한 것이 아니었다. 체벌이 심한 시절, 할머니의 교육은 초등학교 3학년으로 끝났고 나머지는 남의 집 가사를 돕는 것으로 이루어졌다. 할머니에게 있어서 교육은 학교의 정규 수업이 아니라 일상의 삶에서 일어나는 다양한 형태의 노동과 문제의 해결을 배우는 것이다. 조이와 메리 앨리스는 할머니 일을 도우면서 학교에서 배울 수 없는 것을 배운다. 학교의 규칙이나 사회의 규범이 아닌, 시카고라는 도시나 작은 마을을 넘는 삶의 법칙과 사람을 위한 교육이 그것이다.

12 위의 책, 48쪽.

근대화의 허구나 중산층의 위선, 혹은 인간을 위하지 않는 법을 비켜가는 할머니의 비순응주의는 아무도 모르게 할머니가 혼자 꾸민 책략에 의해 실현된다. 이 방식이 마을의 소외자이자 주변인들을 구하기 위해 할머니가 선택하는 삶의 방식이다. 한 예로, 할머니의 친한 이웃인 윌콕스 부인은 대농화 과정에서 농장으로부터 밀려나 은행 빚으로 마을에 집을 사들이지만 집 대금을 갚을 수 없어 쫓겨나게 되자 할머니는 이 집을 링컨과 더글라스가 회담한 역사적 건물로 헛소문을 낸다. 이로써 공장용지로 바꾸려는 은행의 계획이 차단되고 윌콕스 부인은 집을 되돌려 받는다. 이러한 할머니의 행동에는 근대화에 대한 저자의 비판이 묻어나 있다. "은행은 농장을 담보로 빼앗아 가고 사람들을 땅에서 쫓아냈어. 그런데도 사람들이 이해해주길 바라다니"[13]라는 대사에서도 볼 수 있듯이, 할머니가 전반적으로 가장 싫어하는 마을의 유지는 은행장과 그 부인으로, 이들에 대한 불신과 비판은 대공황 기간의 은행의 현실과 맞물려 있다.

투사와도 같은 할머니의 비순응주의나 할머니와 함께한 시골생활이 노스탤지어를 불러일으키는 것만은 아니다. 할머니의 괴팍함이나 비순응주의적 태도 뒤에 묻어나는 가난한 사람이나 손자에 대한 배려가 이 작품의 노스탤지어를 자극하는 것이다. 마을 축제 기간의 품평회를 다룬 단원에서 가난한 할머니는 손자를 곡예 비행기에 태울 수 있는 공짜 표를 얻기 위해 필사적으로 구스베리 파이를 만든다. 그러나 일리노이 주 최고의 요리사도 품평회에 참가한 사실을 알고는 자신의 파이와 요리사의 파이의 이름표를 바꿔치기해 버린다. 하지만 오히려 자신이 만든 파이가 일등상을 차지함으로써 억울하게도 이 등으로 밀리게 된다. 여기에서 할머니는 자기 꾀에 자기가 속아 넘어가는 실수를 저지르지만, 오히려 이러한 불완전한 소녀와도 같은 모습은 할머니의 인간미를 배가시키고 있다. 일등상을 의미하는 파란

13 위의 책, 102쪽.

리본을 타지 못하자, 할머니는 자신의 모자 끝에 달린 파란 리본을 위장하여 기어코 손자에게 곡예비행을 태운다. 오로지 손자에게 공짜 비행기 곡예를 한번 태워주기 위해 꾸미는 할머니의 책략은 마을의 근대화과정에서 저지르는 은행과 상류계층의 범법행위와 다른 차원에서 손자의 열망을 이루어주고 싶은 할머니의 순수한 바람으로 그려진다.

여름방학마다 방문하는 할머니와의 생활을 묘사하는 이 작품의 각 단원은 한 해의 경과를 의미한다. 할머니와 함께 지낸 마지막 해인 1935년에 오빠인 조이는 15살, 여동생 메리 엘리스는 13살이다. 작품의 초기와 달리 이때쯤 되면 경제사정도 나아져 마을의 분위기는 훨씬 밝아져 있다. '떠돌이 노동자는 내리지 말고 계속 이동할 것.'이라고 쓰여 있던 역 앞의 낡은 표지판 대신 밝은 색깔의 현수막이 흔들리고 예쁜 글씨체로 쓴 새로운 광고판이 보인다.

> 백 주년 기념행사에 오신 것을 환영합니다.
>
> 진보의 세기
>
> 1835~1935.[14]

현수막에는 진보의 세기라고 하지만, 근대화를 못마땅해 하는 할머니에게 있어서 백 주년 기념행사는 과거 시대와 옛날 스타일로 돌아가는 것을 의미할 뿐이다. 할머니를 그리워하면서도 이 시절에 대한 노스탤지어와 풍자가 동시에 나타나는 장면은 백 주년 기념행사에서 마을의 최고령자로 행렬에 나선 두 노인이 뒤엉켜 싸우는 장면으로, 이 단원의 클라이맥스를 이룬다. 백 세가 넘었다고 주장하는 이들은 마을의 최고령자 행사에 참석하지만, 서로 남북전쟁과 멕시칸 전쟁 참전용

14 위의 책, 122쪽.

사라고 주장하면서 시비가 붙는다. 이때 멀리 마을 다른 쪽에서 고등학교 고적대가 "성조기여 영원하라"[15]를 연주하는 장면이 나오는데, 이 두 노인의 싸움과 대조되면서, 온전한 과거를 기리는 미국의 내셔널리즘이 희화화되고 있다. 이렇듯, 어린 시절에 대한 노스탤지어의 감성은 아이러니와 풍자라는 전혀 다른 수사와 공존한다.

이 작품에서 주인공의 노스탤지어의 감성이 가장 잘 나타난 부분은 이 작품의 종결을 장식하는 1942년의 어느 날, 조이가 커서 입대를 위해 군대 열차를 타고 할머니가 계신 마을을 지나치는 장면이다. 조이가 탄 기차는 동이 트기 전 모두가 깊은 잠에 빠져 있을 시각에 마을 끝 할머니 집으로 향한다. 조이는 기차 창밖을 내다보면서 할머니의 집 위층과 아래층 창문이 대낮처럼 환하게 빛나고 있고 문 앞에 서서 하염없이 손을 흔들고 계신 할머니를 발견한다. 손자가 탄 열차가 자기 마을을 지나칠 것이라는 전보를 받은 할머니는 밤새 집에 불을 밝히고 손자가 어느 칸에 탔는지 알지 못한 채, 손자가 볼 수 있도록 손을 들어 흔들고 또 흔드는 것이었다. 이 모습을 보면서 조이도 할머니에게 손을 흔드는 장면은 아이러니와 풍자가 뒤섞이지 않은 순수한 노스탤지어의 감성을 보인다. 이 장면이야말로 카타르시스를 일으키면서 성인독자는 20세기 후반 포스트 시대의 삶이 잃은 것이 무엇인가를 되새기게 하는 것이다.

15 위의 책, 126쪽.

4. 『그때 그 해』와 과거의 구성

루스벨트의 취임 이후 뉴딜정책으로 미국의 경기가 회복되었다고 해도 1937년 10월 이후 경기가 갑자기 후퇴하면서 공황 속에서 또 하나의 공황이 일어나는 증세를 보였다. 이 시기에 1,000만 명의 실업자가 발생하는데, '루스벨트 공황'이라고 불리는 것이다. 『시카고에서 멀리』의 연작인 『그때 그 해』는 바로 이러한 사회적 배경에서 실직한 아버지가 아파트를 팔고 셋방에 옮겨가게 되면서 거처할 방이 없어진 딸 메리 루이스가 할머니가 있는 시골로 전학하여 한 해 동안 더부살이하는 이야기로 시작된다. 오빠 조이는 민간 자연 보호 부대 소속으로 서부에 나무를 심으러 간 상황이다. 15살인 메리 앨리스는 자신이 오빠처럼 두 살 많은 남자면 좋았을 것이라고 말한다. 화장실 대신 옥외 변소를 다녀야 하고 다락은 무섭고 컴컴하며 전화도 없는 시골에 오빠도 없이 혼자 전학 가야만 하는 상황이 싫은 것이다.

그런데도 이 작품은 사춘기 소녀가 괴팍한 할머니를 이해해가며 성인으로 성장해가는 내용을 담음으로써, 전편보다 페미니즘과 관련된 이슈를 드러내고 있다. 손자의 관점에서 서술된 전편보다 손녀의 관점에서 그려진 이 작품에서 손녀가 독립적이고 강한 처녀로 성장하는데 미친 할머니의 영향이 더욱 생생하게 그려진다. 작품이 전개되어 갈수록 손녀는 할머니에게 많은 것을 배우고 친밀감을 느낀다. 무뚝뚝하고 괴팍하며 변화무쌍한 할머니 속에 감추어진 관심과 이해, 그리고 배려는 세련된 도시에서 볼 수 없는 따뜻하고 투박한 인간미를 자아내며 손녀 메리 앨리스가 성장하는 자양분이 된다. 거리를 느꼈던 할머니에게서 메리 앨리스는 이윽고 자신감을 얻으며 할머니와 하나가 되어가는 자신을 발견해 간다. 그래서 그녀는 마침내 외친다. "나는 할머니의 손녀였다. 내가 알고 있는 것은 모두 할머니에게서 배운 것이다. 그래서 나는 이기고 싶었다."[16]

마을에서 가장 요리 솜씨가 뛰어난 할머니는 노동과 요리 그리고 자신의 강한 생존력을 통해 손녀를 누구 못지않게 강인하게 키워낸다. 할머니가 여우사냥을 해서 번 돈으로 먹고사시는 것을 보고 앨리스는 여우사냥이 무섭고 싫으면서도 할머니를 따라나서면서 서서히 변화해간다.

앨리스를 강하게 키워내는 것은 할머니뿐 아니라 할머니를 둘러싼 시골환경이기도 하다. 포스트모던 세기말의 도시에서 공기 맑은 전원을 향한 노스탤지어는 과거와 별 차이가 없다. 이는 할머니가 사는 마을이 일리노이 주에서 장수하기로 유명한 마을이라는 점에서도 잘 드러나 있다. 앨리스의 다음과 같은 회고는 할머니에 대한 그리움이 전원 목가적 노스탤지어를 닮아있다.

> 할머니는 햇볕 아래서 머리를 비틀어 짜셨다. 하늘에 떠가는 구름보다 더 하얀 머리카락이었다. 아아, 그 화창한 오후라니. 그때 풍기던 비누 냄새랑 푸르디푸른 색깔의 대지. 그리고 햇살을 받아 흩날리던 할머니의 흰 머리카락은 새들이 집을 짓기에도 충분했다.[17]

할머니는 실로 다채로운 모습으로 나타나고 있다. 작품의 초반에는 늙고 추하며 심술스럽고 뻔뻔하고 괴팍한 할머니이었다가 점차 아름다운 여인의 모습으로 변하고 급기야는 순수하고 청초한 소녀와도 같은 모습으로까지 변했다가 이제는 자연과 혼연일체 된 자연인의 모습으로 그려지고 있다.

그러나 이 소설이 시골을 천진난만한 장소로 그리는 것만은 아니다. 할머니의 다음 말 한마디는 바로 그 당시 현대화되어가는 시골을 가장 정확히 표현하는 것

---

16 Richard Peck, *A Year Down Yonder,* New York: Scholastic Inc., 2000, 127쪽.

17 위의 책, 97쪽.

이다. "시골이 도시보다 더 친절하다고 생각하는 사람이 있다면, 시골에서 살아보지 못한 사람일 거야."[18] 이 말은 시골 전원의 과거 목가적 삶에 대한 조건 없는 노스탤지어를 경계하게 한다. 할머니를 통해 폭로되는 이 마을 구성원의 위선과 조악함, 상류가문에 대한 집착, 은행의 횡포, 왜곡된 정부 정책 등은 모두 20세기 말에서도 흔히 볼 수 있는 모습이다. 한 예로 『위험한 남자』A Dangerous Man라는 단원에서 간접적으로 비판되고 있는 30년대 연방정부의 '고용창출 특별법'은 그 이후 미국에 공황이 닥칠 때마다 반복해서 거론되는 사안이다. 경제 공황을 벗어나기 위해 연방정부는 일자리를 창출하여 실업자를 구제하려 했지만, 일자리 창출이 지나쳐서 시민들의 세금만 축내게 되는 경우도 발생하였다. 이 단원에서 소개되는 화가도 고용창출 특별법에 의해 공공건물에 벽화를 그리기 위해 뉴욕에서 이 마을로 파견되었다. 할머니는 우체국에 벽화를 칠하는 척하려면 족히 한 달은 걸릴 것이라고 비아냥거리면서 정부에 낸 세금을 돌려받을 유일한 기회로 잡아 화가에게서 방세를 톡톡히 챙긴다.

할머니의 비순응주의 정신과 독립성, 그리고 강인함과 이러한 할머니를 닮으며 성장해가는 손녀의 이야기는 페미니즘의 이슈가 될 법도 하다. 그러나 그렇다고 해서 이 작품의 주요 주제가 페미니즘이라고 말하기는 어렵다. 할머니의 강인하고 독립적인 삶과 이를 통한 손녀의 성장을 그린다고는 해도 여전히 이 소설은 기존 전통 여성의 삶의 프레임 속에서 벗어나지 못하고 있기 때문이다. 메리 앨리스는 여자들이 전통적으로 못한다고 생각되는 수학을 남자친구인 로이스에게서 배우며 마침내는 성인이 되어 그와 결혼하는 것으로 작품은 귀결된다. 2차 대전 중 군인이었던 로이스가 사흘 동안 휴가 나온 사이에 앨리스는 마침내 자신이 원하던 시골의 할머니 집에서 결혼한다. 이 소설의 맺음말은 "우리는 행복하게 오래오래 살았

18 위의 책, 28쪽.

다"[19]이다.

무엇보다도 기존의 페미니스트들은 여성들이 귀환할 이상적 과거는 없다고 보고 과거를 동경하는 노스탤지어를 남성 중심의 역사가 만든 허구적 정서개념으로 규정했다. 여성은 역사 속에서 타자의 삶을 영위해 왔기 때문에 과거에 대한 환상도 노스탤지어도 가지지 않는다는 관점에서였다. 반면 1980년대와 90년대의 활발한 페미니즘 운동에 직면하여 세기말부터 동시대 남성들은 위협을 느끼고 과거로 후퇴하려는 노스탤지어적 성향을 보였다. 이는 인류가 위협을 느낄 때마다 과거로 후퇴하는 방어적 성향의 노스탤지어로 응대해온 것과 같은 맥락이다.[20]

『그때 그 해』의 구성 역시 노스탤지어를 불러일으키는 시골의 핼러윈이나 밸런타인데이, 크리스마스, 종전 기념일, 워싱턴 탄생일 등의 국경일과 축제가 각 단원을 구성하고 있다. 20세기 말은 지역사회의 해체와 더불어 더이상 국경일이나 마을 축제에서 온전한 형태의 가치를 발견하지 못하였다. 그러나 1930년대까지만 해도 시골 마을의 다양한 축제는 비록 공황시대라 하더라도 더욱 생생하게 유지되고 기억되었다. 이 소설이 전편과 달리 뉴베리 본상인 메달상을 탄 이유에도 20세기 말의 기억 속에서 퇴색되었거나 사라진 국경일과 마을 축제를 생생하게 전달하는 이 소설의 교육적 효과가 한몫한 것으로 보인다. 작품의 배경인 1937년은 1차 세계대전 휴전 후 19년밖에 지나지 않은 시점으로, 휴전 기념일인 매년 11월 11일은 재향군인회의 기금 마련을 위한 자선 점심과 칠면조 사냥 등으로 기념되었다. 그러나 20세기 말 즈음이면 이러한 축제는 도시화와 포스트모던 세기말의 분위기에서 아스라한 기억의 저편으로 사라진 시골 문화가 되어버렸다.

그러나 작가 리처드 펙은 과거가 현재보다 더 순수하다거나 과거에서 온전한 미국을 찾아보려는 향수병에 걸린 내셔널리스트와 같은 태도를 보이지는 않는다. 두

19 위의 책, 30쪽.

20 Jameson, 위의 책, 50쪽.

작품을 통해 기억되고 구성되는 할머니는 바로 20년대, 30년대의 공황기를 바라보는 노스탤지어와 패러디가 섞인 포스트모던 세기말의 구성물로 봐야 할 것이다. 화자인 손녀를 통해 할머니와 함께한 어린 시절인 1930년대가 그리움을 지니고 묘사되는 한편, 또 한편으로는 노스탤지어의 대상인 할머니를 통해 그 시대가 패러디되고 있는 것이다.

전편에서와 마찬가지로 이 작품에서도 역시 할머니는 도덕이나 법적인 기준으로 쉽게 판정할 수 없는 인물이다. 할머니가 생각하는 정의는 사회에서 회자되거나 법 문서에서 발견할 수 있는 것이 아니라 개인주의적이며 비순응적인 개인의 직관과 판단에 따른 것이다. 예컨대, 핼러윈 축제 때 멋대로 남의 집을 털거나 부수는 동네 아이들에게 혼쭐이 날 정도의 복수를 하여 학교에서 배우지 못할 교훈을 아이들의 뇌리에 남기게 하는 것은 할머니만의 교육 방식이다. 그런가 하면, 서슴없이 도둑질한 호박과 호두로 파이를 만들어 마을 사람들에게 베푸는 행동은 할머니가 생각하는 정의가 법질서와 다른 차원임을 말해준다. 할머니는 돈 많은 은행장한테 10센트짜리 수프 한 그릇을 5달러에 팔고 잔돈이 없다는 핑계로 잔돈을 돌려주지 않는 방식으로 돈을 모아 폐인이 된 참전 용사에게 전달한다. 이러한 할머니의 거침없고 뻔뻔한 방식은 공황 당시 은행이 저지른 횡포를 반복하고 변형함으로써 당대의 시대 상황을 패러디하고 있다.

조 모란Joe Moran은 어린이의 순수함에 대한 신화는 종종 더 순수했던 국가적 과거를 확인하기 위해 동원되어왔다고 말한다.[21] 그러나 20세기 말에 발표된 이 작품은 노스탤지어를 통해 함축되어온 순수한 과거로의 회귀는 불가능한 것으로 말해주고 있다. 순수하고 온전한 국가적 과거는 할머니를 통해 여지없이 깨지고 있기 때문이다. 할머니가 다가가는 인물은 마을에서 쫓아내려는 이민 방랑자들이나 평소

21 Moran, 위의 책, 157쪽.

에는 마을에서 눈에 띄지 않는 죽어가는 노인들, 혹은 1차 대전으로 폐인이 된 참전 용사들이다. 화자는 할머니와 함께했던 어린 시절을 그리지만, 그 어린 시절은 온전한 과거가 아니었음이 할머니에 의해 패러디된다. 그리고 힘든 시절이었던 만큼 할머니를 통해 드러나는 가치, 즉, 소공동체의 배려와 가족 간의 사랑과 같은 가치는 더욱 주목받게 된다.

비록 노스탤지어가 허구의 감상이라고 하더라도, 1929년부터 시작하여 30년대까지 지속한 미국경제공황 시기를 힘들지만 따뜻한 어린 시절로 이들 소설이 그려내고 있는 것은 바로 노스탤지어의 힘이라고 할 수 있다. 그리고 이런 힘의 중심에 할머니의 존재가 있다. 이 할머니는 어린 시절의 할머니일 뿐만 아니라 척박한 1920대 후반과 30년대를 비판적 거리를 견지하며 독자가 읽을 수 있도록 돕는 안내인이기도 하다. 허치언은 노스탤지어는 시대의 표상이라고 했다. 물질적으로는 훨씬 풍요한 1990년대가 척박했던 1920년대 말부터 1930년대를 되돌아보는 이유는 바로 이 시대가 상실했거나 필요로 하는 가치가 저자가 만들어낸 1930년대의 할머니를 통해서 발견할 수 있기 때문일 것이다. 물론 작품 속의 할머니는 실재 인물이라기보다는 작가의 상상력의 산물이라는 느낌이 들게 한다. 바로 이 같은 할머니의 허구성이 노스탤지어의 본질을 말해준다는 점에서 앞서 논의한 허치언의 노스탤지어의 특성과 부분적으로 일치하기도 한다.

그러나 비록 할머니의 다양한 성격과 소개된 일화들이 허구라 하더라도, 노스탤지어는 삭막한 과거를 풍요롭게 만들 수 있는 통로가 될 수 있음을 소설은 보여준다. 그런 면에서 이 작품의 노스탤지어는 포스트모던 문학작품이 보여주는 자의식적 노스탤지어와는 분명 거리가 있다. 과거를 기억하고 동경하는 노스탤지어의 감성은 그 불완전함과 허구성을 고려하더라도 현시대의 치유력을 지니고 있기 때문이다. 노스탤지어는 현재와 과거의 상호작용 속에서 과거를 구성한다는 점에서 볼 때, 과거의 할머니는 작자의 현재인 1990년대가 필요로 하는 인물이나 가치의 구현이라고 볼 수 있다. 1930년대의 경제공황을 이겨낸 할머니의 존재 의미는 전 지구화와 자본주의의 가속화가 불러온 20세기 말의 정신적, 경제적 공황 상황에도 여전히 유효할 수 있음이 이 두 소설의 노스탤지어가 불러일으키고 있는 공감대라 할 수 있을 것이다.

제 8 장

운문소설과 문학/영어/역사 교육

1. 운문소설을 통한 문학/영어/역사 교육의 가능성

잘 알려진 바와 같이 21세기 이후 시/소설/드라마/그림책/역사서/논문 등 다양한 장르들 사이의 경계를 무시하면서 각 요소를 혼합하여 더욱 새로운 내러티브를 구사하려는 문학적 실험이 늘고 있다. 장르와 문체의 혼합 현상은 영미 청소년 문학도 예외는 아니다. 시형식의 운문으로 서술되는 운문소설verse novel도 그중 하나다. 운문소설이 기존의 서사시나 로맨스와 다른 점은, 비록 시 형식을 갖추어도 운문소설의 내용은 일상성과 신빙성을 바탕으로 한 있음직한 사실에 기초한다는 사실이다. 일반적으로 운문소설은 각운을 맞추지 않은 자유시의 조합이다. 각각의 시 한 편은 한쪽이 못 되며 많아야 2~3쪽 분량을 넘지 못한다. 시 한 편마다 독자가 읽기 편하도록 등장인물의 이름이나 사건 혹은 주제를 가리키는 제목이 달린 것도 또 다른 특징이다.

영어를 외국어로 가르치는 영어 수업에서 운문소설 장르를 주목하여야 하는 이유는 분명하다. 이야기가 없는 시문학이나 책 한 면을 글자로 꽉 채운 영문 소설에 부담감을 느끼는 (학생) 독자에게 제대로 된 운문소설은 시나 소설 장르에 대한 거부감을 없애고 쉽게 다가설 수 있는 문학 장르이다. 우선 운문소설은 내러티브를 절제하고 다양한 감각 이미지 효과를 극대화하는 장점이 있다. 운문소설의 저자 대부분이 창작하는 동시에 읽으면서 작품의 운율과 리듬을 조율하므로, 운문소설은 여느 기존의 소설들보다 소리에 민감하다. 발생 기원을 보더라도, 시는 보여주기보다는 문맹률이 낮은 청중들에게 들려주기 위한 문학 장르였다. 그러므로 글을 읽고 쓸 줄 아는 독자층을 대상으로 한 소설보다는 소리와 그 밖의 다양한 문학 장치가 불러일으키는 청각적 이미지를 상대적으로 중시했다. 시 창작 과정에서 시인은 자신의 시어를 마음으로 따라 읊으면서 쓸 가능성이 소설가보다 크다. 또한 시 낭송회에서 시인이 자작시를 직접 낭송하는 경우가 많다. 시인뿐 아니라 독자 역시 마음으로라도 시를 읊으면서 시를 감상할 가능성이 크다.

문학 수업에서 학생들에게 큰 소리를 내어 따라 읽도록 하는 것은 소설보다는 시 장르이다. 줄거리를 쫓아 책을 읽게 되는 소설은, 청각보다는 시각적 과정이다. 반면, 더욱 절제된 언어를 구사하는 시의 경우, 낭송하다 보면 운율을 통하여 각 어휘의 물리적 소리가 생생해지는 동시에 이 소리는 다른 소리를 연상시킴으로써 청각적 이미지를 만든다.

굳이 운문소설이 아니라 하더라도, 일반 청소년문학 소설도 시적 운율을 살려 청각적 이미지를 만들고 그에 따른 의미를 발생시킨다. 잘 알려진『해리 포터와 마법사의 돌』*Harry Potter and the Sorcerer's Stone*의 첫 장만 하더라도 주인공 해리 포터의 이모 가족을 표현하기 위해 'd' 음을 반복하여 냄으로써 청각 이미지를 발생시키고 이를 통해 이모 가족의 우둔함과 미련함을 부각시킨다. 이모부의 이름은 더슬리Dursley이고 드릴Drill 만드는 그러닝Grunnings이라는 공장에서 일하고 있다. 두운으로 반복되는 'd'의 물리적 음과 후두음과 유사한 'g' 음은 드릴이 떨리는 소리를 내는 청각 이미지를 발생시키는 동시에 이모부의 우둔함과 고집스러운 성격을 연상시킨다. 이모부의 아들이자, 해리 포터의 사촌, 두들리Dudley의 미련한 성격은 두운법 장치와 'd' 음의 반복으로 인해 더욱 강조되고 있다. 이러한 예를 보더라도, 운율 장치를 통해 만들어지는 생생한 소리 효과는 청각적 이미지의 생생함과 관련이 있다. 이러한 점에서 청각에 민감한 운문시 형식을 빌린 운문소설은 시와 소설이 지닌 각각의 특성을 살려 시각과 청각을 포함한 다양한 감각 이미지의 상호 상승효과를 모색한 새로운 장르라고 할 수 있다.

시각과 청각을 포함한 공감각적 이미지를 동시에 활용하는 영어교육은 시각이나 청각만을 따로 강조하는 교육보다 당연히 효과적이다. 운문소설의 다양한 감각이미지는 학생들의 감정이입과 상상력을 촉발하여 작품에 더 가깝게 다가가게 한다. 이 같은 일련의 이미지 효과는 영어교육의 측면에서는 언어 습득에 기여할 뿐 아니라 학습자의 정서적 발달에도 도움이 될 수 있다.

러시아 형식주의 이론에 따르면, 문학의 목적은 특정 언어를 '전경화'하여 서술 자체에 독자의 관심을 끄는 것이다. 전경화는 '문체의 변이'stylistic variation를 통해 일어나는 것으로, 텍스트의 특정 언어를 상대적으로 강조하기 위한 것이다. 문학의 전경화 또는 문체의 변이를 통해, 반복된 표현에 둔탁해진 독자의 의식은 문장 속의 감추어진 진정한 의미를 파악하거나 창조해낼 수 있다. 같은 맥락에서 영미 운문소설은 전경화를 통한 시 특유의 시적 자유poetic licence를 활용하여 다양한 감각이미지를 생성시킬 수 있다. 이러한 측면에서 운문소설은 학생들의 영어습득을 촉진하는 동시에 감성과 상상력 발달을 추구하는 영어교육에 적절한 학습교재가 될 수 있다.

그러한 학습 교재로 카렌 헤스Karen Hesse의 대표적 청소년 운문소설인 『모래 폭풍이 지날 때』*Out of the Dust*와 『증인』*Witness*을 꼽을 수 있다. 영어교육뿐 아니라 역사 교육의 측면에서도 이들 작품은 영어수업 교재로 천거할 만하다. 『존경하는 신사 숙녀 여러분』이 학생들이 어려워하고 소원해 하는 중세사를 학생들의 눈높이에 맞추어 '낯설게 하기'의 문체의 변이를 시도했다면, 헤스의 작품은 20세기 미국사에서 가장 어려웠던 시절인 1930년대를 주인공 소녀의 눈높이에 맞추어 운문소설의 서사로 재현한 것이다. 역사가 아닌 영어로 된 '역사소설'은 역사와 영어교육이 동시에 가능한 수업교재가 될 수 있다.

2. 운문소설 장르의 변화

크로스오버 문학이라는 용어가 근래에 심심치 않게 나온 만큼, 청소년문학의 운문소설 역시 기존 소설 영역으로 여겨온 산문과 시의 영역인 운문의 경계를 넘나들며 '서술'의 실험을 부단히 시도하는 문학 장르이다. 청소년문학에서 운문소설의 역사는 그리 오래되지 않았다 하더라도 정전문학에서 운문소설의 역사는 훨씬 오래전으로 소급된다. 19세기 만 하더라도, 이미 빅토리아 시대 전성기인 19세기 중반에 운문소설이라는 독특한 장르가 나왔다가 1870년대에 사라진 것으로 보는 논의도 있다.[1]

한편 1860년대까지 이 장르는 어느 정도 형태를 갖추어 독자들에게 읽혔는데, 대표적 형태로 엘리자베스 브라우닝Elizabeth Barrett Browning의 『오로라 리』*Aurora Leigh*와 서간체 소설인 아서 클러프Arthur Hugh Clough의 『여행에 바치는 사랑』*Amours de Voyage*, 또한 조지 메레디스George Meredith의 『현대의 사랑』*Modern Love*과 극적 독백으로 잘 알려진 로버트 브라우닝Robert Browning의 『반지와 책』*Ring and the Book*이 그것이다. 시인지 소설인지 애매한 이 잡종 형태의 시/소설은 시집의 판매가 저조해진 1820년대의 시 장르의 주변화 현상을 반영한 것으로 보인다.

운문소설은 일반적으로 소설은 산문, 시는 운문이라는 통념을 깬 잡종이자 모순적 결합이라고 할 수 있다. 잘 알려졌듯이 미하일 바흐친은 소설을 대화적 서술로, 서사시를 독백 서술로 구분하였다. 그는 소설을 모든 시적 장르와도 차별화하는데, 문제는 그가 푸쉬킨의 운문 서사인 『유진 오네긴』*Eugene Onegin*을 자신이 대화적 소설의 특성으로 지적한 '이어성'heteroglossia의 대표적 사례로 든 것이다.[2] 이렇듯 '운

1 Catherine Addison, "The Verse Novel as Genre: Contradiction or Hybrid?," *Style* 43-4(2009, Winter) : 539-65쪽.

2 Bachtin, 1981, 위의 책, 41-51쪽.

문으로 된 산문'의 존재를 인정한 것은 소설은 산문 장르라는 그의 평소의 주장과는 모순된 것이다.

그러나 바흐친이 소설의 놀라운 능력을 다른 장르를 결합하는 힘에 주목했다는 점에서 볼 때, 운문소설을 이 같은 특성의 한 사례로 해석할 수 있을 것이다. 소설이 다른 문학 장르들을 소설화하는 특성은 텍스트 전체가 운문으로 쓰인 운문소설에서 명확히 드러난다. 이 경우 소설 속의 시는 시 특유의 시적 자유와 다양한 감각적 이미지를 통해 소설의 대화적 잠재력을 최대한 가동할 수 있을 것이다.

1990년대 이후 운문소설은 급격하게 증가하는 추세를 보여 왔다. 특히 1990년대 중반에 발표된 버지니아 울프Virginia Euwer Wolff의 『레모네이드 만들기』*Make Lemonade*, 멜 글랜Mel Glenn의 『높은 탑』*Tower High* 연작 가운데 『누가 취펜데일을 죽였나? 시의 미스테리』*Who Killed Mr. Chippendale? A Mystery in Poems*, 그리고 무엇보다도 1998년 뉴베리 메달상 수상작인 카렌 헤스Karen Hesse의 『모래 폭풍이 지날 때』*Out of the Dust*는 운문소설의 발전에 상당히 기여한 작품으로 인정된다. 운문소설의 출판 역사를 개관한 조이 알렉산더는 40편의 운문소설 중 대략 3분의 2가 2000년 이후 발표된 작품들이라고 말한다.[3]

청소년문학 비평가인 피터 홀린데일은 카렌 헤스의 작품을 "비상한 시적 상상력, 철저한 조사와 도덕적 책임에 기초한 역사적 감정이입 행위의 소산물"이라고 극찬하였다.[4] 특히 헤스의 『모래 폭풍이 지날 때』와 『증인』은 미국의 역사를 배경으로 하였기 때문에 역사 재현에 대한 작가의 철저한 책임과 도덕의식을 반영한 작품이다. 이 두 작품은 모두 소수자의 관점을 채택하였고 역사적 사건 역시 사회의 소수자에 해당하는 계급이나 인종을 다룬 점에서 공통점을 보인다.

3 Joy Alexander, "The Verse Novel: A New Genre," *Children's Literature in Education* 36(3), 269-83쪽.

4 Hollindale, 위의 책, 12쪽.

3. 『모래 폭풍이 지날 때』의 텍스트 분석과 영어교육

『모래 폭풍이 지날 때』는 1930년대의 대 공황기에 모래 폭풍까지 겪던 오클라호마주의 상황을 주인공 소녀 빌리 조Billie Jo의 눈으로 그려내고 있다. 부모가 아들을 원했기 때문에 남자 이름을 얻은 14살의 이 소녀는 가뭄과 먼지 폭풍의 힘겨운 시대를 살면서 어렵게 커간다. 작품은 1934년 1월부터 시작하여 1935년 12월에 끝나는 것으로, 소녀의 13세부터 14세까지의 2년간을 오클라호마 주가 건조지대가 된 배경을 담아내고 있다.

이미 먼지 폭풍과 가뭄으로 힘겨워진 소녀의 삶은 어느 날의 우연한 사건으로 치명적인 비극으로 바뀌게 된다. 아버지가 난로 옆에 무심히 놓은 석유통을 물 주전자로 착각한 어머니가 난로 위에 이 주전자를 얹으면서 불은 삽시간에 퍼지게 되고 어머니는 아버지를 부르러 뛰쳐나간다. 그 사이에 빌리 조는 불붙은 주전자를 창밖으로 던지게 되는데, 마침 집안으로 되돌아오던 어머니가 이 주전자를 맞고 옷에 불이 붙으면서 심한 화상을 입게 된다. 임신 중인 어머니는 아들을 출산하면서 죽게 되고 아기 역시 따라 죽는다. 빌리 조 또한 어머니 옷에 붙은 불을 끄려는 과정에서 손에 화상을 입게 되어 유일한 위안인 피아노조차 칠 수 없게 된다. 어머니의 죽음 이후의 이야기는 아버지와 빌리의 소원해지는 관계와 엄마의 죽음에 대한 죄의식, 그로 인한 빌리의 가출 그리고 가출을 통해 가정의 소중함을 깨달은 빌리가 귀향하면서 일어나는 부녀간의 속죄와 화해의 과정을 보여주고 있다.

이 운문소설은 실제 사건을 소재로 했다고 저자는 언급하고 있다. 그런데 끔찍한 비극과 연이어 몰아치는 모래 폭풍, 그리고 가뭄 등의 황량하고 삭막한 배경을 산문으로 서술했다면, 이 작품은 아마도 매우 암울하고 지루한 자연주의나 사실주의 역사소설이 되었을 것이다. 그러나 산문이 아닌 운문으로 서술됨으로써, 이 소설은 사실주의 역사소설의 범주를 넘어 시어 특유의 서정성과 미학을 전달하고 있다. 또한 수시로 언급되는 빌리 조의 유일한 위안인 피아노는 마치 이야기의 배경 음악으로 연주되는 것과 같은 청각적 환상마저 불러일으킨다.

뉴베리 메달 시상식에서 작가는 이 소설을 자유시 말고는 다른 식으로 써볼 생각조차 하지 않았다고 말했다.[5] 피폐해진 삶과 정신 못 차릴 정도의 힘든 농사일, 모래 폭풍 기간의 어두운 상황은 불필요한 말을 삼가게 하기 때문이다. 1930년대 미국 중서부의 모래 폭풍 시절의 험난한 삶은 많은 말로 표현되기보다는 절제된 언어와 침묵으로 표현됨으로써 그 절절함이 더 생생하게 전달된다.

운문소설이 일인칭 화자에 의해 서술될 경우, 작품의 독해는 마치 화자가 독자의 귀에 자기 생각을 속삭여 들려주는 듯한 즉시성과 친밀감을 조성한다. 이렇듯 일인칭 독백의 운문 서사 형식은 소녀의 내면을 더욱 절절하게 전달하는 효과를 만들고 있다. 다수의 화자가 극적 독백을 구사하는 서술형식의 운문소설 역시 독자에게 화자들의 다양한 목소리를 직접 엿듣는 것 같은 환상을 갖게 한다. 말하자면, 작가와 독자 모두 '문자 언어'로 보다는 '구두 언어'로 작품 속의 언어를 더욱 생생하게 경험하는 것이다. 텍스트를 읽으면서 화자의 목소리를 듣는 것 같은 경험은 이야기와 이야기 속의 주인공을 보다 친근하게 느끼게 한다. 특히 『모래 폭풍이 지날 때』의 일인칭 독백과 방백은 감정이입을 더욱 활발하게 한다. 바로 이렇게 작품 속의 화자와 긴밀한 사적 관계를 맺은 것 같은 환상이, 시를 읽는다는 사실에 처음에는 부담감을 느꼈던 학생들도 뜻밖에 이 작품에 쉽게 빠져들고 공감대를 형성하게 되는 이유로 보인다.

정제된 시어로 표현을 절제한 운문소설은 학생들이 낭송하고 기억하기에 수월하다. 작가는 작품을 소리 내어 읽기에 적합하도록 여러 가지 기법들을 사용하고 있다. 각운이나 줄을 끊거나 바꾸어서 음향효과를 극대화하는 기법, 또는 줄을 길

---

5 Karen Hesse, "Newberry Medal Acceptance," *Horn Book Magazine* 74-4(Jul/Aug 1998): 422쪽.

게 늘이거나 짧게 끊음으로써 읽는 속도를 조절하고 리듬이나 단어의 반복을 통해 의미를 강조하거나, 줄의 한가운데에 쉼표를 넣어서 쉬어 읽게 함으로써 의미를 되새기거나 강조하는 방식, 혹은 연음을 통해 소리와 속도를 조절하는 방식 등이 그것이다.

저자가 마음으로 읽으면서 작품을 쓴 것처럼, 학생들 역시 이 작품을 읽으면서 마치 소리가 들리는 것 같은 느낌을 받을 뿐 아니라 실제로 마음이나 입으로 읽게 된다는 점에서 영어교육 효과가 발생한다. 낭송하고 청취하기에 좋은 효과는 각운을 맞춘 시 형식에서 종종 발견된다. "bare as a pear"[6]와 "All across the land,/couples dancing,/arm in arm, hand in hand,/at the Birthday Ball"[7]과 같은 구절들에서 드러나고 있는 각운이나 반해음 그리고 두운은 모두 시적 이미지와 은유와 리듬을 만드는 데 효과적이다. 또한 "arm in arm, hand in hand"와 같이 반복어를 사용한 연음은 이 표현들의 기억과 암기에 도움을 주는 학습효과를 발생시킬 수 있다.

종종 운문소설은 서술 내용과 형태 간의 관계를 고려하지 않은 채 종이 위에 산문을 시 형태로만 바꾸어 놓았다고 비난받아왔다.[8] 그러나 『모래 폭풍이 지날 때』는 되도록 시 형태와 내용 간의 유기적 관계를 고려함으로써 독자의 감정이입을 이끌고 있다. 한 예로 "On Stage"라는 제목의 시는 문장들을 나누어 한 페이지의 반대쪽 끝에 놓는다. 오른쪽에 있는 줄은 왼쪽 줄에서 시작한 문구들이 계속된 것이다. 좌우 텍스트의 상호작용은 피아노 음악을 연상시키고 오른손과 왼손의 관계를 상기시킨다.

---

6 Hesse, 위의 책, 55쪽.

7 위의 책, 115쪽.

8 Peter D. Sieruta, "Things That Tick me Off!" *Horn Book Magazine* 81-2(Mar/April 2005): 223-30쪽.

내가 건반에 손을 놓으면

음악은

바로 나로부터 튀어 오른다.

오른손이

정확하게 악보를 연주하고 마치

혓바닥처럼,

이야기를 전할 동안

부드러운

나비가 춤을 추듯 리듬을 받쳐준다

왼손이

When I point my fingers at the keys,

the music

springs straight out of me.

Right hand

playing notes sharp as

tongues,

telling stories while the

smooth

buttery rhythms back me up

on the left.[9]

9 위의 책, 13쪽.

내용과 형태의 유기적 통일은 작품의 곳곳에서 발견된다. 행 배열을 다르게 함으로 문체의 변이가 나타나는 예이다. 이때 전경화되는 단어들은 “음악”the music, “오른손”Right hand, “혓바닥”tongues, “부드러운”smooth, “왼손”on the left일 것이다. 긴 문장과의 대조를 통해, 이 단어들은 전경화되고 낯설게 됨으로써, (학생)독자의 시각과 인지 과정에 더 오래 머무르게 된다. 지연된 인지 속도는 기억에 흔적을 남기는 요인이 될 것이다. 아래의 인용 또한 행의 배열 자체가 주인공을 포함한 캔자스 주민의 애타는 염원을 그대로 전달하는 듯하다.

가뭄을 끝내고
바람과 태양,
바람과 구름,
바람과 모래의,
70일이 지난 후
바람과 먼지의
70일이 지난 후
약간의
비가
내렸다.

Breaking Drought
After seventy days
of wind and sun,
of wind and clouds,
of wind and sand,

after seventy days,
of wind and dust,
a little
rain
came.[10]

위의 인용문의 마지막에 행의 길이는 점점 줄어들어, 마지못해 떨어지는 가느다란 빗방울의 모습을 보는듯한 시각적 이미지를 만들어내고 있다. 시만이 행사할 수 있는 시적 자유의 힘이다. 비를 기다리는 마을 농부의 안타까움과 간절한 염원을 외면한 채 70일 이상 바람과 찌는 듯한 태양과 구름, 모래바람만 계속된다. 이 기간의 고통스러움과 지루함은 유사한 단어와 유사한 문형의 반복을 통해 잘 나타나고 있다. 예컨대, 전치사 "of" 가 행 앞에 세 번 반복해서 나타나면서 "wind"와 "and"가 그 뒤를 따르고 다음에는 다른 단어들로 교체되고 있다. 이러한 문형은 패턴 연습 교재를 상기시키는 것으로, 학생들의 암기를 쉽게 할 수 있다.

그러나 반복만으로 암기가 쉬운 것은 아니다. 위의 시구에서 가장 많이 반복되는 wind의 'w' 음은 실제로 바람 소리를 연상시키면서 모래바람만 날리는 미국 중서부 벌판의 황량함과 농부들의 고통을 가시화한다. 물론 이때 독자의 감정도 동시에 작동하는 것이다. 이처럼 수식어구가 없는 단순한 시구이지만, 행의 배열과 같은 단어의 반복, 그리고 음의 선택이 문체의 변이를 일으켜 이미지를 낳고 이러한 연상 작용은 (학생)독자들의 감정을 자극하고 기억에 흔적을 남기게 되는 것이다.

또한, 때로는 다양한 대상을 카탈로그처럼 하나로 묶음으로써 시각과 청각, 미각, 촉각, 후각 등의 이미지를 동시에 발산하기도 한다. 예컨대 "추수감사절의 목

10 위의 책, 23쪽.

록"이라는 제목의 시[11]는 "초원의 들새", "뒤쥐 소리", "불어오는 바람", "향긋한 풀 냄새", "흙냄새", "강으로 가는 소 떼", "빗소리" 등의 아이템들을 열거하여 마치 오케스트라를 연주하듯, 강력한 청각과 시각 이미지를 동원할 뿐 아니라 후각과 촉각 그리고 미각 이미지까지도 더하고 있다. 이 이미지들을 통해 이 시구는 자연의 생명력이 귓가에 속삭이거나 외치는 떨림을 전한다. 행복한 가정을 꿈꾸는 빌리 조가 마침내 먼지 폭풍과 어머니의 죽음을 극복하면서 자아를 찾아가는 과정을 모든 감각 이미지를 총동원하여 풍부한 상상력을 활성화하고 있다.

이 시 다음에는 "음악Music, 팀워크Teamwork, 길 찾기Finding a way"와 같은 제목의 시가 전개되면서 작품은 희망의 톤으로 끝을 맺는다. "아빠의 노랫소리", "모래 없는 루이스의 요리", "아프지 않은 손으로 연주할 수 있는 새로 조율한 엄마의 피아노"가 있으므로, 그녀의 집은 더 나은 미래와 희망의 집이 된다. 빌리 조는 마침내 회복된 손으로 매일 피아노 연주 연습을 하며, 자신을 성숙시킨 것이 바로 모래 폭풍임을 깨닫게 된다. 그동안 힘들었던 이유가 돈, 가뭄, 모래 때문이 아니라 "힘, 희망, 꿈을 잃었기 때문"[12]이라는 것을 알게 되는 것이다.

2년간의 삶을 각기 사계절로 쪼개어 묘사한 이 소설은 모두 8장으로 나뉘어 각 장은 주제나 사건 혹은 날씨를 알리는 제목의 시로 구성되었다. 1장인 1934년 겨울을 그린 시 17편, 1934년 봄을 그린 시 11편, 여름을 그린 시 18편 등으로 모두 101개의 짧은 시가 전체 소설의 내러티브를 맡고 있다. 따라서 각각의 시에 전념하다 보면 전체 시의 연결망을 놓칠 수도 있으므로, 작품을 읽은 후 작품을 총괄하는 학습법으로 단어 연상법을 활용할 수도 있을 것이다. 말하자면, 감각 이미지를 담은 단어 연상word association을 사용하여 의미구조도semantic map를 그려보면 저자가 사용한 단어들이 서로 연결되어 의미를 만들어내는 모습을 볼 수 있다. 아래와 같은 구조

11 위의 책, 220쪽.

12 위의 책, 225쪽.

도는 감각적 이미지를 연상시키는 보통 명사 그리고 추상적 의미를 담은 표현까지를 함께 묶어 일련의 의미망을 형성할 수 있는 예이다.

1) rain - hope - drizzle - promise - grateful for everything - the sound of dripping

2) Ma - found belly-apple tree - cranberry sauce -_______ - _________

1)의 단어는 다양한 모습과 소리의 차이를 지닌 비의 이미지와 희망과 감사하는 마음과 가정과 미래에 대한 약속을 가슴에 새기는 여주인공이 한데 어울리며 이 작품이 지닌 주제를 떠올리게 되는 단어 연상을 담고 있다. 한편 2)의 연결망은 어머니와 어머니가 좋아했던 붉은 사과나무 그리고 어머니가 잘 만들었던 붉은 크랜베리 소스와 같은 단어들이 불러일으키는 연상 작용을 통해 학생들이 나름대로 작품의 의미망에 다가가도록 하는 학습법이 될 수 있다. 이 모든 단어 묶음들은 시각, 청각, 미각 등의 감각들을 전달하여 의미의 망을 형성하게 된다. 이러한 단어 연상에 의한 의미구조도 연습은 EFL 상황에서 학생들의 작품 이해도에 좋은 방안으로 제시될 수 있을 것이다.

4. 『증인』의 시청각 이미지와 영어 습득

『모래 폭풍이 지날 때』 이후 『증인』에서 카렌 헤스는 운문소설의 또 다른 가능성을 보여준다. 이 작품은 1924년 미국 동북부 버몬트 주의 한 작은 마을을 배경으로 이 마을에 백인 우월주의 비밀결사 단체인 KKK단이 들어오면서 일어나는 역사적 사건들을 묘사하였다. 전체 이야기는 마치 연극을 상기시키듯 5막으로 구성되었고 각 장은 11명의 등장인물이 번갈아 자신의 관점으로 이야기를 서술한다. 등장인물은 나이와 신념이 각기 다른 인물들로, 한 명의 백인 소녀와 또 한 명의 흑인 소녀, 의사, 목사, 신문 편집장과 농부, 십 대 소년, 밀주업자, 가게주인과 그 아내, 그리고 마을 경찰로 구성되었다.

이들 등장인물의 다양한 목소리는 개인적이고 감정적인 문구들을 담고 있지만, 이 다양한 목소리의 전반적 효과는 한 개인의 역사적 경험과 감성을 넘어, 작품에서 발생하는 사건과 역사 전반에 대한 통찰력을 제시하는 것이다. 하나의 관점보다는 다양한 관점을 통해 정보를 제공함으로써 저자가 의도하는 것은 한쪽으로만 치우치지 않는 공평한 역사인식이다. 마치 드라마 각본처럼 작품의 첫 장에는 11명의 등장인물 사진이 실려 있다. 이들 등장인물은 번갈아 자신의 이름으로 된 제목의 시를 읊는데, 대부분이 한쪽이나 두 쪽 분량의 독백체 대사로 되어있다. 이 대사는 낭송에 적합한 운문으로 되어 있어서 라디오 각본으로 연행될 수도 있을 것이다.

조각조각 이어지는 등장인물의 단편적 대사를 조립하여 작품의 전체 줄거리를 알려면 어느 정도 책을 읽어야 한다. 전지적 관점이나 제 삼자의 객관적 묘사가 없으므로 같은 사건이 각 등장인물의 다른 관점에 의해 재전달되는 경우가 많다. 각 단편적 대사를 엿듣다 보면 각 등장인물의 생각과 성격을 파악하게 된다. 고유명사마저도 모두 소문자로 처리되고 대문자와 같은 시각적 서비스가 없는 상황에서, 독자는 시의 음률이나 발화 스타일을 염두에 두면서 보다 청각적 이미지에 의존하게 된다. 각각의 목소리는 대사를 통해서만 식별할 수 있다. 예컨대, 독일계 유대인이기 때문에 에스더Esther는 "저 웃기게 말하는 아이"이다.[13] 이 표현을 통해 독자는 그녀의 특이한 독일식 영어를 상상할 수 있다. 각각의 시 제목에 맞추어 시형에 차이를 둠으로써 활자화된 부분과 나머지 여백의 차이가 독자의 시선을 유도하는

13 Karen Hesse, *Witness*, New York: Scholastic, 2001, 3쪽.

『모래 폭풍이 지날 때』와 달리, 『증인』은 각각의 등장인물의 대사가 전달하는 줄거리에 더욱 몰입하게 된다.

등장인물들의 극적 독백과도 같은 대사는 각각의 사회적 신분과 성격에 따라 표준말이나 사투리 문법, 어휘 등이 다르다. 마을의 의사인 플리트는 "과도한 기호"inordinate fondness와 "쇠퇴해가는 사회적 기준"declining social standard이 시사하듯, 완벽한 문법과 지성인에 어울리는 어휘를 구사한다. 6살 여아, 에스더의 문법은 불완전하며 문장에 쉼표가 거의 없다. 리브 목사의 언어는 하나님이나 지옥, 종교에 관한 언급이 자주 등장하며 동일 단어의 지나친 반복은 그의 광신주의와 극단적 사고를 반영한다. 아래의 인용에서 반복되는 전치사 구는 마치 직접 설교를 듣는 것 같은 강력한 청각적 이미지를 만들어내어 기억에 오래 남게 한다.

오, 형제들이여
저 아래 악마의 굴에서
저 아래 죄악의 한가운데에서
저 아래 뉴욕의 할렘에서,
깜둥이들은 다른 깜둥이를 죽입니다.
도박 빚 때문에,
여자 때문에,
술 때문에.

oh, neighbor.
down in that den of the devil,
down in that center of sin,
down in new york's harlem,

negroes kill other negroes

over gambling debts,

over women,

over gin. [14]

down이나 over는 전치사와 부사 모두로 쓰일 수 있는 소위 전치사적 부사 prepositional adverb이다. 이 들은 모두 공간관계를 알려주는 시각적 이미지를 활성화할 뿐 아니라 이들의 반복된 사용은 그 의미를 명확히 각인시키고 있다. 물론 over의 반복은 "…위에"라는 공간을 의미하는 전치사나 부사라는 일차적 이해를 넘어 "…때문에"라는 의미라는 사실을 부각시키는 역할을 담당하고 있다.

위의 인용문에서 반복되고 강세를 받는 down과 over는 의미어가 아닌 기능어이지만 전경화되는 경우이다. 전치사는 문맥과의 결합관계에 따라 다양한 의미를 발생시키고 의미단위thought group를 만들어낸다. 또한, 전치사는 이야기의 흐름을 자연스럽게 이어나가고 때로는 이야기의 인과관계에 결정적 단서를 제공하게 되는데, 영어동화에서도 빈번히 반복적으로 사용되고 있다. 이는 어려운 어휘를 삼가는 아동 청소년 문학의 특성상, 쉬운 전치사와 단어를 사용해 같은 의미를 전달하려는 시도에서 비롯된 것으로 보인다. 따라서 영어 아동 청소년문학은 전치사의 용도와 표현을 쉽게 익힐 수 있는 도구가 될 수 있다.

엘리스와 브루스터는 동화 속의 반복되는 어휘와 문형이 자연스럽게 영어를 습득하도록 도우며 학생들을 학습에 적극 참여시킨다고 하였다.[15] 데카리코는 단기 기억에 저장된 어휘는 "의미 있게 반복되는 재발견"을 통해 장기 기억으로 전이된

14 위의 책, 16쪽.

15 G. Ellis & Brewster, J, *The Storytelling Handbook: A Guide for Primary Teacher of English,* New York: Penguin, 1991, 29쪽.

다고 하였다.[16] 위의 인용구의 전치사적 부사구는 이야기의 흐름과 결합하여 활용도가 매우 높으므로 전치사적 부사의 자연스러운 습득을 유도할 수 있다. 즉 독자들은 반복되는 down과 over에 익숙해지면서 이들의 차이뿐 아니라 이들로 시작하는 말뭉치 구조를 빨리 이해하게 된다. 이는 궁극적으로 속독을 위한 기초단계가 되는 것이다. 저자가 시 본래의 시적 자유를 마음껏 발휘하여 같은 전치사 혹은 부사를 반복 사용함으로써 여러 말뭉치를 조합하고 있는 이 작품은 코퍼스 연구에도 시사하는 바가 적지 않아 보인다.

하나의 이미지보다는 다양한 감각 이미지가 중첩될 때, 감정이 촉발되는 동시에 상상력이 더 풍부해지므로 장기기억으로 넘어갈 확률은 더 높을 수밖에 없다. 이 작품에서 시각과 청각 이미지가 가장 선명하게 겹치는 장면은 흑인 소녀 수터가 6살의 백인 소녀 에스터를 달려오는 기차에서 간신히 구해내는 장면일 것이다. 수터는 철길에서 민들레를 들고 달려오는 기차 앞에서 무방비로 서 있는 에스터를 구하러 달려간 일을 아래와 같이 서술한다.

나는 날다시피 했다
충분히 빨리 갈 것 같지는 않았지만
어쨌거나 달렸다
호루라기가 날카로운 소리를 내고
브레이크가 괴성을 내지르고
철도화부가 계속 달리는 기관차 쪽으로 느릿느릿 걸어 나왔을 때
기차는 거의 그녀를 덮치고 있었다. 내가 뛰어올라
에스더를 움켜잡고 안전하게 굴러

16 Jeanette Decarrico, "Vocabulary learning and teaching." *Teaching English as a Second or Foreign Language,* Boston: Heinle & Heinle, 2001, 290쪽.

내 팔에 꼭 안았을 때
우리 둘은 민들레 꽃씨 더미 속에 누워있었지.

I pretty near flew
it didn't seem I could ever move fast enough
but I ran
as the whistle shrieked
as the brakes screamed
as the fireman crawled out onto the grinding locomotive.
the train was nearly on top of her when I leaped,
grabbed esther, and rolled her to safety,
locked in my arms,
the two of us cradled in a mess of seed and dandelion.[17]

기차가 달려오는 철로 위에서 흑인 소녀가 에스더를 구해내는 모습을 사실적으로 담은 장면이다. 기관사가 여자아이를 발견하여 급히 제동을 걸었지만, 기차는 계속 마찰을 일으키며 전진하는 긴박한 상황이, 반복되는 'f' 음이나 'sh', 'k', 't', 'g' 같은 마찰음이나 파열음 혹은 후두음으로 표현되고 있다. 또한 접속사 as로 시작하는 3개의 행의 문형이 동일 문형일 뿐 아니라 철도화부가 걸어 나오는 모습을 형상화한 것처럼 행의 길이가 길게 배치되었다. 이는 기관차의 경적이 날카롭게 울리고 기차가 서려고 해도 관성 때문에 설 수 없어 에스터 위에 거의 덮칠 것 같이 달려가는 모습을 실감 나게 가시화하고 있다. 이 같은 강렬한 시청각적 이미지는 독

17 위의 책, 72쪽.

자의 기억과 암기를 수월하게 만들 수 있다. 수터의 관점에서 서술된 위의 장면은 이후 여러 목격자의 다른 관점에 의해 달리 재현되지만, 모두 시청각 이미지를 통해 상황의 긴박함을 생생하게 전달하고 있다.

또한『모래 폭풍이 지날 때』에서처럼 시의 내용과 형식이 일치되는 경우도 종종 있다. 다음은 수터가 에스더를 철도에서 구해내는 같은 장면이 이번에는 에스더를 돌봐주는 농부 아줌마인 치커링의 관점에서 그려진다.

> 그러나 기차는 너무 무거웠다,
> 그것은 4분의 1마일을 더 가서야
> 끼익 소리를 내면서/멈추었/다.
>
> but the train was so heavy,
> it ran a quarter mile more
> before screeching
> to a
> stop.[18]

각 행에 사용된 단어가 줄어드는 모습은 기차가 안간힘을 쓰면서 멈추기까지의 모습을 연상시킨다. 시적 자유를 마음껏 발휘한 이 시가 불러일으키는 청각이미지와 시 내용과 형태의 일치는 독자에게 강력한 인상을 주면서 기억에 오래 남게 하는 효과가 있다.

이 작품의 등장인물이자 서술자 11명은 책 제목이 말해주는 것처럼 모두 역사의

18 위의 책, 73쪽.

증인이다. 미국 남부뿐 아니라 뉴잉글랜드 버몬트 주의 한 작은 평화로운 마을조차 KKK단의 위험에서 벗어나지 못하던 1920년대의 역사가 이들 평범한 마을 구성원에 의해 그려진다. 1920년대 KKK단이 들어온 초기에는 마을 사람들은 이 집단의 악영향과 폭력의 위험을 그다지 심각하게 느끼지 못하지만, 6살의 유대인 소녀와 그 아버지가 이들에 의해 사격당하고 마을의 유일한 흑인 소녀인 수터가 생명의 협박을 당하면서, 상당수의 마을 인원이 이미 KKK단으로부터 자유롭지 못했다는 사실을 알게 된다. 순수 백인 우월주의를 주장하는 KKK단은 가톨릭과 여타 종교를 거부하고 흑인을 포함한 유대인과 이민들을 박해하고 살해할 뿐 아니라, 여성해방을 포함한 자유주의의 물결도 거부하고 과거 보수주의의 회귀를 꿈꾸는 반역사주의적 집단으로 그려져 있다.

작품의 종결은 마을의 미래가 KKK단의 영향에서 모두 자유로워질 것이라는 희망으로 끝나는데, 이러한 희망의 메시지 역시 강력한 시청각이미지로 발산되고 있다. 작품의 종결 부분에서 KKK단의 협박과 폭력의 악몽에서 벗어난 청년 멀린이 자신의 상황을 얼음판에 갇혔다가 구사일생으로 도망쳐 나온 어린 사슴에 비유하는 내용이 대표적 사례이다.

사슴은 너무 추워서 움직일 수도 없었다.
그것은 얼음 위에 서서
마침내 우리를 응시하고는
발을 허둥대다가
펄쩍 뛰어
우리가 방금 끌어올렸던 그 망할 얼음 구멍 속으로 도로 빠져 버렸다.
존슨 경관과 내가 그것을 다시 끄집어 올렸다
이번에

사슴은 잘 버티어

빙판을 가로질러 달려가

멀리 둑에서 멈추더니

마지막 시선을 주고는

숲으로 달려가기 전에

한 번 더 히힝 울음소리를 내질렀다,

골짜기를 따라 그 메아리 소리를 들을 수 있을 정도로.

the buck was too cold to move at first.

it stood on the ice

staring at us finally

it scrambled to its feet

gave a jump

and plunged back into the same dang hole we just pulled it from.

constable johnson and I hauled it out again.

this time

the buck stayed clear,

beat it across the ice

stopping on the far bank

taking one last look

before it bounded away through the woods.

it snorted once.

you could hear the echo all through the valley.[19]

강 위의 얼음에 갇혀서 떠내려가다가 강물에 빠지고 사람들에 의해 구출되기를 두 차례 반복하다가 살아난 이 어린 사슴의 포효는 삶의 기운으로 충만하다. 흑인이 먹는 우물에 독극물을 타라는 KKK단의 명령을 차마 수행할 수 없었던 멀린은 고향을 떠나 먼 도시로 도망쳐 은둔하지만 살인 누명을 쓰는 등 엄청난 시련을 겪는다. 마침내 누명을 벗고 KKK단에서도 빠져나온 멀린의 해방감은 새로운 삶을 찾은 어린 사슴이 콧소리를 히힝거리며 기세 좋게 한바탕 뿜어내는 소리가 마을 가득히 메아리치는 모습으로 그려지고 있다. 사슴의 포효는 KKK단의 폭력으로부터 풀려난 흑인과 유대인, 가톨릭교도와 같은 미국 소수자들의 해방과 자유의 메시지이기도 하다. 이 메시지에는 무엇보다도 청각 이미지가 중심이 되어 강력한 영상을 만들어내고 있다.

이 작품은 운문으로 서술되었지만, 쉬운 단어와 시 형식으로 인한 여백 때문에 독서가 진행될수록 소설보다도 오히려 가독성이 높아진다. 11명의 인물이 번갈아 가면서 대화하는 형식이기 때문에 영어를 외국어로 배우는 학습자는 최소한 중학교 상위권 수준 이상은 되어야 할 것으로 보인다. 11명의 등장인물 중에서도 주인공 격인 수터의 나이가 12살이다. 이 소설의 난이도를 보면, Scholastic의 RL reading level이 6이고 10-up으로 되어있지만, 한국의 EFL 상황에서는 그 이상의 연령대의 독자가 요구될 것이다. 청소년의 범주가 넓어져서 10세 이상을 청소년으로 볼 때, 이 두 문학 작품은 '영미 아동문학'이라는 표현 대신 '영미 청소년문학'으로 분류할 수 있다.

조이 알렉산더에 의하면, 운문소설의 가장 눈에 띄는 특징은 '목소리'이다.[20] 이

19 위의 책, 158-59쪽.

20 Alexander, 위의 책, 278쪽.

같은 전제를 받아들인다면 어휘가 절제되고 리듬과 음률 등이 귀에 포착되기 쉬운 운문소설이 산문소설보다는 오디오북에 이상적이라고 할 수 있다. 듣기연습으로서도 오디오북은 특히 EFL 상황의 영어교육에 매우 중요하다. 월터 옹은 전화나 라디오 텔레비전 그리고 다양한 형태의 음악 테이프와 같은 전자 기술은 "이차적 구두어"secondary orality의 시대로 우리를 데리고 왔다고 말한다.[21] 근본적으로 운문소설과 오디오북은 모두 동시대 문화의 특징인 이차적 구두어에 뿌리를 두고 있다고 볼 수 있다. 이차적 구두어는 직접 발화인 일차적 구두어보다 기본적으로 글과 프린트에 기초하기 때문에 더욱 교묘하고 자의식적이며 광범위한 집단 소속감을 파생시킬 힘을 지닌다.[22] 오디오북은 테크놀로지가 사용되고 실험될 수 있는 분야이다. 보다 혁신적인 오디오북을 만들어낼 수 있는 운문소설은 영어교육 차원에서도 더욱 기대되는 장르이다.

그러나 한편 저자가 정교하게 처리하지 않으면, 운문소설은 서술이 독백으로 나타나는 과정에서 객관적 설명이 거의 없기 때문에 줄거리를 파악하는 것이 자칫 어려워질 수 있다. 또 한편 운문소설의 형식이 고백이나 감정표현에 적합하지만, 잘못하면 진부해지거나 통속극이 될 우려를 배제할 수 없다. 카렌 헤스의 또 하나의 청소년 역사 소설인 『앨루트의 참새』*Aleutian Sparrow*는 같은 운문소설이지만, 앞의 두 작품만큼 다양한 감각 이미지를 창출해내지 못하고 시형식과 내용의 유기적 관계도 만들지 못하고 있다. 그렇다고 알래스카 열도의 소수 에스키모족에 대한 풍부한 지식을 전달하는 정보 차원에서도 앞의 두 소설만 못하다. 따라서 운문소설은 잘못될 경우 정보나 지식, 시적 이미지 모든 면에서 실패할 확률도 없지 않다.

이러한 위험을 『모래 폭풍이 지날 때』와 『증인』은 성공적으로 극복했다고 할 수

21 Walter Ong, *Orality and Literacy: The Technologizing of the Word*, London and New York: Routledge, 2002, 133-34쪽.

22 위의 책, 134쪽.

있다. 이 두 작품은 독백체이지만 다양한 역사적 정보를 얻게 하는 동시에 깊은 정서를 유발하기 때문이다. 특히 『증인』의 경우에는 다양한 역사적 지식이 많아 프로젝트 수업으로 진행하기에 적합한 교재가 될 수 있다. 그러나 이 두 작품의 성공은 지식 전달 측면에서보다는 절제된 언어와 음, 구절, 그리고 다양한 감각적 이미지를 통해 독자의 감정과 상상력에 다가간다는 사실에 있을 것이다.

3부

윤리와 재현

HUMANITIES
ENGLISH LITERATURE
YOUNG ADULT LITERATURE
ENGLISH EDUCATION

제 9 장
감정/영어/윤리 교육의 가능성

1. 디스토피아와 유년기의 실종

반 유토피아 혹은 디스토피아 문학은 현 사회의 부정적인 면을 미래로 투사하여, 매우 불쾌한 상상의 세계를 묘사하는 소설 문학을 말한다. 1993년에 발표되어 현재까지 상당수의 독자층을 확보하며 아동 청소년문학의 정전에 오른 로이스 로우리Lois Lowry의 1994년 뉴베리 수상작, 『기억 전달자』*The Giver*는 바로 20세기 말의 불길한 조짐들이 미래세계로 투사된 디스토피아 소설이다. 세기말 현상의 하나인 불안 증후군은 불안정한 현재를 탈피하여 과거로 회귀하려는 노스탤지어의 시대적 감성을 일깨우거나, 아니면 미래로 자신의 불안을 투사하는 디스토피아적 비전을 보이는 양면성을 지닌다. 『기억 전달자』는 바로 후자의 경우이다.

『기억 전달자』가 그리는 미래 공동체는 겉으로 보기에는 고통과 불안, 분노, 갈등, 배고픔이 없는 유토피아이다. 그러나 이 유토피아는 물질적 풍요의 대가로, 공동체 구성원으로부터 자유와 감정의 독립성을 박탈하는 디스토피아의 눈속임이다. 이 사회는 아이들이 마음껏 뛰고 놀 자연도, 동물도, 변화하는 계절도 없는 무채색의 공간이다. 아이들은 유아기부터 오로지 사회가 정한 규율과 경로에 따라 성장하여 사회의 일원이 되도록 설계되고 통제된다. 인간의 성장을 비롯한 모든 사회 현상은 동일성을 바탕으로, 예측 가능한 안전제일의 사회 시스템으로 구축되고 기획되는 것이다. 그러므로 아이들에게는 성인이 되어서도 과거에 대한 기억이나 그리움 혹은 미래를 향한 창의적 비전이 없다. 이들에게는 오직 공동체를 위한,

현재의 삶만이 존재할 뿐이다. 요컨대 이 작품은 『훌륭한 신세계』*Brave New World*의 전통을 이어받은 아동 청소년 디스토피아 문학이다.

이 소설에 투사된 세기말적 불안은 엘킨드David Elkind가 "아동기의 실종"으로 표현한,[1] 20세기 후반부터 진행되어온 교육 현상으로 설명될 수 있다. 세계화 경쟁 시대에서 '어린 시절'은 국가의 감시와 학교의 중앙 집중화된 통제 시스템의 대상이 되었다. 국가가 주도하여 만든 교육 커리큘럼 안에서 아이들은 국가가 설정한 특정 성취목표를 달성해야 하며 이에 따라 일정 성취도 평가 시험을 거쳐야 한다. 일정 수준에 도달하지 못하면 아이들은 방과 후 수업이나 여름 방학 교육을 의무적으로 수행해야 한다. 이 과정에서 아동의 성장에 필요한 자유로운 놀이는 사라진 지 오래다. 그리하여 20세기 후반의 물질적 풍요와는 반비례하여, 회고하고 그리워할 어린 시절이 증발해가는 것이다.

잘 알려진 신경학자 올리버 색스 박사는 신경발작을 통해 무의식에 잠재한 어린 시절의 기억을 회상하고 심리적인 안정과 현실감을 얻는 신경증 환자들의 사례를 설명하면서, '어린 시절의 신성하고 귀중한' 기억을 되살려주는 것, 이 신기하고 기적과도 같은 회상의 중요성을 상기시키고 있다.[2] 20세기 후반부터 아동기가 사라지는 현상은 영미를 포함한 선진국의 교육현장에서 일찌감치 감지된 바 있다. 『기억 전달자』를 향한 식지 않는 관심과 논의의 열기는, 유년기의 실종, 다시 말해, 어린 시절에 대한 회상과 기억의 실종이 매우 실감 나게 형상화되고 있기 때문일 것이다.

『기억 전달자』에 대한 선행 연구는 적지 않다. 이 중 상당수는 유토피아/디스토피아 문학 전통과 관련한 사회학적 해석과 기억 담론 혹은 권력 담론의 관점에서

---

1 David Elkind, *The Hurried Child: Growing Up Too Fast Too Soon,* 정미나 역, 『기다리는 부모가 큰 아이를 만든다』, 한스미디어, 2008, 7쪽.

2 Oliver Sacks, *The Man Who Mistook His Wife for a Hat and Other Clinical Tales*, 조석현 역, 『아내를 모자로 착각한 남자』, 이마고, 2006, 265-72쪽.

접근한다.[3] 이들과 달리 여기에서는 이 작품을 아이들의 성장 과정에서 필요한 감성의 자연스러운 발달을 저해하는 현시대 실용주의 교육에 대한 비판 알레고리로 보아, '아동기의 실종과 회복'이라는 관점에서 소설을 재해석하였다. 다시 말해, 주인공 요나[Jonas]가 박탈당한 유년기를 회복하는 가운데, 자유로운 언어표현과 윤리의식을 습득하는 면모에 초점을 두는 것이다. 이 과정에서 아감벤[Georgio Agamben]의 '유아기' 개념과 그 이론을 활용하고 더 나아가 이 소설을 통해 학생들이 얻을 수 있는 감정과 윤리의식, 그리고 언어습득의 가능성에 주목하였다.

2. 아감벤의 '유아기'와 『기억 전달자』

종래의 계몽주의 사고에 의하면 어린 시절은 성인이 되기 위한 과정일 뿐이다. 어린이는 독자적인 정체성이 부여되지 못한 채 아직 성인이 되지 못한 '결핍' 내지 '미완성'의 개념으로 이해되었다. 그러므로 교육은 어린이를 합리적인 주체로 발달시키기 위한 필수적 과정으로 인식되었다. 『기억 전달자』의 유년기를 위한 일련의 사회화 과정은 기본적으로는 이러한 계몽주의의 사고가 극단적으로 적용된 사례이다. 아이들은 공동체의 일정을 방해하지 말아야 하는 것이 제 1조건이며 여기에서 갓난아기도 예외는 아니다. 지나치게 밤잠을 설치며 계속 운다면, 사회를 위해 제거되어야 한다. 세 살까지는 사회가 허용하는 어느 정도의 어휘를 깨쳐야 하고 네 살 아이에게는 뒤에 단추가 있는 옷이 주어져 서로 도와가며 입혀주는 교육을 하고 어느 정도 자립할 수 있는 나이인 일곱 살 어린이에게는 앞 단추가 있는 옷을 줌으로써 독립성을 가르친다. 자전거는 아홉 살 아이에게 주어 이들이 공동체로

---

3 Hanson; Latham; Stewart; 이수진; 이 소설의 수용에 대한 다양한 찬반 논의에 대해서는 Susan Stewart의 "A Return to Normal: Lois Lawry's *The Giver*"를 참조할 것.

나아가는 시기임을 일깨운다.

공동체 구성원은 어른이나 아이 할 것 없이 모두 방송과 스크린 등에 의해 감시당한다. 사회구조는 거대한 판옵티콘처럼 이들을 감시할 뿐 아니라 구성원 자신도 항상 자신을 감시하여야 한다. 아동들은 원로회의 관찰과 판단에 따라 열두 살이 되면 평생의 직업을 부여받는다. 이러한 과정에서 성인이 되는 동안 유아기, 아동기, 청소년기는 찾을 수 없다. 유년기의 타고난 감성이나 다양한 감정 경험, 내적 갈등의 자연스러운 결과로서 나타나는 윤리적 관심, 그리고 이어지는 청소년기의 반항은 철저히 통제되고 억압받는 것이다. 아이들을 열두 살이 될 때까지 평생 직업 훈련을 시킴으로써, 공동체는 중앙의 규율과 권력을 공고히 한다.

모든 것이 예외 없이 철저하게 예측 가능한 사회에서 아동들이 가장 예민하게 통제를 느끼는 영역은 언어이다. 학교와 가정에서 아이들은 일정한 어휘와 문장 표현을 사용하도록 강요받는 가운데, 자신을 정확하게 표현할 줄도 모르고 자신과 타인의 자연스러운 감정도 이해할 수 없다. 즉자적 언어를 피하고 사회가 허락하는 언어와 표현의 틀에 맞추어 자기 생각과 감정을 조율하다 보면 감정은 점점 상실되어 버린다. 감정의 상실과 자신을 표현할 언어의 상실은 자아상의 상실을 낳는다. 실제로 이 공동체에서는 거울이 별로 없으며 있다고 하더라도 사람들은 자신을 비춰보려고 시도하지 않는다.

개별적 언어와 감정을 허용하지 않는 사회는 유년기가 상실된 사회이기도 하다. 이 지점에서 이 작품은 아감벤의 '유아기' 개념과 만난다. 아감벤의 유아기는 전통적 연대순의 시간관을 초월하는 폭넓은 개념이다. 유아기는 파괴하려 해도 파괴될 수 없으며 나이와는 상관없이 언제라도 출몰하거나 회귀할 수 있는 '현존'이다. 아감벤이 『유아기와 역사』*Infanzia e Storia*에서 제시한 유아기infanzia의 개념은 라틴어의

'infantia'에서 유래한 것으로 '말할 수 없음'과 '유아기'의 동의어로 쓰이고 있다.[4] 그러므로 아감벤의 유아기 개념은 육체적인 유아기뿐 아니라 옹알이 단계의 '말하지 못함', 또는 '표현 능력 없음'의 개념도 포함한다. 아감벤에 따르면 옹알이는 말하지 못하는 단계이지만, 바로 이 옹알이의 단계야말로 언어의 선택과 역사가 새롭게 시작하는 가능성을 지닌 것이다. 그러므로 유아기란 인류의 지속을 위해 필수적인 개념이 된다. 유아기가 없으면 선택도 역사도 없다. 달리 말하면, 언어가 획일화된 동일자의 세계에서는 선택도 역사도 있을 수 없다는 이야기이다.

벤야민Walter Benjamin이나 료타르Francois Lyotard, 그리고 크리스테바의 포스트모던 논의에서와같이 아감벤에게 있어서도 유아기의 모티브와 이미지는 전통적 연대순의 시간관을 초월하는 개념이다. 유아기는 횡적 발전이나 주체 형성, 혹은 상징 질서에 순수한 힘으로 저항하는, 일종의 무정부적 공간 차원이다. 유아기의 출현으로 인간은 주체 이전의 무언의 조건을 대면하면서 자신의 삶과 사회의 취약성을 직면한다. 유아기는 기존 사회와 그 속에 통합된 주체로서의 개인, 그리고 기존에 사용하고 있던 언어의 구성성과 인위성을 상기시키는 단계이자 개념이다.

그러나 크리스테바나 버틀러Judith Butler의 '유아기'는 상대적 관계에서의 취약성 개념이지만, 아감벤의 유아기 개념인 '영원한 아이'는 어른의 성체 속에 현존한 독립적 존재이다. 아감벤의 유아기는 논리를 넘어선 언어 경험이며 언제라도 기존 언어의 틀과 역사의 연속성을 깨고 새로운 역사를 세울 수 있는 잠재성을 지닌 개념이다.[5]

---

4 Giorgio Agamben, *Infancy and History: Essays on the Destruction of Experience,* Trans. Liz Heron. London and New York: Verso, 1993, 조효원 역, 『유아기와 역사: 경험의 파괴와 역사의 근원』, 새물결, 2010, 13쪽.

5 아감벤은 유아기의 잠재성을 표현하기 위해서 '아홀로틀'을 자주 사용한다. 아홀로틀은 멕시코 시 주변의 늪에 분포된 도롱뇽과의 하나로, 아가미가 머리 양쪽으로 튀어나왔고 꼬리는 지느러미 모양이다. 성체가 되어서도 유아기의 모습을 그대로 담고 있는 이 생물체는 진화론을 거부하고 성장의 연대기적 발전 개념을 부정하는 증표가 된다. 아감벤은 성인/유아의 경계가 분명한 것이 아니라는 주장을 이 아홀로틀을 통해 설명한다.

『기억 전달자』의 세계는 언어의 선택이 처음부터 차단되었으므로 아감벤이 의미하는 '선택과 가능의 개념'으로서의 옹알이하는 유아기가 애초부터 차단된 사회이다. 아기조차도 밤에 보채지 말아야 하며 잠을 설치는 밤이 지속되어도 안 된다. 요나의 집에 입양된 아기 가브리엘이 밤에 잠을 못 이루고 계속 칭얼대자 공동체는 아기를 제거하기로 결정한다. 아기의 존재가 공동체의 효율성과 기획된 일상을 불편하게 만들기 때문이다. 친모 대신 출생 전담인에 의해 일괄되게 출생하는 아기들은 보육원에 일 년 정도 머물다가 공동체가 임명한 기초 가족에 입양된다. 이러한 가족은 '가족'이라는 단어 대신 '동거'dwelling로 표현된다. 동거를 위해 아기의 성장발달 과정에서 나타나는 다양한 정서는 일찌감치 차단되는 것이다.

아동 성장발달 과정에서 부모의 존재와 '거울 단계'mirror stage는 정체성 형성과 인지에서 중요한 역할을 한다. 이 소설에서 생부모와 거울이 없다는 것은, 아동 성장 발달 과정이 박탈된 것을 의미한다. 따라서 기억할 수 있는 유아기도 박탈된 것이다. 이 소설에서는 양모와 양부의 젠더에 따른 직업이 뒤바뀌어 있다. 즉 양모는 공동체의 법정 판사이고 양부는 보육사이다. 이들 직업은 표면적으로는 젠더의 차이가 없는 사회를 표명하는 것 같지만, 현실은 출생과 양육자로서의 어머니의 역할과 사회의 법을 준수하며 사회화를 도울 아버지 역할의 부재를 의미하는 것이다.

이렇듯 유년기가 박탈된 사회에서 요나는 열두 살이 되면서 공동체 위원회의 지시로 평생 직업인 '기억 전달자'(the Giver)의 임무를 부여받는다. 이 사회에서 단 한 명뿐인 기억 전달자는, 과거의 모든 기억을 보유하여 지혜를 얻고 사회의 문제가 생길 때마다 그 기억을 기반으로 조언을 주는 임무를 수행하여야 한다. 또한 자신의 뒤를 이을 미래의 기억 전달자에게 기억을 전수하는 것이 그의 의무이다.

요나가 스승 기억 전달자로부터 전수받는 것은 공동체가 억압하고 차단했던 과거 유년기의 즉자적 경험이자 그 기억이다. 더 나아가 이 기억은 잊힌 집단 기억이며 과거 인류 역사의 원형이기도 하다. 요나의 공동체는 과거에 대한 망각을 강요하는 반反 역사의 공간이다. 하지만 공동체의 존속을 위해 할 수 없이 기억 전달자라는 단 한 명의 지식인에게 과거 기억을 전수하는 의무를 떠맡긴다. 기억 전달자는 사회 공동체가 회피하고 망각하고 싶은 역사적 책임을 혼자서 짊어지는 희생양이다. 벤야민에 의하면, 망각은 기억의 결핍이 아니라 반反 기억이다. 무비판적 감정이입이나 망각으로 도피하여 행복을 추구하는 것은 정신적 퇴행현상일 뿐이다.

『기억 전달자』의 공동체에게 예측 불가능이란 없기 때문에, 자연사조차 허용되지 않는다. 이 공동체 안에서 죽음의 기호는 철저히 은폐되고 분리되므로, 죽음은 사회의 이면에서 가장 거칠고 비인간적인 모습으로 행해지고 있다. 일정 나이가 되면 노인들은 노인들만을 위한 장소에 분리시켰다가 환송식을 거쳐 안락사당한다. 이 안락사를 죽음 대신 "임무 해제"release로 표현함으로써, 이 미래 공동체는 한 개인을 오로지 공동체를 위해 임무를 수행해야 할 도구로 만든다. 여기에 죽은 자에 대한 산자의 애도는 없다. 기억이 없고 역사가 없는 공동체이므로, 역사적 책임인 애도의 책임도 없는 것이다.

기억보유자인 스승이 요나에게 전달하는 인류의 다양한 기억의 형태는 주로 유년기의 이미지로 나타난다. 스승이 전수하는 기억을 통해, 요나는 눈썰매를 타고 달리거나 햇빛 쨍쨍한 넓고 푸른 하늘, 수풀과 바위, 초목이 우거진 자연 속에서 동물들과 뛰노는 유년기를 경험한다. 유년기로의 회귀란 바로 자연과의 접촉을 느끼는 자연적 감성의 회귀를 의미한다. 요나에게 유년기는 잊혀 없어질 수도 없었으며 어떤 형태로든 존재했다. 단지 사회의 통제로 인지하지 못했을 뿐이다.

요나가 스승의 침대에 누워 기억을 전수받을 때면 그의 의식은 공동체의 먼 과거로 돌아간다. 이때 요나가 마주하는 과거는 현실과 맞닿은 경계의 공간이다. 이 경계의 공간을 넘나들며 요나는 희로애락의 감정을 느끼게 된다. 아감벤의 유아기 개념은 경계, 즉 문지방에 비유된다. 문지방은 일상의 행동과 습관이 갑자기 멈추고 불명료한 공간 앞에 정지하게 되는 장소나 상태의 은유이다. 이 문지방은 새로운 세상을 경험할 수 있게 한다.

벤야민에 의하면 무엇인가를 현실화한다는 것은, 역사를 현재에 대한 분노로 만드는 것을 의미한다.[6] 빼앗긴 유년 시절과 인류사의 먼 과거에 대한 기억을 전수한 후 요나가 느끼는 주요 감정의 하나가 분노감이다. 지금까지 자신에게 부여된 현실은 모두 기만이고 허위였다는 것을 인지하게 된 요나는 실망과 분노를 느낀다. 자기 아버지가 쌍둥이 아기 중 몸무게가 가벼운 아이를 아무 죄의식 없이 죽이는 모습을 보고, 말로만 듣던 임무 해제가 명예롭고 아름다운 의식인 줄 알았던 요나는 충격과 분노에 휩싸인다. 감정이 없는 사회는 죄의식도 느낄 수 없지만, 요나는 아버지가 거짓말을 했다고 생각한다. 요나의 분노는 아버지가 입양한 아기 가브리엘을 보통 아이와 다르다는 이유만으로 안락사 시키려고 할 때 극에 달한다. 그는 한 밤중에 가브리엘을 데리고 집을 도망쳐 나와 아버지의 자전거를 훔쳐 타고 자신의 공동체로부터 멀리 떠나는 모험을 감행한다. 이때 분노는 요나로 하여금 더 이상 지체하지 않고 어디엔가 존재한다는 새로운 세상을 향해 나아가게 만드는 원동력이 되고 있다.

과거의 기억 경험을 통해 느낌과 사랑의 감정을 배운 요나는 생명의 소중함도 자연스럽게 터득하게 된다. 가브리엘을 살리려는 그의 의지와 실천은 그의 감정 경험에서 비롯된 것이다. 그의 성장은 생명 윤리를 도덕적 용기를 지니고 행동으로 옮기는 실천 주체로 완성되어가는 과정을 의미한다. 요나가 어디인가 있을 새로운 사회를 향해 출발하면서 아기 가브리엘을 데리고 간다는 사실은 상징적 의미를 지닌다. 탈주의 여정에서 요나는 가브리엘에게 온기와 냉기의 기억을 불러일으키면서 아기와 한몸, 한마음이 된다. 이는 요나의 유년기의 회복을 의미할 뿐만 아니라 더 나은 미래 사회를 향하여 새로운 아기, 아감벤적 유아기를 회복한다는 의

6 Norbert Bolz, Willem van Reijen, *Walter Benjamin*(Frankfurt/Main: Campus Verlag GmbH, 1991), 김득룡 역, 『발터벤야민, 예술, 종교, 역사철학』, 서광사, 2002, 101쪽.

미이다.

비평가 트라이스에 의하면, 청소년문학과 아동문학의 차이는 사회 권력의 논제를 다루는 방식에 있다. 아동문학의 주인공은 자신의 환경 속에서 안정감을 느끼지만, 청소년문학은 가족과 학교, 부모, 정부와 같은 다양한 사회 권력과의 갈등과 타협을 통한 주인공의 성장 과정을 다룬다.[7] 이러한 권력구조 속에서 청소년은 궁극적으로 자신이 얼마만큼의 권력을 행사할 수 있는지를 가늠하게 된다. 말하자면 권력의 균형 감각을 터득하고 타협하는 것이 성장 과정이라고 트라이스는 주장한다.[8]

그러나 『기억 전달자』는 트라이스가 이해한 청소년문학과는 다른 구도이다. 열두살의 주인공 요나의 행로는 자신의 사회에 타협하거나 굴복하는 것이 아니라, 새롭고 의로운 사회를 찾아 나서는 청소년기의 잠재력을 보여주기 때문이다. 또한 이 작품은 요나의 탈출과 더불어 요나의 기존 공동체도 변화할 것이라는 암시를 던진다. 그러므로 트라이스가 청소년문학의 대표적 사례로 분석한 로버트 코마이어의 『초코렛 전쟁』과는 전혀 다른 이야기 틀에서, 이 소설은 사회 개혁에 필요한 청소년의 용기와 윤리의 잠재력을 말하고 있다.

주인공 요나가 행동 주체로 변화할 수 있던 것은, 기억 전달자가 전수한 다양한 기억경험들을 통해 자연스럽게 희로애락의 감정을 터득하게 되었기 때문이다. 다양한 감정들은 요나로 하여금 세상을 새로운 각도로 보게 하고 그 속에 감추어진 다양한 색깔을 보게 해준다. 또한 요나의 성장을 돕는 것은 스승이 그에게 허락한 질문이다. 과거에는 허락되지 않았던 무수한 질문을 스승에게 던짐으로써, 요나는 자신의 사회집단의 허구와 위선을 알게 된다. 스승이 전수하는 기억을 통해 요나가 겪는 다양한 경험과 감정도 그것들을 표현할 새로운 언어가 필요하다. 지금까

7 Trites, 위의 책, 2-3쪽.

8 위의 책, x쪽.

지 마음의 갈등이나 고통, 소외감을 느껴보지 못한 요나는 불로 지지는 것 같은 고통을 기억으로 느끼면서 "불로 지지다"라는 단어를 처음으로 알게 된다.

이렇듯, 요나의 새로운 어휘와 표현의 습득 과정이 지식이나 암기가 아니라 감정 습득에서 비롯된다는 사실은 영어교육적 측면에서도 암시하는 바 크다. 예를 들어, 기억보유자인 스승은 요나에게 자신이 가장 좋아하는 기억을 전수한다. 그 기억은 방안에서 일어나는 어느 가족의 크리스마스 저녁 식사 장면을 보여준다. 요나는 자신이 소중히 해야 한다고 배운 모든 것이 그 장면에 있음을 직감하며 따뜻함, 행복, 가족이라는 어휘로는 부족한, 방 안에 아주 강하게 퍼져있던 느낌을 표현할 적당한 단어를 찾는다. 이때 스승은 요나가 한 번도 접해 보지 못했던 새로운 단어이자 개념인 "사랑"을 소개한다. 이렇듯 요나가 새로운 어휘를 배우는 방식은 감정과 언어습득의 밀접한 상관관계를 잘 보여주고 있다.

새로운 어휘의 습득은 기존 사회를 보는 시각을 변하게 하며 사회의 규범화된 언어의 틀을 부순다. 요나는 사랑이라는 단어를 시도하지만, 가족의 반응은 부정적이다. 요나가 "절 사랑하세요?" 라고 부모에게 묻자 "어머니 아버지는 저와 즐거우세요?" 내지 "어머니 아버지는 제 성과에 자부심을 느끼세요?"[9]처럼 보다 구체적이고 정확하게 표현해야 한다는 핀잔만 듣는다. 유아기의 '말할 수 없음'이 실은 많은 것을 말하고 있다는 아감벤의 논의를 빌린다면, 요나가 터득하기 시작한 새로운 어휘는 아감벤적 유아기의 옹알이로 해석할 수 있다. 요나가 스승의 기억 전수를 통해 터득한 사랑이라는 단어의 의미가 많은 것을 함축하고 있음에도 불구하고, 요나의 가족에게는 전혀 이해되지 않는 옹알이로 들리는 것이다.

요나의 성장은 바로 이러한 의미의 유아기 경험에서 시작된다. 과거에 대한 기억을 얻음으로써, 그는 모든 것을 실용주의적 측면에서 기획하고 인위적으로 조정

9 Lois Lowry, *The Giver,* New York: Laurel-Leaf, 1993, 127쪽.

한 공동체의 허구를 파악하기에 이른다. 기억보유자인 스승에게서 요나가 전수 받은 인류사의 기억 상당 부분은 자연과 하나 되는 유년기적 경험과 이에 따른 자연스러운 희로애락의 감정이다. 이러한 기억을 통한 경험은 빼앗긴 유년기를 회복하는 것이며 요나의 진정한 성장을 완성하는 것이다. 요나는 이제 감정과 차이와 다양성과 색깔이 존재하는 자연 세계를 경험할 수 있다. 자신만의 기억을 가지게 된 사실과 새로운 어휘 습득과 표현 그리고 이에 따른 공동체로부터의 탈주는 빼앗긴 유년기, 그 다양한 감정을 회복함으로써 가능했다.

3.『기억 전달자』의 언어분석

『기억 전달자』는 서술이 박진감이 있고 내용도 재미있지만, 주인공의 내적 변화와 더불어 변화하는 어휘와 문장 형태에서도 소설 읽는 재미를 느낄 수 있다. 기억과 감정이 회복될수록 주인공 요나는 공동체가 허락한 어휘만으로는 자신의 감정을 표현할 수 없을뿐더러, 가족과 주위 친구들의 언어도 극히 제한적임을 인지하게 된다. 소설의 전개는 그의 감정에 따른 언어의 변화를 보여주고 있다. 소설은 시작부에서부터 공동체가 허락하는 언어와 개인 감정 간의 괴리를 보여주고 있다. 정체불명의 비행기가 상공에 나타나자 요나의 첫 반응은 "무서운"frightened이었다. 그러나 이내 자신의 감정을 수정하여 "걱정스럽다"apprehensive로 표현한다. 감정을 억압하는 이 공동체에서 '무섭다'는 어휘는 너무 지나친 감정 표현이다. 요나가 자신의 불안과 공포를 표현할 수 있는 용어를 찾지 못하고 사회의 기준에 맞추어 자신의 언어를 통제하는 모습은 판옵티콘의 권력을 느끼게 한다. 거대한 판옵티콘의 구조 속에서 요나는 마치 자율적으로 자신의 언어를 찾아낸 것으로 착각하는 것이다.

실용을 강조하는 공동체는 정확하고 구체적인 언어 사용을 지향하므로 언어의 은유적 함의를 금지한다. 네 살 때 요나가 "굶어 죽겠다"starving는 표현을 쓰자 지적을 당하는데, 아무도 굶어 죽는 사람이 없는 상황에서 이 표현은 부정확하므로 "배고프다"hungry만 허용된다는 것이다. 이렇듯 언어의 과장법과 은유법은 이 사회에서 통제된다. 그러나 요나가 감정을 회복해가는 일련의 사건들을 통해 언어는 은유적 성격을 띠게 된다. 가브리엘과 탈출하여 거의 아사 상태에서 낯선 장소를 헤매면서 요나는 공동체에 머물렀더라면 굶어 죽는 일은 없었을 것으로 가정한다. "하지만 계속 그곳에 머물렀다면 다른 것에 굶주렸을 것이다"[10]라고 말한다. 여기에서 요나는 사회에서 금기시한 어휘 "starving"을 사용할 뿐 아니라 이 단어가 지시하는 의미의 폭을 확장하여 은유로 사용하고 있다. 이렇듯, 이 소설의 어휘, 문장 형식, 스타일 등은 주인공의 감정변화와 함께 더욱 다양하게 변화, 확장된다.

우선 요나가 12살이 되기 전의 공동체 생활을 다룬 작품의 도입부를 분석해 보면, 1~4장에서는 과격하거나 복잡한 감정을 표현하는 단어를 찾을 수 없다. 언어 사용이 한정되어서 동일 어휘가 반복되고 있다. 문장 또한 대체로 짧은 1형식 또는 2형식이어서 단조롭고 무미건조한 느낌을 준다. 이는 감정이 비교적 자유롭게 표현되는 일반 청소년문학 작품과는 구별되는 점이다.

> He had been only fascinated. (1)
>
> Jonas grinned…… (1)
>
> The students had all been grinning. (4)
>
> He was smiling.(4)
>
> I felt very angry this afternoon.(5)

---

10 위의 책, 173쪽.

I felt so angry at him. (5)

…… the rest of the family smiled at her …… (5)

I guess I feel a little sorry for him.(7)

Jonas smiled back at his sister.(7)

He was fascinated .(12)

she was smiling.(12)

Jonas laughed.(13)

Jonas had grinned.(13)

Jonas was surprised.(15)

His mother seemed surprised.(15)

위의 리스트만 보더라도 동일 동사나 형용사나 자주 반복되며 감정 표현도 피상적이거나 형식적이고 표피적이다. 웃음과 관련된 표현만 보아도 "grin"이나 "smile"로만 간단히 표현될 뿐 이를 보다 구체적으로 설명하는 부사가 뒤따르지 않는다.

Jonas grinned X.(1)

The students had all been grinning X. (4)

Jonas grinned X (32)

He was smiling X. (4)

Jonas smiled X back at his sister.(7)

His father chuckled X.(17)

명사나 동사와 어울려 사용되는 연어[collocation] 관계의 수식어가 없거나 있더라도 매우 간단하고 명료하거나 반복적이다.

He laughed softly. (28)

He laughed softly. (29)

사회가 허락하는 어휘만 사용하는 앞부분에서는 어휘의 반복이 눈에 띈다. 예컨대 affectionately가 그 예인데 이 어휘는 이 사회에서 용인된 가치를 암시하는 것이다.

They watched affectionately…… (19)

He said affectionately. (22)

그러나 스승 기억보유자로부터 받은 기억을 통해 즉자적 경험과 감정을 겪으면서 요나가 사용하는 어휘는 점점 더 다양해지고 그의 내면의 감정의 깊이가 실리게 된다. 스승이 전달하는 기억에는 다양한 색깔의 바다와 산, 나무, 호수 등의 자연이 자주 등장한다. 이와 더불어 요나의 억압된 감정이 회복되면서 형용사와 부사 같은 수식어가 다양해지고 세밀해지는 어휘변화가 나타난다. 예컨대 동생 릴리가 규칙을 지키지 않은 친구들을 비난하면서 자신의 분노를 "화가 난다"angry로 표현할 때, 요나는 이 경우 "화가 난다" 대신 "짜증이 난다"impatient거나 "분통이 터진다"exasperated 같은 표현이 더 적절함을 깨닫게 된다.

아래의 도표는 스승으로부터 본격적인 기억을 전수받으면서 요나가 마음의 변화를 일으키게 되는 13장부터 16장까지의 단어와 구절을 분석한 것이다. 요나가 과거의 기억을 전수받을수록, 그의 감정을 드러내는 어휘는 더 다양해지고 격렬해진다.

Chapter	Words or Phrases
13	Very **frightening** (98) / a feeling of **frustration** (99) / he was often angry (99) / He feared~ (99) / It was a sound of **rage** and **grief** (101) / Jonas glanced around at the astonishing array~ (102) / Jonas~, to be the most **frustrating** of~ (103) / Jonas~, but he was puzzled (103) / Jonas was a little **frightened** at~ (103) / Jonas was **shocked** (105) / He glanced~, **terrified** that (105) / whispered **nervously** (105) / On those days, **worried** and **disappointed**, ~ (106) / But that wasn't so **terrible** (107) / when Jonas was~, a little **fearful** (106)
14	Jonas pulled~ feeling of **freedom** but instead, **terrified**, (108) / he lay **shocked**~ at first but **fear** (108) / The realization made him feel **desperately lonely** (108) / The **agony**~ (108) / I was **scared** (112) / Now it was **ominous** (113) / **Startled**, he~ (116) / this power **frightened** him (117)
15	Overwhelmed by pain, he~ (120)
16	....the pain of **loss** and **loneliness**~ **solitude** and its joy (122) / Jonas felt the joy of it~ But this time~ happiness~ (122) / He was~ , and it was warm~ (122) / Jonas opened his eyes and lay contentedly~, in the warm and comforting memory (123) /"Warmth," ~ happiness (123) / It had puzzled Jonas, seeing~ (123) / Jonas nodded. "I liked the feeling of **love**," (126)

이 도표에서도 알 수 있듯이 작품의 전반부에 비해 뒤로 갈수록 주인공의 심정을 표현하는 형용사가 다양하게 쓰이고 있다. 굵은 글자로 표시한 명사나 형용사는 모두 요나의 공동체가 달가워하지 않거나 허락하지 않는 용어나 감정이다.

그뿐만 아니라 수식어의 연어 현상이 빈번해지는 변화를 보인다. 그는 기쁨으로 웃거나grinned with delight 보다 깊은 행복deeper happiness을 느낀다. "embarrassed", "new depth of feelings", "with rage", "passionately", "real sadness", "grief", "overwhelmed", "feelings of loss", "depressing", "frightened", "lonely", "shocked", "astonished", "choking sensation", "ripping sensation"과 같이 심층적 감성을 표현하는 형용사는 주인공의 사회에서는 모두 금기시되는 단어로서, 앞 단원의 어휘보다 직설적이고 명료하고 감성적이다. 이들 어휘를 사용한다는 것은 사회에 대한 저항과 반기를 의미하는 것이다.

어휘뿐 아니라 문장 형태에도 변화가 일어난다. 앞부분은 단순한 문형 구조의 대사체가 많지만, 기억 전달자인 스승에게서 기억을 전수받을 때의 장면들은 대화체보다는 심리묘사가 많아진다. 그렇다고 요나의 감정의 깊이를 표현하기 위해 사용되는 단어가 모두 다음절의 단어만은 아니다. 오히려 유년기의 직관적인 감성을 표현하기에 적합한 단음절의 단어가 자주 쓰인다. 색깔이나 자연묘사에 관계된 단어가 그것들이다. snow, hills, sunshine, color, rainbow, fire, field와 같이 한 두 음절의 짧은 단어는 주인공의 더욱 자유로운 지각이나 감성, 비전과 연관된다. 동시에 꿈도 서술을 대체하는 경우가 더 많아진다. 기억 전달자와의 경험 이전에는 언어가 무의식인 꿈까지 통제하지만, 이제 기억은 꿈과 언어의 통제를 풀고 자유로워지는 것이다.

문장도 단순 문형에서 복합 문형으로 변하며 분사 구문도 더 많아진다. 더욱 흥미로운 점은 요나의 감정의 깊이와 상상력이 활발해질수록, 작품의 후반부에서는 가정법의 사용이 더욱 빈번하게 나타난다는 사실이다. 원래 모든 것이 동질화되고 기획된 요나의 통제 사회에서는 가정법이 필요하지 않았다. 그러나 'What if'나 'could' 'would' 등의 사용은 요나에게 자신의 현실 이외에 다른 상황을 가정할 수 있는 인지능력과 상상력이 생겼음을 말해주고 있다.

4. 학습자 반응과 영어/윤리교육의 가능성

앞서 설명한 주인공의 감정 회복과 그에 따른 텍스트의 언어 변화가 실제로 이 소설의 독자 반응에도 감지되는지 살펴볼 차례다. 이를 위하여 학습자들의 독서경험을 사례로 논의하였다. 학습자들은 필자의 영미 청소년문학을 수강한 교육 대학원생 13명이 대상이다. 질문지는 아래와 같다.

1. 작품이 진전될수록 주인공은 스승인 기억 전달자의 기억 전수를 통해 다양한 감정을 회복한다. 독자도 같은 경험을 했는가? 했다면 어디에서부터, 혹은 어느 장면에서부터인가?
2. 작품의 후반으로 갈수록 문장과 단어의 변화를 인식했는가?
3. 작품의 후반으로 갈수록 주인공의 감정도 더욱 복잡해지고 이야기의 전개속도도 빨라진다. 이에 따른 텍스트 난이도의 차이를 느꼈는가? 그렇다면 이에 따른 읽기 속도의 차이가 있었는가?

이 질문에 대한 학습자들의 반응을 간략히 정리해보면, 대부분 독서의 시작부에서는 독해가 쉬웠으나 소설이 진행될수록 어휘가 약간 더 어려워지고 문장구조도 조금씩 복잡해져서 어려워진 느낌을 받았다는 중론이었다. 그런데 이렇듯 어려워졌다는 느낌에도 불구하고, 궁금증이 점점 많아지면서 읽기 속도도 빨라졌다는 또 다른 반응도 확인하였다. 또한, 대부분 학습자는 주인공이 기억 전달자라는 평생 직업을 부여받는 부분에서 독서 속도가 조금 빨라졌고 가브리엘을 데리고 탈출하는 후반부에 이르러 더 빨라졌음을 토로하였다. 학습자들의 이 같은 반응들은 영어 읽기에서 텍스트의 난이도의 지수보다는 재미의 중요성을 강조한 부쉬맨John Bushman의 주장을 상기시킨다. 말하자면, 쉽고 쉬운 내용보다는 학습자에게는 조금 어렵더라도 공감할 수 있는 텍스트가 영어 읽기 훈련에 도움이 된다.

흥미로운 점은 이 작품 전체를 대상으로 난이도 지수 검사를 해 본 결과 예측과는 달리, 각 장마다 난이도의 차이는 보여도 소설의 후반부가 전반부보다 난이도가 모두 높지는 않다는 사실이다. 이 소설의 난이도 검사를 보면, 플래시식 분류의 난이도 단계 분류는 텍스트의 전-중-후반부에서 큰 차이는 보이지 않았다. 플래시 지수는 독서난이도를 나타내는 척도로서 백분율로 표시된다. 가장 쉬운 책을 100으로 할 때, 90~100 정도면 초등 4~5학년에 해당한다. 30 이하의 텍스트는 대학의 텍스트 수준이다. 이 책에서는 60~70 정도의 지수를 보이는 것으로 보아 미국의 7~9학년 수준의 난이도를 보인다고 할 수 있다. 플래시-킨캐이드식 난이도 단계 분류는 플래시 지수를 조금 더 다듬은 것으로 미국 학년 수준을 연계한 것이다. 지수가 7.1인 경우 7학년이나 그 이상의 독서수준인 사람에게 적당한 것으로 간주한다. 이 책은 5~11까지로 난이도를 보이지만, 기대했던 것만큼 난이도가 시작부와 중간, 결말 부의 진행에 비례하여 함께 올라가지는 않았다. 그보다는 어휘와 문장 형태가 다채로워져서 주인공의 심리를 그대로 표출시키는 점이 발견된다.

그러므로 주인공의 깊어가는 감정 내면의 묘사와 더불어 다양한 어휘와 문장 형태가 나타났을 뿐, 어휘와 문장 자체가 급격히 어려워진 것은 아니다. 오히려 즉자적 감정 표현을 위해 더욱 직접적이고 단음절의 어휘가 많이 사용되었다. 그런데도 난이도가 높아졌다는 학습자들의 독서반응은, 더욱 깊어진 주인공의 내면 갈등에 학습자들이 감정 이입을 느껴 주인공의 고통과 갈등을 공유한 결과로 해석된다. 또한, 독자가 느끼는 궁금증이 클수록 그만큼 작품의 결과에 대한 조급증이 생겨, 독서진행이 더 느리다고 일부 학습자는 느꼈을 수 있다. 이 반응들은 번역서가 아닌 원서 독해를 통해서만 가능하다. 번역서로는 어휘나 문장형태의 변화를 감지하기가 어렵다는 점을 독자 반응 분석 과정에서 학습자들은 새삼 깨닫게 된다.

더 나아가 이 같은 학습자들의 감정 반응은 윤리교육에도 의미가 있음을 말해준다. 예컨대 아래 학습자의 쪽 글은 감정이입과 윤리인식이 매우 밀접한 영역임을 분명히 보여주는 것이다.

> 요나가 기억전수자로부터 기억을 전달받는 과정에서는 마치 주인공이 된 것처럼 행복, 고통, 슬픔, 분노를 주인공과 함께 느끼고 있었던 것 같다. 그리고 주인공이 탈출하여 다른 세상을 향해가는 부분에서 몰입도가 가장 높았던 것 같다. 특히 가브리엘을 보호하려고 끝까지 애쓰던 요나의 모습이 너무나도 마음이 아팠다. 영어로 된

소설을 읽는 것은 생각보다 많은 인내가 필요했는데, 『기억 전달자』의 경우에는 여러 감정의 변화가 유발되어 몰입도가 상당히 높았고 빠른 속도로 읽을 수 있었다. 이 작품의 교육적 측면은 옳지 않다고 여기는 것에 대해 저항할 수 있는 용기가 중요하다는 메시지를 담고 있다는 점이다.(정소희 : 가명)

요나는 자신의 모험을 위해 스승으로부터 용기나 힘과 관련한 기억을 좀 더 전수받지 못한 것을 아쉬워한다. 그러나 감정을 회복한 그는 아기 가브리엘이 다음 날 아침이면 죽임을 당할 것이라는 사실을 알자마자 그 즉시 그를 구출하는 모험을 감행한다. 이 순간 요나가 실천하는 도덕적 행위는 스승으로부터 전수 받은 것이 아니라 자신의 내면에서 능동적으로 발휘된 것이다. 말하자면 요나가 전수한 다양한 감정 경험은 자신도 모르는 사이에 사물의 옳고 그름을 파악하는 윤리적 판단과 용기를 불러일으킨 것이다. 이러한 윤리의식은 인간 고유의 자연스러운 감정의 회복 과정에서 동시에 나타나는 인지 능력이라고 할 수 있다.

또한 위 학습자의 반응은 문학 읽기를 통해 감정 이입의 경험만 아니라 윤리적 메시지도 얻을 수 있음을 드러낸다. 이렇듯 문학작품 읽기를 통해 감정과 윤리 교육이 가능하다고 하는 사실은 누구보다도 고전학자이자 법철학자인 누스바움이 이미 설파한 바 있다.

내가 문학적 상상력을 옹호하는 것은 엄밀히 말해, 그것이 윤리적 태도에 필수불가결한 요소라고 여겨지기 때문이다. 그것은 우리와 거리가 먼 삶을 살아가는 다른 사람들의 선한 점에 우리에게 관심을 두도록 요구한다.[11]

---

11 Martha Nussbaum, *Hiding from Humanity: Disgust, Shame, and the Law,* Princeton, N.J.: Princeton UP, 2004, xvi쪽.

문학적 상상력이란 삶의 조건이 다른 사람들에 대한 공감을 의미한다. 누스바움에 의하면, 문학 소설이 유발하는 공감의 경험이야말로 사회 정의에 대한 도덕적/정치적 비전의 초석을 놓는다. 누군가 작품을 감상할 때, 특정 정서적 반응을 겪지 않는다면, 그 작품을 감상하는 것이 아니다. 작품을 이해하고 그것에 대해 사고하고 평가하는 데에는 연관된 감정들의 협력이 필요하기 때문이다. 다시 말해 감정 그 자체 내에 대상에 대한 평가와 판단이 내재해 있는 것이다.

그러므로 『기억 전달자』의 독해 과정을 통해, 영어 습득 방법이나 도덕 이론의 일반적 통로로는 이를 수 없는 특수한 도덕적 감성을 얻을 수 있다. 누스바움은 아이의 성장은 자연스럽게 꽃피어나는 것이며 자연스러운 감정의 습득과 내적 갈등은 윤리적 관심과 더 나아가 건강한 민주주의의 기초를 만들어낸다고 확신한다. 교육은 바로 이러한 감정의 습득과 공감에서부터 시작한다는 것이다.

마지막으로 누스바움보다 문학적 감정과 상상력을 보다 정교하게 세분화한 연구로, 문학과 인지 언어학의 접목을 시도하면서 독자반응 연구에 주력해온 미알과 쿠이켄의 문학적 감정에 대한 분석을 주목할 필요가 있다. 이들은 독서 경험에서 발생하는 네 단계의 감정 중 마지막 단계인 문학적 감정은 궁극적으로 독자의 자기 이해와 자기 정체성을 변화시킨다고 주장한다. 1단계의 기쁨이나 만족의 감정 혹은 2단계의 독자나 서술자나 등장인물에 대한 공감은 텍스트를 해석하고 이해하는 데는 중요하지만, 텍스트의 문학적 특성에서 연유하는 감정은 아니라고 말한다. 3 단계로서 매료되거나 끌림의 감정은 문학작품의 형식적 구성, 즉 이야기나 문체 혹은 장르에 대한 독자의 첫 반응이다. 이 3단계의 미학적 감정과 서사적 감정이 상호작용하여 마지막 4단계인 감정의 변화를 초래한다고 말한다. 이 단계가 바로 카타르시스에 해당하는 부분이며 누스바움이 말하는 도덕적, 윤리적 인식과 만나는 부분인 것이다.

제 10 장
모의법정과 영어/윤리/법 교육

1. 학교폭력, 모의법정, 법, 그리고 문학 읽기

학교 현장에서 발발하는 많은 청소년 폭력문제를 해결하려는 일환으로, 학생들이 직접 참여하여 이끌어 나가는 모의법정이 근래에 종종 실험됐다. 2004년에 청소년 모의법정추진연대가 결성되면서 학교 폭력과 왕따 문제, 원조교제 및 청소년 인권에 관한 모의법정 대본을 공모하거나 혹은 모의법정에 관한 연극이 소개되기도 했다. 부모나 교사의 강제나 훈계보다는, 같은 나이 또래가 모여 진행하는 모의법정이 청소년들에게는 보다 설득력이 있는 것으로 보인다.

그리하여 인터넷상에서는 중 · 고등학생용 모의법정용 법복이 판매되고 있으며 언어습득과 논리적 사고 등을 훈련하는 교육방식으로도 모의법정이 적극적으로 장려되고 있다. 법무부에서 개발한 법 교육 프로그램인 '학생자치 법정'은 교내 학생생활지도 프로그램으로 활용되어 전국 300여 개의 시범학교에서 성공적으로 진행되고 있다. 모의법정은 가상의 법정에서 학생들이 직접 변호사나 검사, 판사, 증인, 배심원 등의 다양한 역할을 맡아 토론함으로써 법을 이해하고 비평적 사고를 연습하며 공적 스피치 구사 능력을 키울 수 있다는 확신이 늘고 있다.

모국어뿐 아니라 영어능력 향상과 논리적 사고의 훈련 및 습득을 위해서도 모의법정은 중요한 영어교육 방법으로 활용되고 있다. 영어 모의법정 경연대회는 국내 외국어 고등학교들의 여름 캠프에서도 활발히 열리고 있다. 영어교육은 영어로 읽고 쓰고 말하고 듣는 의사소통 기능뿐 아니라 다양한 콘텐츠의 지식과 문화 및 영어권의 소수자에 대한 이해까지도 포함한 인지적 사고를 목표로 한다. 더 나아가 영어로 직접 대본을 쓰고 논쟁하는 모의법정 방식은 고등학교의 상급반이나 대학 학부의 영어교육 방법으로도 활용될 수 있을 것으로 보인다.

그렇지만 법이 정의의 구현보다는 폭력의 합법적 수단으로 전락할 수 있는 현실을 고려할 때, 모의법정을 언어교육의 한 방식으로 원용하기 전에 법에 대한 분명하고 깊은 이해가 앞서야 할 것이다. 다시 말해서 예외를 고려하지 않은 경직된 법 적용 등이 오히려 피해자들에게 폭력으로 작용할 수 있음을 고려할 때, 모의법정을 교육방법으로 채택하기 이전에 법과 개인에 관한 인식론적 논의가 선행되어야 한다는 의미이다.

루이스 알튀세는 이데올로기의 수행을 단순히 국가권위를 안정시키는 수단이 아니라, 보다 근본적으로 구체적 개인을 주체로 세우는 기제로 보았다. 그러므로 주체라는 범주는 모두 이데올로기로 구성되며 인간은 본성상 이데올로기적 동물이라는 것이다.[1] 이데올로기는 국가장치의 '호명'이나 부름을 통해 개인을 주체로 변형시키는 방식으로 수행되거나 작동한다. 개인은 호명에 대답함으로써 권위에 효과적이고 긍정적인 반응을 통해 주체로 창조되는 것이다.

이렇듯 하나의 개인을 주체로 변형시키는 이데올로기 장치 중 "교육 이데올로기 장치"Educational Ideological Apparatus는 알튀세에 의하면 가장 대표적인 것이다. 역사적으로 교육 이데올로기 장치는 자본주의 사회형성에 지배적 위치를 차지해왔다.[2] 학교는 훈육을 통해 학생들에게 적절한 사회 이데올로기를 부여하여 자본주의 국가의 특정 요구와 변화에 맞는 지식 노동자를 생산해온 것이다.

그런데 국제적으로 그 수가 증가하고 있는 학교 폭력은 이 같은 훈육이나 질서

1 Louis Althusser, *Lenin and Philosophy and Other Essays,* New York: Monthly Review Press, 2001, 109-16쪽.

2 위의 책, 106쪽.

를 통해 자본주의의 안전한 사회관계를 생산하고 재생산하는 학교 시스템에 직접 위협을 주고 있다. 폭력 학생들은 학교 이데올로기의 부름에 무감각해지고 다시는 응답하지 않는 것이다. 알튀세는 현대 교육의 핵심에 자본주의 이데올로기가 작동한다고 보았다. 그러므로 동시대의 빈번한 학교폭력은 교육을 이루는 자본주의 이데올로기의 위기의 한 징후로 해석될 수도 있다.[3] 이같이 증가하는 청소년 폭력을 교내에 경찰을 투입하거나 그 숫자를 늘리는 방식으로 제재하려 했지만 특별한 효과를 보지 못했다. 그러므로 별수 없이 법 집행을 통해 청소년의 폭력 문제를 해결하려는 시도가 증가하고 있다. 특히 다양한 인종이 공존하는 미국의 경우, 청소년 범죄해결에서 법에 의존하는 빈도가 급속히 늘고 있는 것이 현실이다.

법은 종교, 교육, 가족, 정치, 노동조합, 정보통신 기관과 더불어 모두 '이데올로기 국가장치'Idealogical State Apparatus로 범주화되지만, 더 나아가 '억압적 국가장치'Repressive State Apparatus의 범주에도 포함된다. 이들 이데올로기 국가장치나 억압적 국가장치 모두 폭력과 이데올로기에 의해 작동된다는 것이 알튀세의 주장이다. 다만 물리적 폭력을 포함한 억압적 국가 장치는 폭력을 통해 주로 작동하고 이데올로기를 통해서는 부차적으로 작동하는 반면, 이데올로기 국가장치는 주로 이데올로기를 통해 작동하고 폭력은 부차적이라는 점이 다르다. 절대적으로 순수한 이데올로기 장치라는 것은 없는 것이다.[4]

법이 이데올로기 국가장치인 동시에 억압적 국가장치라는 알튀세의 주장은 그만큼 법 실행의 과정에서 발생할 수 있는 폭력성을 부각한다. 보편적 권리와 공동체의 목표를 추구하는 과정에서 법의 판결은 개인의 특수 상황이나 행위의 동기를 놓칠 수 있다는 점이 일반적으로 지적되는 법의 한계이다. 같은 맥락에서 법이 보

3 T. J., Catlaw, "On Interpellation and Violence at Columbine," *Journal for the Psychoanalysis of Culture and Society* 5-2(2000): 340쪽.

4 Althusser, 위의 책, 96-98쪽.

편적 명령으로서 일반성을 가정하기 때문에 어떤 특유한 상황의 개인, 집단, 대체 불가능한 존재의 정의와 연결되기 어렵다고 본다.[5]

보편적인 일반 가치 규범으로서의 법에 대한 회의는 법 담론을 문학 서사를 통해 이해하려는 움직임을 불러왔다. 동시대 진행되고 있는 법과 문학의 상호 연구에 시발점을 제공했다고 평가되는 제임스 화이트는 법 해석과 판결을 마치 다른 언어와 관점으로 쓰인 텍스트를 번역하는 것에 비유함으로써 그 한계를 시사하고 있다.

> 오르테가 이 가세트Ortega Y Gasset는 한 언어에서 다른 언어로의 번역은 그 어떤 것도 완벽할 수 없다고 주장한다. 번역은 항상 오르테가의 말로 원전에는 있지만 번역에는 없는 "결핍"이거나 번역에는 있지만 원전에는 없는 "과잉"이다. 언어 사이의 틈은 결코 봉합될 수 없다. 이 말은 번역 기술은, 오르테가를 다시 빌리자면, "유토피아적"이거나 궁극적으로 결코 성취할 수 없다. 사람들은 얻을 수 없는 것을 시도한다. 그런데도 최소한 불가능과 좁힐 수 없는 차이를 적절히 인식하고 행동한다면, 시도하는 것은 옳은 일이다.[6]

화이트는 법을 서사나 설득의 수사학으로 보고 다양한 장르의 문학 텍스트와 연결해 법 해석에 접근하려는 노력을 진행해왔다. 그에게 법은 "구성적 수사" constitutive rhetoric이므로 다양한 사회 현상을 일관성 있게 해석하려면 문학 텍스트의 서사와 그 속의 다양한 관점을 이해하는 것이 중요하다. 그는 무엇보다 법의 현실과 관행이 일정한 서사 구조 속에 개별적인 줄거리가 만들어지는 과정으로 이해하

5 Jacques Derrida, "Force of Law: 'The Mythical Foundation of Authority." *Acts of Religion,* Ed. Gil Anidjar, New York: Routledge, 2002, 245쪽.

6 James Boyd White, "Teaching law and literature," *Mosaic* 27-4(1994): 12쪽.

는 듯하다. 법을 사연이 진행되는 서사의 틀로 인식할 때, 법에 따른 투쟁은 서사의 대결일 수 있다는 의미에서 법 텍스트는 문학 텍스트에 비유될 수 있다. 이들이 모두 등장인물의 정체성과 개념의 의미를 '구성'하는 방식에서 법이나 문학은 "구성적 수사"가 되는 것이며 이를 화이트는 문학적 상상력에 대신하여 "법적 상상력" legal imagination으로 표현하고 있다.[7]

화이트처럼 누스바움도 문학 읽기를 법적 사유의 필수적 과정으로 이해하고 있는 법철학자이다. 그녀에 따르면, 문학의 감성적 직관은 언제나 사유와 이성에 앞선다. 따라서 문학 정전 텍스트들을 꼼꼼히 읽으면 도덕 이론의 일반적 통로로는 이를 수 없는 특수한 도덕적 지식과 감성을 얻을 수 있어 윤리교육이 가능해진다는 것이다.[8] 누스바움의 이 같은 문학 이해는 법 이론을 구성적 수사로 본 화이트의 법적 상상력과 그리 멀지 않은 것으로 보인다.

2. 『괴물』의 이데올로기 국가장치와 윤리적 주체

지금까지 논의한 관점에서 본다면, 마이어즈 Walter Myers의 『괴물』 *Monster*이야말로 "법은 서사를 통해 존재한다"[9]는 명제를 매우 정확히 소설화한 문학텍스트라고 할 수 있다. 그만큼 이 소설은 시작부터 끝까지 미국 흑인 청소년 주인공의 법정 판결을 다룬 것으로, 모의법정 대본으로 활용하기에 적합한 작품이다. 문학과 법은 각기 다른 지향점을 갖고 있어 충돌을 일으킬 수도 있는 영역이다. 하지만 문학의 거울을 통해 권위로 작동하는 법의 실체를 들여다볼 때, 법의 다층적 모습이 더 선명

7 위의 책, 23쪽.

8 Nussbaum, *Poetic Justice: The Literary Imagination and Public Life*, Boston, Mass: Beacon Press, 1995, xvi쪽.

9 Anthony Amsterdam, G. Bruner, Jerome S., *Minding the Law,* Cambridge: Harvard UP, 2000, 110쪽.

하게 드러날 수 있다. 그 적절한 사례가 바로 이 소설이다. 1999년에 발표되어 그 해의 책을 수상했고 2000년도에는 마이클 프린츠 상과 코레타 스콧 킹 영예상을 받았다. '청소년을 위한 최고의 북' 리스트에 오르는가 하면, 빈번하게 나오는 저속한 언어나 성적 표현 혹은 과격한 이미지 때문에 혐오스러운 청소년문학 작품 리스트에도 올려져 있다.

소설은 뉴욕 할렘 출신의 16살 흑인 소년 스티브Steve Hermon가 동료의 범죄에 가담했다는 이유로 체포되어 수용되고 판결을 받기까지의 반복되는 일련의 재판 과정이 주 내용이다. 작품의 줄거리는 스티브가 직접 자신의 재판 경험을 기록한 영화각본 형식으로 진행되며 간간이 그의 마음을 담은 일기들이 삽입되어 있다. 일기는 그의 절박한 내면의 갈등을 담고 있다. 그러나 그의 주관적 진술을 과연 독자가 얼마만큼 믿어야 하는지는 확실하지 않다.

주인공 스티브는 편의점 주인 네스빗 씨의 살해에 직접 가담하지 않았지만, 편의점 주인을 사살한 킹의 증언에 의하면, 킹과 에반스가 편의점을 털기 전에 스티브는 편의점에 아무도 없는지 점검하는 일을 맡게 되어 있었다. 일이 잘못되어 총을 꺼내 든 편의점 주인은 몸싸움 후 킹에게 총을 뺏기고 사살된다. 스티브는 현장에서 발견되지 않았지만 이후 편의점 앞에서 킹과 에반스의 도주를 도우도록 계획된 오스왈도의 누설로 경찰에 이끌려 감옥에서 판결을 기다리게 된다. 스티브가 자신의 행각을 기록한 영화각본에는 편의점을 계획대로 미리 점검하러 갔는지 아닌지가 확실치 않다. 스티브의 기억을 토대로 한 영화각본에 의하면, 편의점 강탈을 위해 패거리들이 모인 사전 모의에서 스티브는 거의 침묵으로 일관하거나 마지못해 대답하는 수동적인 모습을 보이기 때문에, 그가 과연 킹의 사전 지시대로 사건 직전 편의점을 직접 방문했는지 알 수 없다.

스티브가 사건에 휘말리게 된 경위에는 할렘 출신의 흑인 청소년이라는 출신 배경이 작용한다. 할렘의 흑인 또래 집단 청소년들인 '거친 녀석'들 틈에서 약하게 보이기 싫은 스티브는 편의점 강탈모의를 처음부터 강력하게 거부하지 못한다. 자신의 남성성을 증명하기 위해 그는 자신의 삶에 재앙이 될 수 있음에도 불구하고 '거친 녀석'이라는 또래 집단의 정체성을 따른 것이다.

그러나 그가 선택한 집단 정체성은 다수의 할렘 출신 흑인 청소년들이 경험하게 되는 교도소에서 그 폭력적 본성을 구체적으로 드러낸다. 교도소 수감자들이 약자를 찾아내어 구타와 강간을 서슴지 않는 집단 폭력을 목격하며 스티브는 진정으로 자신을 성찰하고 집단 정체성을 떠나 독자적 삶의 향방을 선택해야 하는 생애 처음의 통과제의를 거치게 된다. 소설은 스티브가 교도소의 불이 꺼진 후 아무도 몰래 혼자 우는 것으로 시작된다.

> 울기 가장 좋은 때는 밤이다. 불이 꺼지고, 누군가 두들겨 맞으면서 살려달라고 고함을 지르는 밤에는 코를 조금 훌쩍여도 들리지 않는다. 만약 누군가 내가 우는 걸 알게 되면 다들 내 이야기를 하기 시작할 거고, 좀 있다가 불이 꺼지면 두들겨 맞는 사람은 내가 될 것이다.[10]

교도소 안에서 폭력의 피해자가 되지 않기 위해서는 눈물이나 감정을 지닌 인간이기보다는 괴물로 지내는 것이 훨씬 수월하다. 평소에 자신을 좋은 사람이라고 생각해 온 스티브에게, 자기가 경험하는 수감자들과 자신이 동일인으로 취급받고 있다는 사실은 충격적이다. "나는 자신을 스스로 좋은 사람으로 느끼고 싶다."고 스티브는 말하지만 "이 녀석들과 여기 있으니 나는 다르다고 생각하기가 어렵다. 우리는 거의 똑같아 보인다"고 좌절한다.[11] 집단정체성을 추구해온 십 대 청소년이 일생에 한 번 있을까 말까 한 위기를 경험하고 나서야 비로소 집단과 분리된 자신

10 Walter Myers, *Monster,* New York: Harper Collins Publishers, 1999, 1쪽.

11 위의 책, 62-63쪽.

만의 정체성을 생각해보고 있다.

그러나 이 소설은 스티브가 수감자들에게서 인간이 아닌 괴물성을 보고 자신도 똑같아 보일 것이라는 사실에 괴로워하기 전, 스티브의 의도와는 상관없이 그가 할렘가 출신의 흑인 청소년이라는 사실만으로도 이미 괴물로 범주화되고 있음을 명확히 하고 있다. 법의 원칙상 유죄로 입증되기 전까지는 누구나 무죄이지만, 스티브의 변호사 오브라이언O'Brien은 배심원 중 절반은 스티브를 본 순간부터 유죄라고 믿고 있을 것이라며, "너는 어리고 흑인이고 재판을 받고 있어. 그것 말고 무슨 정보가 필요하겠니?"라고 묻는다.[12] 스티브는 흑인이자 할렘 출신이라는 이유로 유죄 판결을 받기도 전에 죄인이라는 '낙인 효과'를 겪고 그것은 그에게 심각한 정체성 혼란을 가져온다.

주디스 버틀러는 주체로 인식할 수 없는 "주체"가 있고 생명으로 인지되지 않는 "생명"이 있다면서 "어떤 의미에서 생명은 인지가능성recognizability의 규범적 조건을 초과하는가?"라고 묻고 있다. 여기에서 "인지가능성"은 하나의 주체로 인정하는 사회적 조건을 의미하며 그런 의미에서 "인지가능성은 인지를 앞서는 것"이다.[13] 주체로 인식되지 않고 생명으로 인지되지 않는 대상에 대한 법의 폭력이나 전쟁터의 폭력은 그렇지 않은 대상보다 훨씬 가혹해질 수 있다. 실제 역사에서 유럽에서의 제2차 세계대전보다 한국전이나 베트남전에서 군인의 민간인 살상이 많았던 배경에는 황인종을 살상하는 것에 죄의식을 그만큼 덜 느낀 미군의 심리가 작동했던 것이다. 실제로 '인종적 차이'와 '도덕적 우월성에 대한 맹신', 이 두 가지 메커니즘이 전쟁터에서 살상행위를 가속하는 심리적 동력인 것으로 이해되고 있다.[14] 오

---

12 위의 책, 78-79쪽.

13 Judith Butler, *Frames of War: When Is Life Grievable?,* London & New York: Verso, 2009, 4-5쪽.

14 유제분, 「전쟁과 치유의 서사—제인 앤 필립스의 『라크와 터마이트』와 노근리 양민 학살」, 『현대영미 소설』 20-3(2013): 238쪽.
최상훈, 찰스 헨리, 마사 멘도자, 『노근리 다리: 한국전쟁의 숨겨진 악몽』, 남원준 역, 도서출판 잉걸, 2003, 292쪽.

브라이언 변호사가 재판에서 스티브가 무감각한 비인간인 괴물이 아니라 폭력 앞에서 두려움을 느낄 줄 아는, 감정을 지닌 시민 주체로 인정될 수 있도록 스티브의 존재를 부각하려는 이유도 이 같은 맥락에서 출발한다. 예컨대 스티브를 직접 증인석에 올려 그의 목소리를 들리도록 한 것도 그를 인간으로 부각시키는 하나의 방편이 된다. 그러므로 이 소설은 미국의 법 제도가 범죄자를 결정하고 범죄자를 처벌하는 작동 방식을 폭로하는 수사로 해석할 수도 있다.

이 작품의 주요 갈등은 궁극적으로 두 가지의 물음으로 요약될 수 있다. 하나는 스티브가 유죄로 판결될 것인가? 아니면 무죄로 판결될 것인가? 이다. 이 물음은 검사의 기소와 변호사의 변론 그리고 스티브를 포함한 증인들의 다양한 법적 수사를 통해 제기되고 있다. 또 하나의 더욱 심층적인 물음은 재판 판결과는 별도로 스티브는 유죄인가? 아니면 무죄인가? 이다. 이 질문은 스티브를 포함한 독자에게 던져진다. 스티브가 직접 쓴 영화 각본에는 없지만 일기에는 편의점에 잠깐 들른 것으로 적힌 그의 행동이 편의점 주인의 살해에 어떤 영향을 미칠 정도로 범죄로 인정되어야 하는지, 아니면 살해 의도도 없었고 결과에도 관여하지 않았으니 범죄가 아닌지, 법의 판결과 상관없이 양심과 정의의 문제에 관한 이 같은 질문은 주인공 스티브뿐 아니라 독자에게도 혼동을 불러일으킨다. 양심의 범죄라면, 법적인 형량은 얼마나 받아야 하는가? 정의와 양심에 관한 이 두 번째 질문은 근본적으로 법 판결의 한계, 즉 보편 정의와 절대 진실을 규명하거나 실현 하는 데 있어서의 법의 한계를 상기시키는 물음이다.

작품의 종결에서 법정이 스티브에게 내린 무죄판결은 스티브를 괴물에서 인간으로, '나쁜 시민'에서 '좋은 시민'으로 자리매김할 것처럼 보인다. 그런데도 스티브가 껴안으려고 내민 두 팔을 거부한 채 굳은 표정으로 돌아서 버리는 변호사의 태도는, 재판의 승소가 개인이 선택해야 할 양심과 정의의 문제를 해결해줄 수 없음을 상기시킨다. 그녀는 스티브가 법적으로는 무죄판결을 받았다 하더라도 여전히 범죄에 가담했을 가능성을 염두에 두고 있는 듯하다. 그런데 그녀의 이 같은 생각은 할렘 출신의 흑인 청소년에 대한 사회적 편견과 무관하지 않다. 흑인 청소년 스티브는 무죄판결을 받기는 했지만, 괴물이라는 사회의 호명에서 벗어나 진정한 자아 정체성을 찾기는 여전히 쉽지 않아 보인다. 자신이 진정으로 무죄라는 확신이 서거나 혹은 유죄라는 양심적 결단을 내리고 선언하기 전에는 스티브의 범죄 참여는 여전히 애매하게 남아 있기 때문이다.

그러므로 법정 판결 이후 5개월 후에 쓴 스티브의 마지막 일기는 그의 자아인식이 '괴물'이라는 사회관계의 호명에서 여전히 자유롭지 않음을 보여주고 있다. 스티브는 카메라를 거울 앞에 설치해놓고 거울에 비친 자신의 모습을 촬영하거나 옷을 계속 갈아입고, 목소리를 바꿔보면서 자신에 대한 영화를 찍고 있다. 자신을 무죄로 선고한 법의 판정과 달리 자신의 진정한 자아를 찾는 숙제가 남은 것이다. 일기는 다음과 같이 끝난다.

> 때때로 나는 카메라를 거울 앞에 설치해 놓고 거울에 비친 내 모습을 촬영한다. 옷을 갈아입고 내 목소리도 바꾸어본다. …… 나는 내가 누구인지 알고 싶다. 내가 걸었던, 공포로 향하는 길을 알고 싶다. 나를 천 번쯤 바라보면서 진실한 모습을 딱 한 번이라도 보고 싶다. 재판에서 이긴 다음 내 쪽으로 고개를 돌렸을 때 오브라이언 변호사는 내 어떤 모습을 보고 고개를 돌린 것일까? 내 어떤 모습을 보았던 걸까?[15]

한 인간 주체로서의 온전한 자기 정체성을 찾는 과정은 양심과 정의에 대한 물음과 맞물려있다. 법과 사회의 호명을 넘어서는 진정한 자아 발견은 양심의 선택과 결단을 의미하는 고독한 싸움임을 이 소설은 시사하는 것이며, 그런 측면에서

15 Myers, 위의 책, 280-81쪽.

법과 정의, 윤리의 차이를 분명히 보여주고 있다. 그렇다면, 사회의 호명으로 구성되는 주체의 한계를 주장하는 알튀세의 논의를 넘어, 자신의 진정한 주체를 스스로 찾을 수 있는 자유의 가능성은 개인에게 여전히 주어진 셈이다. 이데올로기 국가장치가 호명할 수 없는, 더욱 자유롭고 윤리적인 주체로서의 개인의 선택권이 가능하다는 의미이다.

3. 『괴물』의 법과 정의 그리고 포스트모던 정체성

1966년의 미란다 대 애리조나 판결로 잘 알려진 '미란다 경고'Miranda Warnings는 피고가 자신의 범죄를 자백하지 않고 침묵을 지킬 권리가 있음을 인정하는, 가장 영향력 있고 널리 알려진 법 규율의 하나이다.[16] 드라마에서도 종종 목격할 수 있는 이 미란다 경고는 범죄의 용의자는 체포되기 전 침묵할 권리가 있고 자신의 그 어떤 진술도 재판에서 불리한 증거로 채택될 수 있으며 변호사를 선임할 권리와 여건이 안 되면 국가가 나서서 변호인을 구해준다는 경고를 들어야 한다는 것이다. 이는 피고의 자백이 자발적인 것이 아니라 심문이나 고문에 의해 강제적으로 행해질 수 있으므로 만들어진 오랜 법 전통의 결과이다. 이 원칙은 달리 말하면, 범인의 입에서 자발적으로 직접 나온 자신에게 불리한 자백이 가장 믿을만한 증거로 작용한다는 의미이기도 하다. 재판에서 피고의 자백이 진정으로 자발적인 것인지를 객관적으로 평가하기는 절대 쉽지 않으므로 피고를 보호하는 차원에서 미란다 경고는 유효하다.

하지만 기독교 윤리에 기반을 둔 도덕론은 사실의 은폐를 뉘우치고 자신의 잘못

16 Peter Brooks, "Storytelling Without Fear? Confession in Law and Literature." *Law's Stories: Narrative and Rhetoric in the Law,* Eds. Peter Brooks & Paul Gewirtz. New Haven: Yale UP, 1996, 115쪽.

을 자백하는 행위를 높이 평가한다. 전통 기독교 윤리에 의하면, 죄인의 자발적인 진정한 자백은 그를 죄에서 구원해줄 수 있는 통로이다. 그런데 미란다 경고는 피고의 자백을 원천적으로 봉쇄함으로써 그러한 전통 기독교 윤리의 기대에서 벗어난다고 볼 수 있다. 더구나 범인의 유죄를 선고하고 범인을 사회에서 격리하는 것이 법정과 경찰의 임무라는 사회통념에서 볼 때, 용의자가 범죄를 자백할 의무에서 벗어날 권리와 기회를 주는 미란다 경고는 비윤리적인 차원으로 해석될 가능성도 없지 않다.[17] 법적 해석의 결과물인 미란다 경고의 원칙과 윤리와 정의에 대한 사회통념 간의 갈등이야말로 법 실현의 이중적 잣대이자 한계를 의미하는 것이다.

또한, 이 두 잣대는 검사와 변호사의 다른 상황을 대변해주는 것이기도 하다. 검사는 더욱 객관적이고 공적인 이해를 위한 역할 규범을 강조하는 반면, 변호사는 '정의'보다는 자신의 손님이기도 한 피고의 이해에 더 치중하기 때문에 피고의 침묵의 권리는 변호사의 사적 이해를 위해서도 필요한 것이다. 검사에게 범인의 죄는 특정 피해자에게뿐 아니라 사회집단에 대한 피해를 의미한다. 그러므로 피해자들을 위해서, 특히 피해자가 죽어서 법정에서 목소리를 낼 수 없을 때, 그를 대신하여 죽은 피해자의 목소리를 내는 것은 검사의 몫이다.[18] 검사와 변호사의 상반된 입장은 이 소설에도 분명하게 나타나고 있다.

이렇듯 은폐와 침묵의 권리를 허용하는 법 논리와 법을 넘어 양심의 문제를 중시하는 사회 정의 간의 대립과 갈등은 『괴물』의 포스트모더니즘의 서술 양식을 통해서도 극명하게 드러나고 있다. 침묵과 은폐의 권리를 허용하는 법 논리 안에서 스티브는 계속 자신의 무죄를 주장한다. 그가 쓴 노트에서 "내가 무슨 짓을 했다고? 누구든 편의점 안에 들어가서 둘러볼 수 있는 건데. 그 때문에 내가 재판을 받

---

17 위의 책, 118쪽.

18 Paul Gewirtz, "Victims and Voyeurs: Two Narrative Problems at the criminal Trial." *Law's Stories: Narrative and Rhetoric in the Law,* Eds. Peter Brook and Paul Gewirtz. New Haven & London: Yale UP, 1998, 14-22.

는 걸까? 나는 네스빗 씨와 싸우지도 않았고 돈을 빼앗지도 않았다"고 항변하고 있다. 그러나 그의 7월 10일 자 일기에는 "나는 민트를 사려고 편의점에 들어갔다가 나왔다"라고 적혀있다. 또한, 같은 날 일기에는 "네스빗 씨가 죽어가는 순간에, 머릿속을 새하얗게 지우려고 애를 쓰며 길을 걸었던 자신의 모습이 선하다"고 기록하고 있다. 그 다음 날인 7월 11일 자 일기에는 "내가 무슨 짓을 했다고? 박하사탕이 있는지 보려고 편의점에 들어갔다 나온 것뿐인데, 그게 뭐가 잘못됐다는 거지? 나는 네스빗 씨를 살해하지 않았다. 유죄는 실제로 범죄를 저질렀다는 뜻 아닌가?" 라고 적고 있다.[19] 또한, 220쪽과 221쪽에는 편의점의 보안 카메라에 찍힌 듯한 두 개의 스티브 사진이 있다. 그 밑에는 "나는 무엇을 하고 있었던가?" "나는 무슨 생각을 하고 있었던가?"라고 적혀있다. 이것이 재판의 실제 증거자료인지 그렇다면 증거로 제시되었을 텐데, 그렇지는 않다. 아니면 그가 영화의 일부로 상상한 사진인지, 현실과 영화 각본의 경계가 모호하다. 스티브의 내적 갈등만큼이나 살인 사건 현장에 대한 법정 증언 역시 혼란스럽고 상호 모순적이다. 로렐 헨리는 스티브를 편의점에서 보지 못했다고 증언하지만, 범죄모의에 가담했던 오스왈도는 스티브가 편의점을 미리 점검하기로 되어있었다고 증언한다. 스티브가 계속 진실을 회피하는 한, 자신의 정체성을 찾을 수 없을뿐더러 독자 역시 그를 믿지 못하게 된다.

소설은 스티브의 정체성과 그의 진실성 여부에 대해 끝까지 명확한 대답을 내놓지 않는다. 검사의 관점에서 볼 때, 스티브는 "괴물"이지만 고등학교 영화 수업 교사는 스티브를 재능이 뛰어난 젊은이이자 우수하고, 열정적인 학생으로 증언한다. 스티브에 대해 가장 명확한 관점을 제시하지 않는 인물은 스티브 자신이다. 스티브가 작품의 끝까지 자신의 정체성에 확신하지 못한 채 나는 누구인가? 라고 자신에게 던지는 물음은 독자에게서도 그 답을 찾기가 쉽지 않다. 그는 침묵과 은폐의

19 Myers, 위의 책, 114-29쪽.

권리라는 미란다 경고의 원칙과 자발적 자백이라는 사회 윤리 사이에서 자기모순에 빠진 화자이기 때문이다.

소설의 구성도 이러한 질문들에 대한 확답을 유보한다. 영화각본 형식으로 쓰인 글에 9개의 회상 장면이 삽입되고 이러한 회상 장면은 사고의 흐름을 끊어 독자의 지속된 인지를 훼방한다. 그뿐만 아니라 영화각본에는 경찰차나 감방 안, 혹은 길거리를 걸어가는 스티브의 모습, 편의점 안 스티브의 희미한 얼굴 사진과 스티브가 체포되기 전 어머니가 들고 있는 스티브의 사진 등 스티브의 흑백 사진 열 장이 삽입되었다. 세라피니는 사진과 이미지는 텍스트와 다른 정보를 흘려 독자의 명확한 이해를 훼방하고 다른 의미의 층위를 생성시킨다고 말한다.[20]

청소년문학에서 포스트모더니즘의 영향은 갈수록 두드러지고 있다. 청소년문학의 주요 주제인 성인 되기나 정체성 모색이 과거보다 훨씬 다층적으로 변화하는 상황에서, 포스트모더니즘 문학의 서술 방식이 도움되기 때문이다. 수잔 그론키는 포스트모던 청소년문학 독해의 어려움을 인정하면서도, 21세기 자기 정체성 확립이라는 측면에서 포스트모던 청소년문학의 유효성을 주장하고 있다.[21] 장르의 혼합이나 복선적 서술 양식의 시도들은 모두 포스트모던 문학의 특성을 띠는 것으로, 독자의 적극적 읽기와 토론을 유도한다. 스티브의 혼란스러운 이야기의 틈새를 메우고 산만하거나 애매한 이야기를 매듭짓는 것은 결국 독자의 몫이 된다. 그러므로 이 소설에 대한 모의법정은 현재 진행형이 될 수밖에 없다.

스티브가 법적 판결처럼 과연 무죄인가 아니면 그래도 유죄인가? 이러한 질문은 궁극적으로 법과 정의 간의 괴리를 드러내는 것이다. 데리다는 정의에 대한 판단이 "정당하다"고 말하는 것은 불가능하다고 주장한다. 어떤 행동이 정당하다고 규

---

20 F. Serafini, "Voices in the Park, Voices in the Classroom: Readers Responding to Postmodern Picture Books," *Reading Research and Instruction* 44-3(1995): 47-64쪽.

21 Susan Lee Groenke, Michelle Youngquist, "Are We Postmodern yet? Reading Monster with 21st Century Ninth Graders," *Journal of Adolescent & Adult Literacy* 54-7(April 2011): 505-13쪽.

정하는 것, 정당하다는 것을 안다는 것이 불가능하다는 것이다. 그러므로 정의는 실현 불가능한 것이고 동시에 정의를 실현하기 위한 노력은 신념에 근거한 선택, 결정, 행동으로만 실행될 수 있다고 주장한다. 법이나 규칙은 계산 가능한 것의 질서이고 정의는 계산 불가능하며 딱 잘라 판단을 내리는 단절의 결정 없이는 실행될 수 없고 어떤 법의 형태로 규정될 수도 없는 것이다.[22]

데리다의 주장대로라면, 스티브의 행위에 대해 정당성의 여부를 판단하는 것은 불가능할 수 있다. 다만 사회가 호명한 '괴물'이라는 자기 이미지에서 벗어나 스티브가 진정한 자신의 모습을 찾는 방식은 과거의 행위를 직면하고 그것에 대한 책임과 행동을 선택하고 결정하는 결단을 통해서만 가능할 수 있음을 소설은 시사하는 것으로 보인다. 결과적으로 이 소설은 법과 정의, 양심, 자신의 행동에 대한 책임의식, 그리고 더 나아가 세상을 인지하는 방식 등을 (학생)독자에게 훈련하게 할 수 있는 텍스트로 보인다. 스티브의 횡설수설은 우리의 법 제도의 본질을 어떤 방식으로 이해하게 하는가? 또한, 스티브의 무죄 또는 유죄에 관한 이해는 세상에 관한 이해와 어떤 관련이 있는가? 등의 질문을 불러일으키는 것이다.

4. 문학적 재판관과 모의법정을 통한 영어/법 교육의 가능성

법적 상상력을 문학적 상상력에서 찾는 접근은 그다지 새로운 현상은 아니다. 이러한 작업의 원조라고 할 수 있는 법학자 화이트는 문학작품을 사용하여 법대수업을 진행해온 것으로 잘 알려졌다. 문학작품은 법 언어를 대신할 수 있을 그뿐만 아니라 오히려 더 나은 대화나 사고방식을 제공한다고 생각하기 때문이다. 제임스

22 Jacques Derrida, "Force of Law: 'The Mythical Foundation of Authority,'" *Acts of Religion*. Ed. Gil Anidjar. New York: Routledge, 2002, 252쪽

화이트는 법학도들에게 주변인의 언어와 관점을 빌리기 위해서『허클베리 핀의 모험』을 읽게 하고 여성의 관점을 이해하기 위해서는『오만과 편견』이나 에밀리 디킨슨의 시를 읽게 한다. 또한, 장르를 다양하게 하여 프레데릭 더글라스Frederick Douglas의 노예 서사나 자서전, 정신분석의의 글, 혹은 올리버 크롬웰이 아버지에게 쓴 편지 등도 읽게 한다.

이렇듯 다양한 문학 장르를 읽는 방식을 통해 법관은 문학가나 철학자 윤리학자나 시인 그리고 여성, 흑인, 노예를 비롯한 사회 소수자의 관점을 간접 경험하게 된다. 또한, 법이 간과하거나 배제한 감성과 상상의 세계를 고전문학이나 일상을 다룬 문학을 통해 경험할 수 있다. 그리하여 문학적 사고방식은 법관의 삶을 세우고 법 텍스트를 이해하고 판단하는 방식을 도와줄 수 있다. 문학 텍스트 또한 윤리와 정의의 문제를 법 텍스트와는 조금 다른 각도에서 접근하고 있기 때문이다. 그러므로 법과 문학의 상호작용은 양자를 변화시키는 것이라고 화이트는 주장한다.[23]

누스바움 역시 시카고 대학의 한 법학 수업에서 흑인문제를 다룬 리처드 라이트Richard Wright의 소설,『미국의 아들』*Native Son*을 읽고 분석하는 과정에서, 소설 속의 흑인 주인공의 상황에 대한 공감과 상상력을 통해, 대부분 백인으로 이루어진 학습자들이 공정하고 중립적인 재판관으로 변해가는 모습을 소개하고 있다.[24] 누스바움에게 있어 소설의 이상적 독자란, 중립적이고 분별력이 있으며 근거 없는 감정을 쏟아내지 않은 채 풍부한 상상력을 겸비한 구체성과 정서적 응대를 바탕으로, 현실을 철저하게 검토하는 관찰자이자 "문학적 재판관"을 의미한다.

훌륭한 문학작품의 훈련된 독자는 문학적 재판관이 될 수 있다는 누스바움의 논의를 바탕으로 이 연구의 마지막 단계에서는 현직 중고등 학교 교사로 구성된 교

23 White, 위의 책, 5-13쪽.

24 Nussbaum, *Poetic Justice*, 93-99쪽.

육 대학원의 영미 청소년문학 수업시간에서 『괴물』을 읽은 후 9명의 학습자가 작품과는 별개로 판결을 유도하는 모의법정을 가졌다. 이들 9명은 작품에서는 빠진 배심원이 되어 각자의 견해를 토로하는 형식으로 진행되었다. 각자 한국어 혹은 영어로 준비해온 쪽글을 토대로 발표하였고 영어가 충분하지 못할 때는 한국어로 말하는 것이 허용되었다. 그러나 자신의 의견을 끝까지 밀고 나가려는 의지가 영어에 대한 자의식이나 불안감을 잊어버리게 하는 듯 보였다. 바로 이 점이 모의법정을 영어교육의 한 방법으로 활용할 수 있는 이유가 될 수 있다.

학습자 배심원들은 스티브의 내면이 노출된 일기를 정독한 '문학적 재판관'이므로 일기를 훔쳐보지 못한 작품 속의 법관들과는 다른 판결을 내리리라는 기대가 있었다. 그런데 여전히 증거 불확실과 범죄 의도가 없었다는 이유로 이들 학습자 모의법정은 스티브의 무죄에 6대 3의 비율로 손을 들어주었다. 다음은 무죄를 선고한 학생 배심원들의 쪽지 글의 일부이다.

> 주인공의 고민은 법이 다루는 정의의 문제가 아니라 개인적 도의와 윤리, 사회적 규범의 문제이다. 따라서 독자나 등장인물들이 스티브의 양심에 관한 비판이나 도덕적 책임을 그에게 물을 수 있을지는 몰라도 법의 테두리 안에서 그에게 책임을 물을 수는 없다.(김경숙: 가명)

위에서 보듯이, 무죄를 선언한 학생 배심원들의 논지는 실증을 중심으로 한 실증법의 논리를 따라 법과 윤리를 구분하여 양심이나 도덕적 책임이 법의 범주는 아님을 분명히 하는 태도를 보인다.

반면, 유죄판결을 내린 학생 배심원의 쪽지 글들은 법이 책임과 양심, 윤리의 문제를 포함해야 한다는 의견을 밝힌다.

자살방조죄에 대해 처벌하는 법이 있다. 이 법은 자살 시도를 알면서도 자살을 멈추도록 행동하지 않은 사람들을 겨냥한 것이다. 마찬가지로 스티브가 적극 가담자였는지의 가부는 문제 되지 않는다. 여기에서 가장 중요한 것은 그가 사전에 범죄에 대해 알았지만 신고하지 않았다는 사실이다. 이 이유로, 그의 유죄를 선언해야 하며 범죄에 적극적으로 가담한 보보나 킹보다는 적은 햇수를 주어야 한다.(이수언: 가명)

이쪽 글의 주장은 스티브가 져야 할 책임의 윤리를 유죄판결로 다스려야 한다는 엄중한 태도를 보인다. 실증이 없더라도 스티브의 우유부단은 양심과 윤리의 의무를 다하지 않았을 뿐 아니라 법적 책임도 지지 않았으므로 이에 합당한 형벌을 물어야 한다는 것이다. 실증법적 관점을 띈 첫 입장들과 달리, 두 번째 쪽 글의 입장은 법의 외적 의지와 상관없이 법과 정의의 개념이 하나가 되어 법 자체가 경이의 대상으로 간주되던 기존 자연법의 입장을 보인다. 첫 번째 입장이 정의와 윤리의 문제를 다 해결할 수 없는 법의 한계를 분명히 하는 과학적이고 물질적이며 현실주의적인 성격을 보인 반면, 두 번째 입장은 법의 유토피아적 지향점을 보인다.

흥미로운 점은 학생 배심원들이 다른 배심원의 주장을 듣는 동안 설득당하여 애초 자신의 견해를 바꾸는 경우도 있었다는 것이다. 논의를 더 진전시켰다면 앞에서의 6대 3의 비율이 변할 여지는 충분히 있었다. 이 같은 상황은 법을 단순히 규칙이나 원칙의 집합이 아닌 "감성과 비전을 구성하는 수사"로 규정한 화이트의 주장을 상기시킨다.[25] 법은 유동적이고 대화적인 구성적 수사학이라는 화이트의 주장이 수업에서 시도한 모의 배심원 법정에서 증명된 셈이다.

법이 청소년의 증가하는 폭력문제를 해결하고 더 나아가 청소년을 사회 주체로 호명할 수 있는가? 소설 『괴물』의 분석 결과 이 질문에 대한 대답은 회의적으로 들

25 White, 위의 책, xiii

린다. 이 소설은 법과 사회의 호명이 할렘 출신의 흑인 청소년 스티브를 사회의 주체로 구성하는 데 실패했을 뿐만 아니라 개인의 윤리적 선택과 결단이 없이는 진정한 자아 형성이 불가능한 것임을 말해준다. 특히 이 소설의 포스트모더니즘 서술양식은 법이 사회 정의의 구현이나 개인의 진정한 정체성 회복과 거리가 있음을 극명하게 부각하고 있다. 다시 말해 이 소설 읽기는 법적 상상력을 가동해 법과 정의, 그리고 윤리의 문제에 대한 성찰을 가능하게 해주는 것이다.

더 나아가 이 소설을 읽은 후 학생들이 배심원이 되어 모의법정을 진행한 영미 청소년문학 교육 수업은 문학과 법이 정의와 윤리, 양심의 문제를 공유한 상상력의 영역임을 확인시켜주었다. 문학을 통해 접근할 때 법은 일련의 법칙과 원칙으로 고정되고 갇힌 체제가 아니라 밑으로부터의 공공적 복합토론, 숙고, 의견교환과 같은 대화와 논쟁을 통해서 새롭게 생성되는 열린 형태의 민주적 반추 과정이 된다. 요컨대 문학은 법의 절대성에 의문을 제기하며 생성적 정치학이라는 열린 형태로 법을 인지하는 사고를 훈련하는 담론의 장이 될 수 있다.

이 연구의 또 하나의 관심사는 영어 모의법정을 통한 영어능력의 향상을 모색하는 것이었다. 『괴물』을 읽고 자신들의 주장을 적은 쪽 글을 토대로 발표하고 토론하는 과정은 문학작품 강독능력과 논리적 사고를 담은 글쓰기 능력뿐 아니라 다각적인 영어능력의 향상을 기대할 수 있는 인문교육과 영어교육의 융합적인 교육 방식이 될 수 있었다.

제 11 장

신경 다양성과 자폐의 문학적 재현

1. 신경 다양성과 뉴로문학

외국 문학이나 한국 문학의 소수자 담론에서 제외되었거나 소홀히 해온 공간의 하나가 신경장애 담론이다. 지금까지 소수자 담론은 인종, 여성, 계급 등에 집중되었다. 그러나 21세기로 넘어서면서 신경장애는 소수자 담론의 한 연구 대상이 되고 있다. 중증 장애로 여겨온 여러 신경장애는 더 이상 치유해야할 질병이 아니라, 전혀 다른 차원의 신경 작동 현상으로 이해하여야 하며, 따라서 이들 신경장애인에게 주체의 목소리를 돌려주어야 한다는 신경장애 담론의 운동이 일고 있는 것이다.

이 시대의 장애 담론은 장애인의 문학적 재현이 '장애우'가 아닌 정상인의 정상적 가치를 재확인하기 위한 하나의 은유적 장치로 사용되어왔다고 주장한다. 장애인은 말하는 주체보다는 재현되는 대상이 되어 서술 효과를 위한 '서사 보조장치'로 이용되어왔다는 것이다.[1]

잘 알려진 모더니스트 작가 버지니아 울프의 『댈러웨이 부인』*Mrs. Dalloway*도 이러한 비판에서 벗어나기는 어려워 보인다. 전쟁 증후군을 앓는 셉티머스의 광기와 자살은 여주인공 댈러웨이 부인의 보다 균형 잡히고 안정된 일상과 새로운 삶을 위한 서사적 기제로 활용되고 있기 때문이다. 같은 맥락에서 로렌스의 『채터레이

1 David Mitchell and Sharon L. Snyder, *Narative Prosthesis: Disability and the Dependencies of Discourse,* Ann Arbor: University of Michigan Press, 2000, 47쪽.

부인의 연인』의 클리포드 채터레이나 콘래드의 『비밀 정보원』의 스티비, 그리고 루시디Salman Rushdie의 『수치』의 지노비아처럼 장애는 장애인 자체가 아니라 일반인의 정상성을 지시하기 위한 부재나 결핍의 은유로서 재현되었다.

신경 '장애우'에 대한 관심이 본격화된 것은 20세기가 거의 저물 무렵이었다. 20세기 후반부터 출판되어온 신경 '장애우'의 회고록이나 이들을 주인공으로 다룬 뉴로 소설을 통해 장애우의 목소리가 본격적으로 전달되면서, 신경장애 담론은 계급, 젠더, 인종 문제를 둘러싼 다른 담론과 더불어 소수자 담론으로 자리 잡기 시작하였다. 더 이상 단순한 서술 기제나 보조장치가 아닌, 체화된 물질적, 주체적 존재로 장애우가 그려지면서 장애우의 권리도 부각되었다.

신경장애 담론은 일군의 인지 신경 과학자들과 장애연구자 그리고 이들과 협업하고 있는 문화비평가들의 주도로 창안한 '신경 다양성'neurodiversity의 개념과 이를 기반으로 한 운동을 통하여 더욱 부각되고 있다. 신경 다양성은 용어일 뿐 아니라 국제적 언 라인 상의 장애 권리 운동으로서 주로 자폐우의 자기 보호 집단들에 의해 주도되고 있다. 이 용어는 또한 자폐의 책임을 어머니들에게 돌리거나 20세기의 "냉장고 엄마" 이론으로부터 거리를 두려는 움직임을 의미하기도 한다. 베델하임Bruno Bethelheim은 이 용어를 통해 자폐우를 선천적이기보다는 엄마의 잘못된 육아에서 비롯된 결과로 파악한 바 있다.

이 새로운 개념과 운동은 다양한 신경 증상을 병리적 현상으로만 범주화시켜온 기존의 관점에 도전한다. 이제 신경 다양성은 인간 게놈이 지닌 다양성의 일부일 뿐임을 선언하는 움직임이자 그 범주에 속하는 일군의 사람들을 지칭하는 용어가 되었다. 생체다양성biodiversity이 자연 세계에서의 다양성의 중요성을 일컫는 용어라면, 신경 다양성은 생체다양성에 또 하나의 층위를 덧붙인 개념이 된다. 그리하여 신경 다양성 운동을 한마디로 요약하면, 일반인의 인지 방식과는 차이가 있는 신경 다양성 증후군자들의 인지 방식의 다양성을 강조하여, 이들이 비정상이 아님을 역설하는 주장인 동시에 사회적 실천인 것이다.

이 같은 입장을 강조하는 이들은 신경 다양성 증후가 사회의 다른 소수자들의 경우처럼 인간의 자연스러운 자기표현이자 존재의 정당한 다양성일 뿐, 반드시 치유되어야하는 병적 증상이라는 통념을 거부한다. '신경 다양성'과 대조되는 '신경전형군' neurotypical이라는 표현이 대두된 것도 이러한 움직임과 함께 한다. 이는 지금까지 정상인이라고 불려왔던 일반인들을 지칭하는 신조어로서, 일반인의 신경작동은 그저 보통이고 전형적일 뿐이지, 그것이 정상이라는 의미는 아니라는 것이다.

이 같은 신경 다양성 증후군자, 즉 신경 '장애우'의 현실을 재현한 문학인 '뉴로 문학' 은 지난 20여 년간 급격히 증가하였다. 그 중에서도 신경 '장애우'의 자전적 회고록neuro memoir이나 일반인 소설가가 신경 '장애우'를 재현한 뉴로 소설neuro novel이 주를 이룬다. 뉴로 소설은 신경 '장애우'를 재현한 문학 소설들이며 뉴로 회고록은 신경 '장애우'가 자신의 과거를 직접 기록한 회고록이다. 이들 문학은 신경 '장애우'가 현실을 인지하는 방식을 그린 점에서 공통점을 보인다. 이들 뉴로 문학은 자폐나 아스퍼거 증후군, 튜렛 증후군, 헌팅턴 증후군, 정신분열증, 카푸그라 증후군과 같은 신경 '장애우'의 인지 방식과 경험을 재현하고 있다.

자폐와 관련해 가장 잘 알려진 대표적 뉴로 소설이자 청소년문학으로는 영국작가 마크 해돈의 『한밤중에 개에게 일어난 의문의 사건』이 있다.[2] 또한 자폐우 자신의 경험담을 그린 회고록으로 티토 라자쉬 무코파데이의 『마음 나무: 자폐의 침묵을 깬 기적의 아이』와 『입이 안 움직이는데 말을 할 수가 있나요?』가 대표적 자폐우 회고록이다.[3] 튜렛 증후군 '장애우'를 성공적으로 그렸다고 평가되는 대표작으로 조나던 리담의 『엄마 없는 브루클린』, 튜렛 증후군 '장애우'의 회고록으로는 로

---

2 Mark Haddon, *the Curious Incident of the Dog in the Night-time,* New York: Vintage Books, 2004.

3 Tito Rajarshi Mukhopadhyay, *The Mind Tree: A Miraculous Child Breaks the Silence of Autism*, New York: Riverhead Books, 2003.
_____, *How Can I Talk If My Lips Dont Move?*, New York: Arcade Publishing, 2008.

웰 핸들러의 『경련과 고함:튜렛 증후군의 이야기』를 들 수 있다.[4] 그 밖에 신경 다양성 증후군으로 헌팅턴 증후군을 다룬 아이언 맥이완의 『토요일』,[5] 정신분열증을 다룬 소설로는 존 레이의 『로우보이』와 저명한 법대 교수이자 정신분열증을 앓고 있는 일라인 색스의 회고록 『중심 흔들기:광기로의 여행』[6] 그리고 카프그라 증후군을 앓는 주인공의 강박증을 그린 작품으로는 퓰리처 상 최종 대상작으로 올랐던 리차드 파워즈의 『에코 메이커』가 있다.[7] 이렇듯 다른 여러 신경 증후로 세밀하게 분류하기 시작한 것은 신경과학과 인지과학의 진전을 보기 시작했던 20세기 말에 가서나 가능한 일이었다. 이들 신경 증후군에 대한 세분화가 그 전에는 이루어지지 않았음을 상기할 필요가 있다. 그만큼 신경 '장애우'의 고통이 컸다는 의미이다. 이들 뉴로 문학의 주요 관심사는 신경 '장애우'의 목소리를 어떻게 온전히 담아내는가? 하는 것이다. 이는 자폐우를 비롯한 신경 '장애우'의 자기표현과 존재의 정당성을 문학이 제대로 재현해낼 수 있는가? 하는 물음으로 이어진다.

이러한 물음은 스피박Gayatri Spivak이 저 유명한 「하위 주체는 말할 수 있는가?」Can the Subaltern Speak?에서 던진 질문과 다르지 않다. 여기에서 스피박은 여성, 소수 인종, 하층 계급의 재현이 타인의 목소리를 빌려서만 가능한 현실을 지적하였다. 같은 맥락에서 신경 '장애우' 역시 올리버 색스Oliver Sacks를 비롯한 신경과 전문의나 상담원 혹은 소설 작가를 통해 대변되어왔을 뿐, 자신의 목소리를 직접 내지 못해왔다는 것이 신경 장애담론이 문제삼는 주요 이슈이다.

신경학과 인지과학이 지난 20년간 괄목할만한 진전을 보였음에도 불구하고 신

---

4 Jonathan Lethem. *Motherless Brooklyn*. New York: Vintage Books, 1999.
Lowell Handler, *Twitch and Shout: A Touretter's Tale*, New York: Plume, 1999.

5 Ian McEwan, *Saturday*, New York: Anchor Books, 2005.

6 John Wray, *Lowboy,* New York: Farrar, Straus and Giroux, 2009.
Elyn R. Saks, *The Center Cannot Hold; My Journey Through Madness,* New York: Hyperion, 2007.

7 Richard Powers, *The Echo Maker,* New York: Picador, 2006.

경 다양성에 대한 설명은 여전히 한계를 노정하고 있다. 들뢰즈는 『의미의 논리』에서 예술가들을 '문명의 임상의'라고 칭하면서 소설은 아마도 "증후학의 형태로 이해될 수 있을 것이며 오직 소설을 통해서만 증후의 평가는 이루어질 수 있는 것처럼 보인다"고 진술한 바 있다.[8] 이는 소설이 지닌 특유의 다양성이 과학적 지식만으로는 설명되지 않는 신경 다양성의 증후를 재현하고 이해하는 데 기여할 수 있으리라는 의미로 해석된다. 이러한 점에서 뉴로 문학 소설과 회고록은 신경학이나 인지과학과의 학제적 접근을 전제로 하면서도 신경 다양성 연구에 있어서 문학만이 기여할 수 있는 독립적이면서 자율적인 지형을 제공할 가능성이 높다.

2. 자폐 재현과 자폐 서사: 『한밤중에 개에게 일어난 의문의 사건』

영미문화계에서는 신경 다양성 범주 중에서도 자폐 증후군과 관련된 뉴로 소설과 영화가 가장 많이 발표되었다. 특히 자폐는 영화 『레인맨』Rain man의 영향으로 아스퍼거 증후군으로만 국한되고 정형화되는 경향이 있었다. 이렇듯 자폐에 대한 이해는 극히 제한적이며 그 밖의 세분화된 증후에 대한 이해 역시 많이 제한되어 있다. 그런 가운데 자폐 범주 증후군의 빈도는 갈수록 증가하고 있는 것이 현실이다.

20세기 초반까지만 해도 비정상적 인간 기형들은 관람객의 응시의 대상으로 전시되었다. 그러나 이 같은 문화행태가 비윤리적으로 인식되면서 이들은 제도권의 기관 내에 흡수, 격리되었다. 자폐우들도 이와 마찬가지로 병리학적 대상이었으며 자폐라는 단어가 나타난 것도 이제야 100년 정도 되었다. 자아self를 의미하는 그리스어 "autos"에서 유래하는 "autism"은 사회에서 소외되어 자신에게만 갇혀 있는 자

8 Gilles Deleuze, *The Logic of Sense*, Ed. Constantin V. Boundas, Trans. Mark Lester, New York: Columbia UP, 1990, 237쪽.

폐 증후군을 지칭한다. 스위스 정신분석의 유진 블뢰러Eugen Bleuler가 정신분열증의 증후를 보이는 일군의 신경증 환자를 일컫는 의미로 약 1911년경 이 용어를 처음 사용한 기록이 있다. 이들이 구체적이고 주체적인 모습으로 문학작품 속에서 재현되기 시작한 것은 아스퍼거 자폐우이자 동물학자 그랜딘Temple Grandin 교수가 1984년 『소생』*Emergence*을 발표한 이후의 일이다.

자폐우의 회고록과 비 자폐 작가의 자폐우를 그린 소설이 발표되기 시작한 것은 20세기 후반부터이며 21세기를 넘어서면서 그 숫자는 급격히 늘었다. 이중 자폐우를 그린 대표적 청소년 뉴로 소설로 마크 해돈의 『한밤중에 개에게 일어난 의문의 사건』은 '장애우'가 스스로를 말할 수 있는가? 라는 물음을 상정할 수 있는 대표적 청소년 뉴로 소설에 속한다. 발표 즉시 영국을 비롯한 전 세계에서 수 백 만 명의 독자를 확보한 이 소설은 자폐우를 주인공으로 설정한 점에서 특히 신경 장애담론의 각별한 주목을 받았다.

주인공 크리스토퍼가 일반인과 구별되는 방식은 그의 남다른 인지 방식과 언어 사용이다. 작품의 초반부에서 크리스토퍼는 직접적 표현 이외에는 사람들의 표정이나 감정을 읽지 못하고 웃거나 우는 명백한 표현 외의 보다 다양하거나 왜곡되고 복잡한 인간의 감정을 알지 못하는 것으로 소개된다.[9] 그는 자신의 두뇌를 컴퓨터로 인지하며 타인의 감정과 사고도 자신의 두뇌처럼 컴퓨터의 인지와 다르지 않다고 말한다. "감정은 그저 머리 안의 스크린에 그려진 그림이다. 그것이 행복한 그림이면 웃고, 슬픈 그림이면 우는 것"[10]으로, 다음과 같은 그림으로 표현한다.

9 Haddon, 위의 책, 2-3쪽.

10 위의 책, 119쪽.

그러나 선생님이 아래처럼 조금 더 복잡한 세분화된 감정을 나타내는 그림들을 제시하면, 그 차이를 이해하지 못한다.

크리스토퍼는 어린아이의 단순하고 직설적인 언어를 구사하므로 복잡한 은유가 많이 들어가는 소설은 이해하기 어려운 것으로 작품은 설정하였다. 자신의 이름이 그리스도를 따르는 친절한 사람들을 의미한다는 어머니의 말에, "나의 이름이 나를 의미하기를 원한다"고 말하는 크리스토퍼는 은유를 거부하는 것이다.[11] 그러므로 크리스토퍼의 관점에서 전달되는 일인칭 서술에는 그림이나 도표 등의 가시적 이미지가 자주 사용된다.

이처럼 크리스토퍼가 타인의 감정을 알지 못하는 자폐우이기 때문에 상상력이 요구되는 작품은 쓸 수 없다는 작품의 설정은, 자폐우는 '마음이론'Theory of Mind 혹은 '독심술' 이 없다는 신경학과 인지심리의 일반적 통념에 입각한 것으로 보인다. 마음이론은 타인의 마음과 의도를 우리 자신의 정신적 유사 재현과정을 통해 재구성할 수 있다는 개념이다. 소설 속에서 떨고 있는 등장인물이 감기가 심해서가 아니라 감동이나 공포 때문이라는 사실을 감지할 수 있는 것은 타인의 마음을 읽는 독자의 능력에서 비롯된다. 작가가 작품에서 일일이 설명을 하지 않는 이유는 독자의 이러한 능력을 믿기 때문이다. 소설의 등장인물들은 사실상 언어적 구성물일 뿐인데 독자의 유사 재현적 인지능력은 이 허구의 인물들을 생각과 감정, 욕망을

11 위의 책, 20쪽.

지닌 실제 인물로 만들고 이들의 행동을 예견하기까지 한다. 이 능력이야말로 독자가 소설을 재미있어하는 이유인 것이다.[12]

그런데 자주 자신의 육체가 생각과 의지대로 따라주지 않는 이유로, 상당수의 자폐우는 의사소통의 어려움을 겪는다. 그래서 종종 자폐우는 생각이 없거나 모자란 것으로 해석된다. 자폐우가 독심술과 감정이입이 적어서 고통을 그만큼 덜 느낄 것이라는 편견은 아시아계나 아프리칸 아메리칸들 혹은 무슬림들이 유럽인들보다 슬픔이나 고통에 덜 예민하다고 생각해온 유럽중심주의와 다를 바 없다고 사바리즈Ralph James Savarese와 준샤인Lisa Zunshine은 꼬집는다.[13] 남을 이해하는 능력이 없는 것은 자폐우 만이 아니라 일반인도 마찬가지일 수 있는 것이다. 사바리즈와 준샤인을 비롯한 적지 않은 자폐 전문 이론가와 인지 과학자는 자폐를 비롯한 신경 '장애우'에게 상상력과 독심술이 가능하다고 본다. 실제로 『한밤중에 개에게 일어난 의문의 사건』에서도 아스퍼거 자폐우 크리스토퍼는 남의 마음을 읽을 수 없다는 저자의 애초의 이야기 설정과는 달리 작품의 후반부로 갈수록 자아 인식과 공감 능력을 조금씩 드러낸다.[14]

자폐우의 인지 방식은 사물에 대한 일반인의 인지방식인 하향식 프로그래밍top down programming 방식과 달리, 하위 모듈에서 시작하여 점차 상위 모듈을 개발해 가는 상향식 프로그래밍bottom up programming 방식을 보인다.[15] 마찬가지로 해돈의 소설에서 주인공이 사물을 인지하는 방식은 감각을 통해 무수하게 뇌에 입력되는 대상들을 정리하고 퍼즐처럼 짜 맞추어서 전체 윤곽이나 지식을 만들어가는 상향식 프로그

12 Lisa Zunshine, "Theory of Mind and Experimental Representations of Fictional Consciousness," *Narrative* 11-3(October 2003): 274쪽.

13 Ralph James Savarese and Lisa Zunshine, "The Critic as Neurocosmopolite; Or, What Cognitive Approaches to Literature Can Learn from Disability Studies: Lisa Zunshine in Conversation with Ralph James Savarese," *Narrative* 22-1(Jan 2014): 24쪽.

14 유제분, 『신경'장애우'는 말할 수 있는가? 『한밤중에 개에게 일어난 의문의 사건』의 자폐의 재현과 서사의 틈새』, 『영미문학교육』, 19-1(2015): 123-42 쪽 .

15 Savarese, 위의 글, 19쪽.

래밍의 과정이다. 이는 탐정이 범죄의 현장을 찾아 무수한 증거를 확보하여 퍼즐의 조각 맞추기를 하듯 범인의 윤곽을 만들어가는 과정과 흡사하다.

그랜딘 교수의 『그림으로 생각하기』*Thinking in pictures*는 아스퍼거 증후 자폐우에게 있어서 감각 이미지가 일반인보다 더 활성화되었음을 말해주고 있다.[16] 자신은 "그림으로 생각하며 단어는 제2 언어와 같다"는 그녀의 고백은 자폐우의 인지 방식을 이해하는데 첫 단추를 끼워준 발언이다. 같은 아스퍼거 자폐우인 소설 속 주인공 크리스토퍼의 정신도 그랜딘의 경우처럼 감각활동이 언어 자체보다도 훨씬 강력하게 작동하고 있음을 보여준다. 상대방의 언어에 집중하기보다는 주위의 개별 대상에 관심을 갖는 그에게 사람들의 복장이나 냄새, 혹은 소리는 언어보다 기억에 훨씬 오래 남는다. 그래서 그는 자신의 기억을 필름에 비유하며 기억을 더듬는 과정은 마치 필름을 돌리는 것과 같다고 말한다.

또한 크리스토퍼는 기억 속에서 시각과 청각, 그리고 후각까지 동시다발적으로 찾아낼 수 있다.[17] 그의 기억은 마치 사운드트랙과 같은 냄새트랙을 가지고 있다. 이러한 사실은 그의 사물 인지 방식이 공감각에 기초하고 있음을 말해준다. 추상적 단어나 문장을 디테일하게 구사하지 못하는 대신, 그림이나 지도, 도표, 삽화가 그의 내러티브를 대신한다. 그는 언어보다 이미지를 먼저 제시함으로써 독자로 하여금 사실의 윤곽을 잡게 한다. 개를 살해한 진범을 알아내기 위해 조사할 동네 이웃집들을 도표화하고 숫자를 넣어 그림으로 설명하는 것이 그의 서술 방식이다.

크리스토퍼의 독특한 인지 방식과 언어구사는 일반 독자에게 호소력을 지닐 뿐 아니라 기존의 사고방식과 관점까지도 낯설게 만든다. 비평가 미치코 카쿠타니는 작가 해돈이 자페아를 일인칭 화자로 설정함으로써, 크리스토퍼의 자폐의 한계를

16 Grandin, Temple, "THINKING IN PICTURES with 2006 Updates from the Expanded Edition." Web. http://www.grandin.com/inc/visual.thinking.html

17 Haddon, 위의 책, 76쪽.

오히려 매우 효과적으로 활용하고 있다고 말하였다.[18]

화자인 주인공이 거짓말을 할 수 없고 자신과 타인의 행동을 감성적으로 수용할 수 없는 자폐우라는 설정으로 말미암아, 이 소설의 스타일은 사색적이거나 감정적 수사를 거부하는 카버Raymond Carver의 미니멀리즘을 닮게 된다. 요점만을 말하는 그의 내러티브의 힘은 사랑이나 죽음 혹은 이별과 같은 큰 주제를 감성적이거나 진부하게 들리지 않고 이야기할 수 있다는 데에 있는 것이다. 제이 맥널니 또한 크리스토퍼의 단순하고도 직설적인 내러티브를 따라가다 보면 이윽고 그를 둘러싼 정상인들의 관점과 감정주의 혹은 사물을 인지하는 방식을 되돌아보게 된다고 말한다.[19] 자폐 주인공의 인지 능력이나 언어 구사 능력의 한계를 보충하기 위해 시각과 감각에 기초한 다양한 그림이나 이미지 자료들과 도표를 활용한 이 소설의 내러티브는, 소설의 기존 서사 방식을 오히려 낯설게 하는 효과를 가져 오는 것이다.

"영어 단어는 나에게 제2외국어와 같다"고 말하는 자폐우 그랜딘과 크리스토퍼의 영어 습득 방식은, 문장 구조가 어려서부터 내재화되지 않은 상태에서 문장과 상황의 컨텍스트보다는 영어 단어를 하나씩 입력하여 의미를 축적해야하는 EFL 영어 학습자와 유사한 면을 보인다. 그랜딘이나 크리스토퍼의 언어습득이 시사하는 것은 문법과 문장 분석에 치중한 영어 습득이 아니라 그림과 영화의 활용, 그리고 다양한 감각이 동시에 발생하는 공감각적 지식의 연계와 연상 작용이다. 또한 이들의 상향식 인지 방식이나 기억 작용은, 영어를 외국어로 습득하는 한국 영어 교육의 현실에 시사하는 바가 크다. 이것이 영어교육에의 인지적 접근이 신경 장애 담론과 만나야하는 이유가 될 것이다.

18 Michiko Kakutani, "BOOKS OF THE TIMES; Math and Physics? A Cinch. People? Incomprehensible," *The New York Times* June 13, 2003. 〈http://www.nytimes.com/ 2003/06/13/books/books-of-the-times-math-and-physics-a-cinch-people-incomprehensible.html〉

19 Jay McInerney, "The Remains of the Dog", *The Newyork Times* June 15, 2003. 〈http://www.nytimes.com/2003/06/15/books/the-remains-of-the-dog.html〉

3. 자폐 서사의 공감각과 시적 글쓰기: 『마음 나무』와 『입이 안 움직이는데 말을 할 수 있나요?』

공감각synesthesia은 다른 여러 감각적 양상이 지속적으로 나타나는 것을 의미한다. 공감각을 지닌 사람에게 숫자 7은 항상 노란색으로 보이거나 어떤 음반 C장조는 항상 녹색으로 들리며 이러한 상황은 비의도적이며 자동으로 일어난다. 성인의 두뇌로 성장하기 이전의 신경발달 초기 단계에서 감각 데이터는 종합적이다. 그러나 아이가 성장하면서 색깔을 소리와 구별하여 시각과 청각을 분리하는 감각이 발달한다. 흔치 않지만 공감각을 경험하는 성인의 경우는 상상 속에서 여러 감각이 섞이는 것을 경험한다. 가브리엘 스타에 따르면, 숫자 7을 볼 때 노란 색깔을 연상하는 사람은 5+2나 3+4를 생각할 때도 노란 색깔을 볼 수 있다고 한다. 일상에서 사용되는 표현인 "쓴 표정" 'sour' expression, "시끄러운 색깔" 'loud' colors, "부드러운 목소리" 'smooth' voices 들은 다양한 감각을 동시에 경험하는 공감각적 표현이라고 할 수 있다.[20]

전통 자폐우인 무코파데이의 회고록 『마음 나무』와 『입이 안 움직이는데 말을 할 수 있나요?』는 비자폐 작가 해돈의 작품보다 전통 자폐우의 공감각적 인지방식을 보다 생생하게 드러낸다. 그 대표적 예를 『입이 안 움직이는데 말을 할 수 있나요?』 중 다음 대목에서 주목할 수 있다.

> 클로드는 읽었다. 그의 목소리가 파일의 공간을 채우고 컴퓨터 모니터 뒤로 파고드는 것을 들었다. 그 목소리가 테이블 밑을 뭔가를 찾아 밝은 녹황색 줄들로 변하는 것을 보았다. 클로드의 목소리로부터 비단과도 같은 줄이 형성되면서.

---

20 Gabrielle Starr, "Multisensory Imagery." *Introduction to Cognitive Cultural Studies,* Ed. Lisa Zunshine, Baltimore: The Johns Hopkins UP, 2010, 287-88쪽.

클로드는 읽었다. 클로드가 다양한 음조의 완벽에 가까운 연기로, 조용한 청중들과 진지한 자폐 연구자들을 감동시키려할 때 그 줄들이 다른 진폭으로 떠는 것을 나는 보았다.
클로드는 읽었다. 나는 그의 목소리가 일정 높이에 도달할 때, 그 줄들이 강도와 압박감으로 그 탄성의 한계에 도달하여 때때로 소리를 내는 것을 보았다. 나는 소리를 내는 줄들이 밝은 녹황색의 얽힌 비단처럼 매듭을 만드는 것을 보았다.

Claude read. I heard his voice fill up the spaces between the files and dig behind the computer monitors. I saw the voice transform into long apple green and yellow srings, searching under the tables for who knows what? Threads like raw silk forming from Claude's voice.
Claude read. I watched those strings violate with different amplitudes as Claude tried to impress the silent beholder and serious researchers of autism with the varying tones of a near-to-perfection performance.
Claude read. I watched those strings with stresses and strains, reaching their own elastic limits and snapping every now and then, when his voice reached a certain pitch. I saw those snapped strings form knots like entangled silk, the color of apple green and yellow.[21]

위의 인용의 시각적 이미지는 클로드의 입에서 나오는 청각적 흐름을 전달한다. 무코파데이의 귀는 떨리는 비단의 실과 같은 청각적 진동을 "보고 있는" 것이다. 무코파데이는 클로드가 책을 읽는 것을 들으면서 그의 '말'을 듣기보다는 그의 '목

21 Mukhopadhyay, *How Can I Talk If My Lips Don't Move?*, 201쪽.

소리'를 들었다고 말한다. 클로드가 책을 읽는 동안, 클로드의 목소리의 주파수는 녹황색 줄과 녹황색의 비단의 매듭으로 변하면서 소리와 색상이 상호작용하고 있음을 보여준다. 소리의 주파수와 색의 상호작용은 이미 미술과 음악계에서 연구되어온 바 있지만, 무코파데이의 위의 인용은 소리에 부여된 전달 매체 기능 이전의 그 원초적 물질성을 극도로 세밀하게 전달하고 있다. 이러한 동시다발적 공감각적 인지 작용을 통한 언어표현은, 언어를 단순히 의미로 환원하고 축소시키는 일반인의 언어 이해나 그 표현 방식과는 전적으로 다르다. 언어를 도구적으로 사용하다보면 어느 정도 언어의 감각적 물질성을 무시하거나 상실하게 된다. 일반인들은 충분히 듣지 않고 듣는 내용을 뭔가 유용한 것으로 바꾸는 경향이 있기 때문이다.

자폐 전문가 클로드는 책을 읽은 후 무코파데이의 이해도를 측정하기 위해 자신이 무엇을 읽었느냐고 묻는다. 이에 대한 답으로 무코파데이는 클로드의 소리가 불러일으킨 "노란 햇살이 새 잎사귀를 녹아낼 때 녹색의 아름다움"에 대한 글을 종이에 적는다. 말을 못하는 무코파데이는 두운법과 패턴을 살려서 자신의 생각을 전달하지만, 클로드는 그가 자신의 말을 이해하지 못했다고 생각하고 대답을 재촉한다. 이들 사이의 인지방식의 차이는 의사소통에서 엇박자를 낼 수밖에 없다. 무코파데이의 이 같은 글은 소쉬르의 기표와 기의 사이에 존재하는 거리를 상기시키며 일상에서 당연시 여겨지는 의사소통이 그에게는 결코 자연스러운 일이 아님을 말해준다. 지속 반복되는 "Claude read"는 무코파데이가 기표의 궁극적 의미를 찾으려고 골몰하다는 인상을 안겨주는 동시에 그 과정에서 느끼는 불안감과 강박증을 드러내고 있다.

그런데 두운법과 동일어의 반복, 그리고 공감각에 기초한 무코파데이의 회고록의 산문은 그의 운문시의 표현 방식과 그리 멀지 않다. 아래의 시는 언어 이전 단계의 아이에게 지각이나 인식은 시각이나 청각, 촉각 혹은 그 어떤 명명 가능한 대상이기 보다는 어떤 형태이고 강렬한 그 무엇임을 보여주고 있다. 그리하여 자폐

전문인이자 시인인 사바리즈는 상위 질서의 사고가 언어 이전 아이의 순수한 공감각적 경험과 연결된 것임을 무코파데이의 시는 말해준다고 주장한다.[22]

> 바람소리를 들을 때는 항상 오렌지색이었다.
> 오렌지색이지- 봄바람 소리는.
> 그것은 나뭇가지를 흔들고 모든 작은 것들을 물들였다.
>
> 오렌지 냄새가 났다-봄바람 소리는.
> 오렌지색이지 – 언제나처럼 – 갑작스러운 바람은.
> 점점 심해지더니 –모든 것에 오렌지를. (나는 시인이 아니에요 10)

> It was orange as always when I heard the wind.
> Orange it is-the sound of the wind in spring.
> It made the branches swing. It colored every little thing.
>
> It smelled in orange-that sound o wind in spring.
> Orange it is-as always-the sudden wind.
> It kept getting wilder-its orange on everything. (I Am Not a Poet 10)

봄바람 소리가 오렌지색과 같은 밝은 색상과 일치하고 있는 위의 첫 시구는 청각 지수와 색의 시각적 요소 간의 상호작용을 상기시키고 있다. 두 번째 시구는 청각과 미각이 동시에 작동하고 있는 공감각의 활동을 보여준다. 이처럼 무코파데이

22 Savarese 위의 글, 36쪽.

의 문학에서 공감각은 일반인의 문학보다 현저히 활성화되고 있음을 알 수 있다.

또한 무코파데이의 시는 동일어의 반복과 두운법의 사용으로 인해 패턴시를 연상케 한다. 이와 관련하여 자폐연구가이자 시인인 사바리즈 교수는 패턴시가 전통 자폐우가 언어를 익히는 적합한 문학 장르라고 주장한다. 그는 자폐우로 구성된 실험반과 일반인으로 구성된 통제반에게 19줄로 된 패턴시, 빌라넬 창작을 시켰는데, 결과는 놀랍게도 실험반의 자폐우들이 통제반보다 훨씬 더 빠르고 효율적으로 19줄의 시를 만들어내었다고 보고하였다. 이 이유로 사바리즈 교수는 반복적인 후렴구 자체가 "자폐적"인 것으로 설명할 수 있을 것으로 추정한다. 그리하여 그는 기억과 공감각을 통해서 다양한 감각을 엮는 무코파데이의 글쓰기 방식을 "미학적 낯설게 하기의 경이로움 그 자체"라고 묘사하고 있다.[23]

자폐우의 활발한 공감각적 인지 능력은 산문보다 시 창작이 자폐우에게 더 어필하는 근본적 이유가 된다. 시는 산문보다 이미지로 가득한 보다 감각적인 문학 장르이기 때문이다. 무코파데이는 회고록에서 자신의 어머니가 늘 시를 읽고 낭송함으로써 자신이 언어를 익힐 수 있는 소리 환경을 만들어주었음을 회고한다. 시어의 패턴은 다음 내용을 예견 할 수 있기 때문에 안정감을 준다는 것이다. 사바리즈와의 인터뷰에서 무코파데이는, 운문은 자신을 자유롭게 하고 자신의 감각을 재충전시키므로, 질질 끄는 문장이 싫증날 때면 운문으로 쓴다고 고백한다.[24] 그러므로 각운과 일정 표현이 반복되는 운문의 특성이 변화를 두려워하는 자폐적 감각과 맞물린 것으로 볼 수 있다. 그의 회고록이 시적 패턴을 느끼게 만드는 이유이다.

23 Savarese 위의 글, 20-36쪽.

24 Ralph James Savarese, "More than a Thing to Ignore: An Interview with Tito Rajarshi Mukhopadhyay," *Disability Studies Quarterly,* Web. 9 Aug. 2014. 〈http://dsq-sds.org/article/view/1056/1235〉

4. 자폐 언어의 직유, 환유 그리고 은유

자폐우는 흔히 상징어나 은유를 이해하지 못한다고 이해되어왔다. 이러한 통념을 반영하듯, 비자폐우 작가인 해돈은 자신의 작품 속의 자폐 주인공 크리스토퍼가 어린아이처럼 단순하고 직설적인 언어를 구사하게 하였다. 크리스토퍼가 새 문장을 말할 때 마다 "그리고"(and)로 시작하는 것은 언어 선정에 있어서 어려움을 겪고 있음을 드러낸다. 그는 굳이 사용한다면, 은유보다는 직유를 선호한다고 말한다. 직유가 은유보다는 명료하고 직설적이어서 이해하기 쉽기 때문이다. 일반인의 언어 속에 내재된 은유는 그를 혼란하게 만들어 의사소통을 어렵게 하므로, 가급적 자신의 생각을 그림이나 수학문제 방정식, 지도와 명세표와 도표 같은 방식을 빌려 재현하려 한다. 이러한 재현 방식은 역설적으로 다양한 포스트모던 서술방식과 유사한 방식으로 구사되어 소설의 읽는 재미를 더해준다. 또한 의사소통이 어려운 이유로 크리스토퍼의 관심은 주위 물건이나 대상의 세부 묘사에 쏠리게 되는데, 이때 그의 기민하고도 엉뚱한 묘사는 작품을 읽는 재미를 배가시킨다. 이처럼 근본적으로 소외된 주인공의 한계 상황을 희극으로 승화시킨 점이 이 소설의 주요 성과로 보인다.

언어 장애우이기도 한 20대의 무코파데이는 글을 통해서만 자신을 표현할 수 있는 전통 자폐우이다. 전통 자폐우인만큼 무코파데이의 회고록 『마음나무』는 아스퍼거 자폐우인 크리스토퍼보다 의사소통의 고통을 훨씬 더 절절하고 생생하게 전달한다. 이 회고록은 전통 자폐우의 어린 시절부터의 언어습득 발달 과정을 보여주는 것으로, 영어를 외국어로 가르치는 EFL 상황에서도 중요한 자료가 될 수 있을 것이다. 해돈의 소설이 성장소설의 모티브를 제한적으로나마 지닌 것처럼, 『마음나무』 역시 말 못하는 자폐아에서 과거를 회고하고 설명할 수 있는 20대의 자폐우 작가로 성장하는 모습을 담고 있다. 회고록에는 거울과 그림자를 포함한 장면이 반복해서 나오면서 자폐아의 자아가 형성되어가는 모습이 담겨있다. 언어장애가 있는 전통 자폐아이기에 표현이 어려울 뿐 아니라 자신의 육체가 자신의 의식과 의지에서 분리된 객체처럼 느낀다. 『마음나무』의 "내 마음의 창"The Window of My Mind은 그러한 어려움을 전달하는 대표적인 글이다.

> 나는 언어가 아니라, 좌절된 분노의 비명을 통해 스스로를 표현하던 한 작은 소년에 대해 생각한다. 언어는 알고 있었지만 그 어느 것에도 연결되지 못했다.
>
> I think about the little boy who had a way of expressing himself, not through speech but through a frustrated temper tantrum. The language was known but it did not relate to anything. [25]

자폐우들은 자신의 의지와 육체가 자연스럽게 연결되지 못하고 분리된 경험을 종종 토로한다. 무코파데이도 머리에 떠오르는 말을 입으로 움직여 말하지 못하는 것에 좌절하고 그 상황에 화를 낸다. 위의 글은 성인이 된 화자가 말을 하지 못했기 때문에 좌절과 분노로 비명을 지르며 자신을 표현하려했던 어린 시절을 보여주고 있다. 여기에서 객관적인 거리감을 던져주는 3인칭 관점을 사용하고, "저 작은 소년"the little boy이라는 표현으로 전지적 서술자의 관점을 취함으로써, 마치 임상 기록처럼 자신을 대상화하고 있다. 그 다음 문장에서는 추상 명사인 "언어"the language가 문장의 주어로 되면서, 언어는 주체로부터 떨어져서 멀고 외적인 것으로 묘사되고 있다.

자폐 전문 비평가인 추Kristina Chew는 자폐 언어가 괴상하거나 이상하게 들릴 수

25 Mukhopadhyay, *The Mind Tree*, 1쪽.

도 있지만 사실은 우리가 시에서 발견하는 환유어일 뿐이라고 주장한다.[26] 야콥슨 Roman Jakobson의 은유와 환유의 구분에 따르면, 은유는 두 개념 간의 유사성이나 관계에 기초하여 하나의 개념을 이해하는 것이다. 반면, 환유는 우연이나 연상을 기초로 하여 전혀 엉뚱한 두 개의 다른 항목이 상호 연결된다. 추는 자신의 자폐우 아들인 찰리가 전혀 연결되지 않는 두 가지 용어를 연결하는 방식을 환유의 한 예로 소개한다. 찰리는 스시와 자전거 타기를 동일어로 이해한다. 자전거를 타고 난 후 스시를 먹었기 때문이다. 또한 스시는 ShopRite 슈퍼마켓과 일정 상황을 통한 연상 작용을 거쳐 찰리의 인지작용에 고착되면서 동격의 의미를 갖게 된다. 또한 언어가 지닌 의미보다는 소리가 자폐우의 인지작용에 고착되는 경우가 많다. ShopRite는 소리가 비슷한 shopping cart 와도 유사한 의미를 띄게 된다. 이는 자폐우의 언어유희와 의미 창조가 단어 간의 유사한 소리에 기초하는 경우가 많음을 입증하는 것이다.[27] 그러므로 자폐우가 언어와 세계를 경험하는 것은 언어적 반향과 단어 게임 그리고 은유로 가득 찬 난해한 시를 독해하려는 것과 같다. 보통 성인들도 언어 이해에 혼란을 느끼는데 하물며 인지 장애로 최소한의 언어 능력을 지닌 자폐우가 세상의 언어를 이해하려할 때 경험할 좌절감은 어렵지 않게 상상할 수 있다.

『마음 나무』에서도 이 같은 환유어는 작동한다. 유아시절의 언어 습득 과정에서 전통 자폐우인 저자 역시 언어와 대상간의 잘못된 연상 작용을 겪는다. 예컨대, 구름을 보고 있을 동안 '바나나'라는 단어를 들으면 구름을 바나나로 규정했다고 말한다. 그러다가 다른 상황에서 구름을 보고 있을 때 누군가가 '책상'이라고 말하면, 매우 혼란스러운 것이다.[28] 모든 언어의 소리는 특별한 이유 없이 의미에 부착된

---

26 Kristina Chew, "Fractioned Idiom: Metonymy and the Language of Autism," *Autism and Representation,* Ed. Mark Osteen. New York: Routledge, 2008, 134쪽.

27 위의 책, 134쪽.

28 Mukhopadhyay, *The Mind Tree*, 214쪽.

것처럼 자연스럽지 못하므로 자폐우는 모든 언어를 배워서 터득해야한다. 의미를 자동적으로 터득하지 못하므로, 기의에 인위적으로 부착되어있는 기표의 의미를 찾아내는 일은 자폐우에게는 일생에 걸친 프로젝트가 되는 것이다.

의미의 일반화는 은유적으로 생각하는 것을 의미한다. 즉 '개'는 진돗개만이 아니라 그림 속의 개든 실재의 개든 개의 일반화인 것이다. 그런데 무코파데이는 책 속의 개의 그림을 보고 개라고 말할 수는 있어도 길거리의 개는 개라고 말할 수 없었다고 말한다.[29] 은유는 단순한 말이 아니라 기본적으로 일반인의 인지과정과 언어 속에 배어 들어가 있어서 일반인의 사고 과정과 세계에 대한 이해를 만든다. 여러 개체에서 유사성을 보는 능력, 즉 은유를 사용하는 능력은 세계를 이해하는 근본이 된다. 이 능력이 자폐우는 부족하므로 자폐우의 세계는 은유보다는 환유적 우주라고 추는 규정짓는다.[30]

자폐우에 대한 추의 언어 이해는 뇌 과학자이자 신경학자 올리버 색스박사의 주장과 크게 다르지 않다. 색스 박사 역시 자폐우는 추상적이고 범주적인 것에 흥미를 느끼지 못하며 구체적인 것, 개별적인 것 하나하나 만이 소중할 뿐이라고 주장한다. 자폐우는 사물을 일반화하는 능력이 결여되어 있거나 혹은 일반화에 그다지 관심이 없다. 이들의 세계는 구체적이고 개별적인 사물들로만 구성되어있다는 것이다. 그들은 하나의 우주에 사는 것이 아니라 '다수 우주' 즉 수를 헤아릴 수 없을 정도로 많고, 정확하고, 엄청나게 열정적인 개체들로 이루어진 우주에 살고 있다. 그것은 '일반화' 혹은 과학적인 사고방식과는 완전히 정반대에 있는 마음의 상태라고 색스 박사는 말한다.[31]

색스 박사의 지적은 해돈의 소설에서 크리스토퍼를 통해 그대로 재현된다. 스스

29 위의 책, 9쪽.

30 Chew, 위의 책, 138-40쪽.

31 올리버 색스, 『아내를 모자로 착각한 남자』, 조석현 역. 이마고, 2008, 418쪽.

로를 "관찰자"라고 말하듯이,[32] 크리스토퍼는 대화할 때 상대방을 쳐다보는 대신, 시선을 다른 방향으로 돌려 남들이 간과하는 대상들을 세밀하게 포착한다. 일상적 대화를 나누는 사람들이 놓치기 쉬운 사물이나 상황은 매우 구체적으로 그의 시각을 통해 컴퓨터에 입력되듯 두뇌에 축적된다. 그는 경찰관이 다가올 때 왼쪽 발목에 있는 작은 구멍이나 구멍 한가운데의 빨갛게 긁힌 자국이라든가 신발 바닥에서 살짝 튀어나온 오렌지 잎사귀 또는 선생님이 신고 있는 갈색 구두위의 약 60개의 작은 구멍의 모양 같은 것에 집중한다.[33] 이렇듯 크리스토퍼의 세계는 색스 박사의 표현대로 '구체적이고 개별적인 사물들로 구성된 세계이며 '일반화'와 은유와는 다른 마음의 상태처럼 보인다.

그러나 이상에서 언급한 자폐우의 환유적 언어특성과 달리, 전통 자폐 범주의 무코파데이의 두 번째 회고록,『입이 안 움직이는데 말을 할 수 있나요?』에서 볼 수 있는 은유의 자유로운 구사는 자폐언어를 환유어로만 분석한 추와 색스 박사의 논의를 무색하게 만든다. 색스 박사는 전통적 자폐는 마치 블랙홀처럼 그 정신세계를 파악하기 힘들며 사회적, 정서적 성장이 더디고 상상력과 추상적 사고가 결여되어있으며 미래에도 치유될 수 없는 병이라고 진단했지만, 이러한 주장을 무코파데이는 무효화시키고 있는 것이다. 한 인터뷰에서 무코파데이는 "나는 나의 독자들이 진실을 다른 것에 연결하여 이해하길 원한다. 우리가 은유를 통해 진실이나 인지를 어떤 알려진 것에 연결할 때 그것은 더 나은 인지를 향한 디딤돌이 된다"고 말한다.[34] 어머니의 지칠 줄 모르는 반복된 교육을 통해 글 읽기와 쓰기 능력을 습득한 20대 자폐 청년 회고록 작가가 보이는 은유에 대한 이해는 놀라운 수준의 높

32 Haddon, 위의 책, 25쪽.

33 위의 책, 95-96쪽.

34 Savarese, 위의 글, 6쪽.

은 지성을 드러낸다.[35] 그는 은유가 해돈의 크리스토퍼가 말하듯 거짓말이 아니라, 보다 높은 진실을 향한 언어의 차원임을 이해하고 있다. 그리하여 사바리즈는 무코파데이를 "범문화적이고, 범 감각적인 이주민이자 신경학적 타자에게는 매우 적대적인 세상에서 은유로 무장한 신경 코스모폴리탄"으로까지 표현하고 있는 것이다.[36]

비평가 로스Ilona Roth는 로슨Wendy Lawson이나 윌리엄즈Donna Williams, 팬Jennifer Fan과 같은 자폐우의 시가 은유를 적지 않게 쓰고 있을 뿐 아니라 직유는 오히려 상대적으로 비 자폐우의 시에서보다 덜 쓰는 사실에 주목하였다.[37] 그러므로 자폐우의 언어 특성을 환유와 직유에 제한한 신경학을 포함한 기존의 자폐연구와 달리, 무코파데이의 회고록은 직유와 환유를 넘어 은유의 세계 인지로까지 자폐언어의 범주를 확대시킨다.

올리버 색스는 아스퍼거 자폐와 전통 자폐의 경계를 분명히 하여 아스퍼거 자폐는 일반인 수준으로까지 향상될 수 있지만, 전통 자폐는 치유 불가능한 것으로 진단하였다. 그러나 무코파데이의 회고록과 해돈의 소설은 자폐의 범주가 기존의 주장처럼 분명하지 않을 뿐 아니라 전통 자폐도 교육의 힘으로 인지 언어능력을 향상시킬 수 있음을 말해주고 있다. 비록 전통 자폐우로 진단받았지만, 무코파데이의 회고록은 그가 말을 하지 못할 뿐, 일반인과 다르지 않은 정신세계와 인지능력을 지니고 있음을 드러낸다. 이로써 그의 친근하면서도 낯선, 잡종적 영어는 마치 서구 중심의 헤게모니적 표현을 거부하듯, 그 특유의 공감각적 발상과 은유, 환유의 힘으로 보다 새로운 관점에서 기존 서사의 재현을 낯설게 만들고 있는 것이다.

---

35 혹자는 어머니의 교육의 힘으로 자폐증세가 완전 회복되었으므로 무코파데이는 더 이상 자폐우가 아니라고 주장할 수도 있다. 그러나 그의 몸은 여전히 자신의 의지를 따라주지 않는 자폐우이다.

36 Savarese 위의 글 (2010), 276 쪽. 무코파데이는 인도인으로 현재 미국에서 작업 활동을 하고 있다. 그와 어머니 소마의 언어교육에 관해서는 https://www.youtube.com/watch?v=Nfiap3a7Tuo 참조.

37 Ilona Roth, "Imagination and the Awareness of Self in Autistic Spectrum Poets." *Autism and Representation*, Ed. Mark Osteen, New York: Routledge, 2008, 155쪽.

자폐우에게 외부 세계는 위협적이고 다루기 힘든, 불안한 대상이다. 자폐우가 반복된 행동이나 언어 혹은 일정 상호 반응을 보이는 것은, 인위적이고 예견하기 힘든 외부를 통제하려는 자기방어로 보인다. 크리스토퍼는 컴퓨터의 프로그래머만이 아니라 감정과 공포 그리고 불안을 느끼는 내면의 소유자이다. 의사소통이 힘든 낯선 런던에서 크리스토퍼가 작은 칼로 타인의 접근을 견제하고 위협하는 모습은 독자의 웃음을 자아내면서도, 자신을 방어하려는 그 나름의 처절한 삶의 방식으로 이해할 수 있다. 일반인도 자신의 울타리 밖의 무질서와 혼돈을 통제하거나 적어도 예견하기 위해 같은 처절함에 몰리기 때문이다. 그리하여 이들을 신경학적 타자로 보다는 "우리"의 일면이자 우리의 공포를 공유하는 존재로 느낄 수 있다.

이러한 불안은 자폐의 대중적 재현의 근저에 깔려 있을 수도 있다. 자폐우의 비중이 급격히 늘어나고 있는 상황에서 자폐와 관련한 자서전, 다큐멘터리, 소설, 영화가 증가하고 있는 사실에도 반영되어있듯이, "자폐 불안"은 우리 속에 있는 불안에 대한 은유가 되어 우리의 "비밀스러운 공포"에 호소하는 것이다.[38] 그러므로 오스틴은 일반인은 결단코 자폐의 삶을 이해하지 못할지라도, 자폐를 다룬 문학은 자폐 의식의 방으로 들어가는 입구이자 우리를 그들처럼 보게 만드는 거울이라고 말한다.[39] 이러한 점에서 뉴로 청소년문학은 신경 장애우의 의식과 인지의 다양성을 이해할 수 있는 하나의 통로가 될 수 있을 것으로 보인다.

38 Matthew K.Belmonte, "Human, but More So: What the Autistic Brain Tells Us about the Process of Narrative." *Autism and Representation,* Ed. Mark Osteen, New York: Routledge, 2008, 174-75쪽.

39 Mark Osteen, *Autism and Representation,* New York: Routledge, 2008, 29쪽.

결론

이 연구서는 크게 두 가지의 논지로 요약될 수 있다. 첫째는 청소년문학도 기존 정전 문학 분석만큼 깊이 있는 인문학적 논의와 비평 분석이 가능하다는 것이다. 흔히 청소년문학은 정전 문학과 비교하면 그 문학성이 경시되어 비평연구도 소홀히 되어온 경향이 없지 않았다. 그리하여 이 연구서는 청소년문학이 제공하는 인문학적 깊이와 폭을 드러내려 하였다. 둘째, 난이도 테스트와 일련의 지적 검증을 거친 영미 청소년문학은 훌륭한 영어교육과 인문학 텍스트가 될 수 있다는 것이다. 문학의 어휘와 사고의 깊이와 폭은 문법이나 이론으로 도저히 습득될 수 없는 삶의 다양성에 기초하기 때문이다.

한편 필자는 교육 방법론을 통하여 손쉬운 문제의 해결책을 논의하는 것도 문제로 삼았다. 거듭 강조하였지만, 이 연구서는 교육방법론이 교육의 많은 문제를 해결할 수 있는 것처럼 믿는 이들에게 오히려 더욱 많은 문제를 먼저 생각하고 이어 이를 풀어가기 위한 다양한 방향을 모색하여야 한다는 이야기를 하고 싶다. 교육방법론에 대한 일종의 신화가 영어교육에도 풍미하고 있으며 필자는 바로 이 점을 문제 삼고 있다.

대신 필자는 청소년문학의 본질 및 효용성과 관련하여 이들 텍스트를 어떤 관점에서 연구하고 분석하며 더 나아가 청소년문학은 어떠해야 하는지에 관한 물음을 던지려 했다. 여기에는 영미 청소년문학을 어떤 관점에서 한국 청소년 학습자들을 위한 영어 교재로 채택하고 교육하는 것이 적절한가? 하는 평소의 고민이 담겨

있다. 이 같은 물음과 고민 위에서 각 작품의 분석에는 기존 비평을 원용하는 것을 넘어서서 연구자 만의 독창적 분석 방법도 모색하였다. 때로는 여기에 담긴 작품 분석이 영문학과 인문학적 배경이 약한 독자에게는 난삽할 수도 있겠지만, 청소년 문학 읽기의 다양한 지평을 확대하려는 시도였음을 강조한다. 이 같은 실험이 오히려 강의자들이 처한 다양한 현실에 걸맞은 영어교육 방법을 찾는 지표가 될 수 있기를 바랄 뿐이다.

이 연구서의 각 장은 위의 물음에 대한 해답을 찾기 위한 여정이다. 인문학의 담론 지식 체제로 소설 분석만을 시도한 경우도 있었고 때로는 영어수업에서 쉽게 활용할 수 있는 학습자 반응 분석과 작품의 어휘나 문장 혹은 이미지 분석 방식으로 청소년문학 작품에 접근하기도 하였다. 어쩌면 영문학, 인문학 그리고 영어교육의 만남을 위한 하나의 잘 정리된 해결책은 처음부터 없었는지도 모른다. 그러나 근사치의 최종 답안을 위한 도전과 실험의 중요성을 강조하면서 이를 실천에 옮기려는 것이 이 연구서의 근본 의도였다. 강의자와 학습자 모두 가능한 인문 지식 콘텐츠와의 만남을 통해 지적사고와 인지능력, 그리고 감성과 분리되지 않는 판단능력을 도모해야 한다는 의미이다. 연구서에서 다음과 같은 다양한 주제어를 만날 수 있도록 배치한 것은 여기에서 비롯된다.

영미 청소년문학, EFL 영어교육, 검열, 금기, 젠더, 교재 선정, 동성애, 남성성, 민족, 가족 내셔널리즘, 제국, 민족주의, 탈식민 페미니즘, 젠더 불안, 프릭 문화, 그로테스크, 복장도착, 낯설게 하기, 다성성, 영어/역사 교육, 문체의 변이, 노스탤지어, 풍자, 운문소설, 문학/영어/역사 교육, 언어분석, 시청각 이미지, 아감벤의 '유아기', 독자반응, 디스토피아, 유년기의 실종, 모의법정, 영어/윤리/법 교육, 법적 상상력, 문학적 재판관, 신경 다양성, 뉴로 소설, 자폐 서사, 자폐의 재현이 다양한 주제어들을 주춧돌로 새로운 이론을 제기하는 것이 결론의 중요한 목표는 아니다. 여기에서는 이 키워드들을 갈무리함으로써 앞서 제기한 문제와 해결 방향을 더 한번 분명하게 드러내려 한다. 먼저 진정한 영미 청소년문학 이해와 교육, 그리고 적절한 교재 선정을 위해서는 이 많은 키워드가 예시하듯, 다층적이고 학제적인 연구가 이루어져야 한다는 것이다.

목차에 제시한 키워드들은 영어교육만이 아닌, 영어/역사 교육, 문학/영어/역사 교육, 영어/윤리/법 교육으로, 영어교육이 역사나 문학, 혹은 윤리와 법 교육과 함께 이루어지는 공동 작업이어야 함을 전달한다. 이렇듯 다양한 인문 사회학적 지식 콘텐츠와 함께할 때, 영어교육은 학습자의 지적 호기심과 공감, 그리고 학습 동기를 활성화할 수 있다. 영어교육 이론을 접목해도 이론만 확장될 뿐 영어가 늘지 않는 것에 대한 근본 요인을 돌아보면서 내러티브를 통한 인식론 훈련의 중요성을 제고하려는 것이다. 이와 관련하여 일본을 피 식민국이자 피해자로 오도한 『요코 이야기』를 국내의 외국어 고등학교에서 아무런 검증 없이 영어교재로 사용한 사실은 이를 뒷받침하는 좋은 사례가 된다. 단순히 영어능력만을 함양하려고 선정한 교재가 의도하지 않은 비교육적 효과를 불러일으킨 것이다.

이 키워드들에서 발견할 수 있는 또 하나의 공통분모는 소수자 문학이 지닌 특성들이다. '동성애', '젠더 불안', '프릭', '그로테스크', '낯설게 하기', '유아기', '자폐 서사', '뉴로 소설', '신경 다양성' 등의 주제어는 페미니즘 문학 담론과 청소년문학, 신경장애문학 담론과 같은 소수자 문학 담론을 아우르는 특성을 보여준다. 이는 청소년문학연구와 교육 역시 소수자 영역으로서 다른 소수자 문학 담론과의 협업을 필요로 한다는 메시지를 전달하고 있다.

대학에서의 이러한 지적 훈련은 청소년문학 연구와 교육이 제공할 수 있는 비판적 사고를 통해 비로소 이루어질 수 있다. 예컨대, '모의법정', '영어/윤리/법 교육', '법적 상상력', '문학적 재판관' 등의 키워드는 윤리와 법적 판단력을 함양할 수 있는 청소년문학 교육의 지평을 확장하려는 시도를 담은 것이다.

지나치게 이상적이고 인문학적인가? 결코 그렇지 않을 것 같다. 현재의 무수한 학문분류는 복잡한 현대사회의 이해에 따른 산물일 뿐, 그 분류로 해서 소통이 부재한 팔, 다리, 심장, 두뇌가 따로 도는 인간 부품만을 양산하고 있다. 대학의 영문학사와 미문학사가 가르치기 매우 어려운 과목이 된 지 이미 오래전이라고 하는 현실이 이것을 웅변한다. 고등학교에서 세계사가 선택과목이 된 후 학생들은 역사 대신 취향에 맞는 컴퓨터 과목을 선택한다고 한다. 대학에서의 영문학사나 미문학사 강의는 서양사에 대한 기초 역사 지식이라도 갖추어야 하는데 이것이 전무하다 보니 문학 강의를 제대로 하지 못하고 역사 강의로 시작하여 역사 강의로 끝내야 한다.

중고등학교의 영어교육도 많은 문제를 안고 있다. 중 고등학교에서는 매일 영어를 가르치지만, 학생들의 영어권 국가들에 대한 역사나 문화와 관련한 지식은 전무하다. 학습자들의 영어 능력이 한정되었다는 이유로 실용 영어만을 강조한 탓에 영어권을 이해하는 콘텐츠 교육이 전혀 이루어지지 않고 있는 것이다. 중고등학교의 영어교재 내용과 교수 방법론이 대학의 영어교육에서 비롯된 만큼 대학과 교육부의 영어교육 담당자들은 이 모든 현실을 돌아보아야 할 것 같다. 어떻든 대학은 고등학교에서 이루어졌어야 할 인문 교육의 책임을 전적으로 떠맡을 수밖에 없다. 설상가상으로 대학 역시 취업을 위한 준비 기관으로 전락하여 영미 문학사와 같은 수업은 우선 기피 대상이 되었다. 중등교육부터 시작된 기능 중심의 교육이 대학에도 연장되고 있는 것이다.

문제를 좀 더 명확하게 부각하기 위해, 부득이 미국 고등학교의 커리큘럼과 비교해 볼 필요를 느낀다. 한 예로 4년간의 고등학교 과정에서 역사와 문학 과목은 필수과목에 속한다. 예컨대 역사는 미국사, 세계사, 동양사, 아프리카사 등 학교에 따라 보다 구체적으로 세분되어 있다. 또한, 학년마다 난이도를 3등급으로 분류하여 보통 반, 우수 반, 그리고 최고의 교사가 담당하는 대학 기초 교양과목 반인, 일명 AP반으로 차별화된다. 문학 과목도 마찬가지로 지적 호기심이 강한 학생들은 일찌감치 우수반이나 AP반에 도전한다. 대학 지원 시 입학사정관들은 이러한 도전정신을 높이 평가하여 보통 반에서 A 학점을 이수한 학생보다 AP반에서 B학점을 이수한 학생을 선호하는 것이 통례이다. 이는 이미 한국에도 적지 않게 알려진 사실인데도, 국제화를 외치면서 국사만 고집하고 세계사는 도외시하는 한국 교육정책의 이중성을 어떻게 해석해야 할지 모르겠다.

이러한 현재의 교육 현실은 영어교육이 보다 콘텐츠 있는 학제적 교육이 되어야 하는 이유이다. 학습자의 영어능력이 핑계가 될 수는 없다. 쉬운 영어교재도 얼마든지 다양한 지적, 정서적 콘텐츠를 유도할 수 있는 내러티브를 담을 수 있다. 문제는 이러한 문학 교재를 적극적으로 찾아내려는 노력과 적절한 교재에 대한 고민과 이해이다.

학제적 교육을 강조한 나머지 청소년문학의 내러티브가 지닌 감성적 잠재력을 등한시한 것은 아닌지 모르겠다. 영어 학습과 습득은 인간의 인지와 인식과정에 대한 올바른 이해에서 비롯될 것이다. 인간의 인지 과정에는 이성적 인식과 감성적 인식이 함께한다. 21세기 들어 급속히 발전해온 뇌과학과 신경학은 인간의 인지가 감정적 인식과정에 의존함을 증명하였다. 신경학과 뇌과학의 이 같은 해명은 영어교육에도 시사하는 바가 크다. 감정이입과 감성을 수반한 내러티브 읽기는 학습자의 인지작용에 중요한 역할을 하며 학습자의 단기기억을 장기기억으로 남길 확률이 높다. 여기에 바로 영어를 외국어로 배우는 한국의 영어교육 상황에서 영미 청소년문학을 읽고 가르쳐야할 이유가 있을 것이다.

참고 문헌

김욱동. 「고태원의 『곰바위의 쓴 과일』-자서전과 문학과 역사」. 『탈경계 인문학』 2-2(2009): 55-89.

누스봄, 마사. 『공부를 넘어 교육으로』. 우석영 역. 궁리, 2010.

들뢰즈, 가타리. 『소수집단의 문학을 위하여-카프카론』. 조한경 역. 문학과 지성사, 1992.

랑시에르, 자크. 『미학안의 불편함』. 주형일 역. 인간사랑, 2008.

맥아피, 노엘. 『경계에 선 줄리아 크리스테바』. 이부순 역. 엘피, 2007.

박선희. 「'청년문학' 교육 연구」. 『영어영문학』 52-1(2006): 179-195.

박정애. 「『요코 이야기』와 『떠나보낼 수 없는 세월』의 '기억' 문제 비교 연구」. 『여성문학연구』 21(2009.6): 271-306 .

볼츠, 노버트. 『발터벤야민, 예술, 종교, 역사철학』. 김득룡 역. 서광사, 2002.

손향숙. 「크로스오버 문학의 정체성 모색: 아동문학의 국외 연구동향」. 『안과밖』 26(2009): 320-35.

색스, 올리버. 『아내를 모자로 착각한 남자』. 조석현 역. 이마고, 2006.

신경희. 「미국의 세계사 교실수업-20세기 초 아시아 역사를 중심으로」. 『역사교육연구』 6(2007.12): 310-37.

아감벤, 조르조. 『유아기와 역사: 경험의 파괴와 역사의 근원』. 조효원 역. 새물결, 2010.

유제분. 「신경'장애우'는 말할 수 있는가? 『한밤중에 개에게 일어난 의문의 사건』의 자폐의 재현과 서사의 틈새」. 『영미문학교육』 19-1(2015): 123-42.

______. 「전쟁과 치유의 서사—제인 앤 필립스의 『라크와 터마이트』와 노근리 양민 학살」. 『현대영미소설』 20-3(2013): 233-55.

유제분 편. 『탈식민페미니즘과 탈식민페미니스트들』. 현대미학사. 2000.

이수진. 『판타지』. 전남대학교 출판부, 2013.

임기현. 「해방공간에서의 잔류일본인 귀환문제-『잔등』, 『압록강』, "요코 이야기", 『흐르는 별은 살아있다』를 중심으로」. 『한국언어문학』 72(2010): 455-85.

임우경. 「『요코 이야기』와 기억의 전쟁: 전지구화시대 민족기억의 파열과 봉합, 그리고 젠더」. 『여성이론』 18(2008): 106-33.

채유순. "아동문학을 통한 영문학 교육의 위기극복 기여." 『영어영문학』 52-1(2006): 59-76.

최상훈, 찰스 핸리, 마사 멘도자. 『노근리 다리: 한국전쟁의 숨겨진 악몽』. 남원준 역. 도서출판 잉걸, 2003.

크리스테바, 줄리아. 『공포의 권력』. 서민원 역. 동문선, 2001.

치즈코, 우에노. 『내셔널리즘과 젠더』. 이선이 역. 박종철 출판사, 1999.

Adams, Gillian. "Medieval Children's Literature: Its Possibility and Actuality." *Children's Literature* 26(1989): 1-24.

Addison, Catherine. "The Verse Novel as Genre: Contradiction or Hybrid?" *Style*. 43-4(Winter 2009): 539-62.

Agamben, Giorgio. *Infancy and History: Essays on the Destruction of Experience*. Trans. Liz Heron. London and New York: Verso, 1993.

________. *Idea of Prose*. Trans. Michael Sullivan and Sam Whitsitt. Albany: SUNY UP, 1995.

Alexander, Joy. "The Verse Novel: A New Genre." *Children's Literature in Education* 36-3(2005): 269-83.

Althusser, Louis. *Lenin and Philosophy and Other Essays*. New York: Monthly Review Press, 2001.

Amsterdam, Anthony G., Jerome Bruner. *Minding the Law*. Cambridge: Harvard UP, 2000.

Appadurai, Arjun. *Modernity at Large: Cultural Dimensions of Globalization*. Minneapolis: U of Minnesota Press, 1996.

Aries, Philippe. *Centuries of Childhood: A Social History of Family Life*. Trans. Robert Baldic. New York: Vintage, 1962.

Asperger, Hans. "'Autistic Psychopathy' in Childhood." *Autism and Asperger Syndrome*. Ed. and Trans. Uta Frith. Cambridge: Cambridge UP, 1991. 37-92.

Atkins, Catherine. *When Jeff Comes Home*. New York, London: Penguin, 1999.

Bakhtin, M. M. *The Dialogic Imagination. Ed. Michael Holquist*. Trans. Caryl Emerson and Michael Holquist. Austin: U of Texas P, 1981.

_________. *Rabelais and His World*. Bloomington: Indiana UP., 1984.

Belmonte, Matthew K. "Human, but More So: What the Autistic Brain Tells Us about the Process of Narrative." *Autism and Representation*. Ed. Mark Osteen. New York: Routledge, 2008. 166-80.

Berger, James. "Alterity and Autism: Mark Haddon's Curious Incident in the Neurological Spectrum." *Autism and Representation*. Ed. Mark Osteen. New York: Routledge, 2008. 271-88.

Bogdan, Robert. *Freak Show: Presenting Human Oddities for Amusement and Profit*. Chicago: U of Chicago P, 1988.

Bombaci, Nancy. *Freaks in Late Modernist American Cuture: Nathaniel West, Djuna Barnes, Tod Browning & Carson McCullers*. New York: Peter Lang International Academic Publishers, 2005.

Boym, Svetlana. "Nostalgia." Web. 3.8.2012. 〈http://monumenttotransformation.org/atlas-of-transformation/html/n/nostalgia/nostalgia-svetlana-boym.html〉.

Brooks, Peter. "The Law as Narrative and Rhetoric." *Law's Stories: Narrative and Rhetoric in the Law*. Eds. Peter Brooks & Paul Gewirtz. New Haven: Yale UP, 1996. 14-22.

_________. "Storytelling Without Fear? Confession in Law and Literature." *Ibid.*, 114-34.

Burks-Abbott, Gyasi. "Mark Haddon's Popularity and Other Curious Incidents in My Life as an Autistic." *Autism and Representation*. Ed. Mark Osteen. New York: Routledge, 2008. 289-96.

Bushman, John. *Using Young Adult Literature in the English Classroom*. New York: Merril, 1993.

Butler, Judith. *Frames of War: When Is Life Grievable?* London & New York: Verso, 2009.

Butler, Judith. *Gender Trouble*. New York & London: Routledge, 1990.

Cahill, Ann J. "Foucault, Rape and the Construction of the Feminine Body." *Hypatia: A Journal of Feminist Philosophy*. 15(2000): 43-63.

Carr, Virginia Spencer. *The Lonely Hunter: A Biography of Carson McCullers*. Athens: University of Georgia Press, 2003.

Carter, Angela. *Fireworks: Nine Profane Pieces*. New York: Penguin Books, 1974.

Catlaw, T. J. "On Interpellation and Violence at Columbine." *Journal for the Psychoanalysis of Culture and Society* 5-2(2000): 338-42.

Chew, Kistina. "Fractioned Idiom: Metonymy and the Language of Autism." *Autism and Representation*. Ed. Mark Osteen. New York: Routledge, 2008. 133-44.

________. "The Disabled Speech of Asian Americans: Silence and Autism in Lois-Ann Yamanaka's Father of the Four Passages." *Disability Studies Quarterly* 30-1(2010). 〈http://dsq-sds.org/article/view/1068/1233〉.

Choi, Sook Nyul. *Year of Impossible Goodbyes*. New York: Yearling, 1991.

Coats, Karen. *Looking Glasses and Neverlands; Lacan, Desire, and Subjectivity in Children's Literature*. Iowa City: U of Iowa P, 2004.

Cormier, Robert. *The Chocolate War*. New York: Knopf, 1974.

Da Silva, Alexandre. "State asks schools to weigh in on disputed book." *Star Bulletin.* February 3, 2007, 12-34. 〈http://starbulletin.com/2007/02/03/news/story04.html〉

De Beeck, Nathalie op. "'Sixteen and Dying': Lurlene McDaniel's Fantasies of Mortal Endangerment." *Children's Literature Association Quarterly* 29(2004): 62-76.

Decarrico, Jeanette. "Vocabulary Learning and Teaching." *Teaching English as a Second or Foreign Language*. Boston: Heinle & Heinle, 2001.

Deleuze, Gilles. *The Logic of Sense*. Ed. Constantin V. Boundas. Trans. Mark Lester. New York: Columbia UP, 1990.

Derrida, Jacques. "Force of Law: 'The Mythical Foundation of Authority.'" *Acts of Religion.* Ed. Gil Anidjar. New York: Routledge, 2002.

Eager, Patricia. *Dirt and Desire: Reconstructing Southern Women's Writing*, 1930-1990. Chicago & London: The University of Chicago Press, 2000.

Eckert, Carter. "A Matter of Context". *The Boston Globe*. December 16, 2006. Web. 〈http://www.boston.com/news/globe/editorial_opinion/oped/articles/2006/12/16/a_matter_of_context/〉.

Eisler, Richard M. & Skidmore, Jay R. "Masculine Gender Role Stress." *Behavior Modification* 11-2(1987): 123-36.

Elkind, David. *The Hurried Child: Growing Up Too Fast Too Soon*. Cambridge, M.A.: Cacapo Press, 2007, 정미나 역.『기다리는 부모가 큰 아이를 만든다』. 한스미디어, 2008.

Ellis, G & Brewster, J. *The Storytelling Handbook: A Guide for Primary Teacher of English*. New York: Penguin, 1991.

Engles, Tim and Fern Kory. "Incarceration, Identity Formation, and Race in Young Adult Literature: The Case of *Monster* Versus Hole in My Life." *English Journal* 102-4(March 2013): 53-58.

Feagin, Susan. *Reading with Feeling*. Ithaca, New York: Cornell UP, 1996.

Fiedler, Leslie. *Freaks: Myths and Images of the Secret Self*. New York: Simon & Schulster, 1978.

Foerstel, Herbert N. *Banned in the U. S. A.: A Reference Guide to Book Censorship in Schools and Public Libraries*. Westport, Conn.: Greenwood Press, 1994.

Gewirtz, Paul. "Victims and Voyeurs: Two Narrative Problem at the criminal Trial." *Law's Stories: Narrative and Rhetoric in the Law*. Eds. Peter Brook and Paul Gewirtz. New Haven & London: Yale UP, 1998. 14-22.

Gleeson-White, Sarah. *Strange Bodies: Gender and Identity in the Novels of Carson McCullers*. Alabama: The University of Alabama Press, 2003.

Grandin, Temple. *Thinking in Pictures: and Other Reports from My Life with Autism*. New York: Vintage, 1996. Web. 〈http://www.grandin.com/inc/visual.thinking.html〉.

Greenwell, Bill. "The Curious Incidence of Novels about Asperger's Syndrome". *Children's Literature in Education* 35-3(2004): 271-84.

Gonzalez, Constante Groba. "The Intolerable Burden of Femininity in Carson McCullers' *The Member of the Wedding* and *The Ballad of the Sad Cafe*." *Atlantis* 16, 1-2(1994): 133-48.

Groenke, Susan Lee, Michelle Youngquist. "Are we Postmodern yet? Reading *Monster* with 21st Century Ninth Graders." *Journal of Adolescent & Adult Literacy* 54-7(April 2011): 505-13.

Haddon, Mark. *The Curious Incident of the Dog in the Night-time*. New York: Vintage Books,

2004.

Hansen, Sarah. "Infancy, Animality and the Limits of Language in the Work of Giorgio Agamben." *Journal for Critical Animal Studies* 9-1,2(2011): 167-81.

Hanson, Carter F. "The Utopian Function of Memory in Lois Lowry's *The Giver*." *Extrapolation*. March 22, 2009. Web.〈http://www.highbeam.com/doc/1G1-204868852.html〉,

Heilman, Elizabeth. "Blue Wizards and Pink Witches: Representations of Gender identity and power," *Harry Potter's World: Multidisciplinary Critical Perspectives*. Ed. Elizabeth E Heilman. New York: Routledge Falmer, 2003. 221-39.

Hesse, Karen. "Newberry Medal Acceptance." *Horn Book Magazine* 74-4(Jul/Aug 1998).

__________. *Out of the Dust*. New York: Scholastic, 1997.

__________. *Witness*. New York: Scholastic, 2001.

Hinton, S.E. *The Outsiders*. New York: Dell, 1967.

Ho, Laino. "Children's Literature in Adult Education." *Children's Literature in Education* 31-4(2000): 259-71.

Hollindale, P., "Novels in Verse, for Better or Worse," *Books for Keeps* 146(2004): 12-13. Web.〈http://booksforkeeps.co.uk/issue/146/childrens-books/articles/other-articles/novels-in-verse-for-better-or-worse〉

__________. "The Adolescent Novel of Ideas," *Children's Literature in Education* 26-1(May 1995): 83-95.

Howard, Ellen. "Facing the dark side in children's books," *The Lion and the Unicorn* 12-1(1988): 7-11.

Hutcheon, Linda. "Irony, Nostalgia, and the Postmodern." No pagination 31. July 2012. Web. 〈http://www.library.utoronto.ca/utel/criticism/hutchinp.html〉.

Illig-Aviles, Barbara. "Great Moments in History: Engaging young adults through historical fiction." in *Young Adult Literature in the Classroom: Reading It, Teaching It, Loving It*. Ed. Joan B. Elliott & Mary M. Dupuis. International Reading Association. 2002. 70-87.

Jameson, Frederic. *Postmodernism, or the Cultural Logic of Late Capitalism*. Durham: Duke UP, 1991.

Jones, Katharine. "Getting Rid of Children's Literature." *The Lion and the Unicorn*. Baltimore: Johns Hopkins UP. 30-3(2006): 287-315.

Kakutani, Michiko. "BOOKS OF THE TIMES; Math and Physics? A Cinch. People? Incomprehensible." *New York Times*. 13 June 2003. Web. 〈http://www.nytimes.com/ 2003/06/13/books/books-of-the-times-math-and-physics-a-cinch-people-incomprehensible.html〉.

Kaplan, Amy. *The Anarchy of Empire in the Making of U. S. Culture*. Cambridge: Harvard UP, 2005.

Kedhen, Suzanne, Jean Pickering, *Narratives of Nostalgia, Gender, and Nationalism*. New York: New York UP, 1997.

Kintsch, W. and van Dijik, Teun A. "Toward a Model of Text Comprehension and Production." *Psychological Review* 85-5(1978): 363-94.

Kintsch, Walter. "Text Comprehension, Memory, and Learning." *American Psychologist* 49-4(1994): 294-303. Web. 〈http://www.uic.edu/classes/psych/psych454/ kintsch.pdf〉.

__________. "Learning from text, levels of comprehension, or: Why anyone would read a story anyway." *Poetics* 9(1980): 87-98.

Knowles, John. *A Separate Peace*. New York: Scribner, 1959.

Kocian, Lisa. "Ban book from class, panel says Wartime memoir called too explicit for 6th grade." *The Boston Globe*(November 12, 2006). Web. 〈http://www.boston.com/news/local/articles/2006/11/12/ban_book_from_class_panel_says/?page=2〉.

Kravitz, Bennett. *Representations of Illness in Literature and Film*. Newcastle upon Tyne, UK: Cambridge Scholars Publishing, 2010.

Kristeva, Julia. "The Adolescent Novel." *Abjection, Melancholia, and Love*. Eds. John Fletcher and Andrew Benjamin. New York: Routledge, 1990. 8-23.

Latham, Don. "Discipline and Its Discontents: A Foucauldian Reading of The Giver." *Children's Literature* 32(2004): 134 -51.

Lowry, Lois. *The Giver*. New York: Laurel-Leaf, 1993.

Macleod, Anne Scott. "Robert Cormier and the Adolescent Novel." *Children's Literature in Education* 12(1981): 74-81

McDonagh, Patrick. "Autism and Modernism: A Genealogical Exploration." *Autism and Representation*. Ed. Mark Osteen. New York: Routledge. 2008. 99-116.

Mitchell, David, and Sharon L. Snyder. *Narative Prosthesis: Disability and the Dependencies of Discourse*. Ann Arbor: University of Michigan P, 2000.

Mukhopadhyay, Tito Rajarshi. *The Mind Tree: A Miraculous Child Breaks the Silence of Autism.* New York: Riverhead Books, 2003.

__________. *How Can I Talk If My Lips Dont Move?* New York: Arcade Publishing. 2008.

Martin, Michelle H. "Saussure, Sex, and Socially Challenged Teens: A Polyphonic Analysis of Adolescent Fiction." *Children's Literature* 30(2002): 215-20.

McCreary, Donald R. "The Relationship Between Masculine Gender Stress and Psychological Adjustment; A Question of Construct Validity?" Web. 〈http://findarticles.com/p/articles/mi_m2294/is_/ai_18585415〉

McCullers, Carson. "The Member of the Wedding", "The Ballad of the Sad Cafe." *Collected Stories of Carson McCullers*. Ed. Floria V. Lasky with introduction by Virginia Spencer Carr. Boston: Houghton Mifflin Company, 1987.

McInerney, Jay. "The Remains of the Dog." *The New York Times.* June 15, 2003. Web. 〈http://www.nytimes.com/ 2003/06/15/books/the-remains-of-the-dog.html〉

Miall, David S.& Don Kuiken. "Foregrounding, Defamiliarization, and Affect: Response to literary stories." *Poetics* 22(1994): 389-407.

__________. "A Feeling for Fiction: Becoming What We Behold." *Poetics* 30(2002): 221 - 41.

Moers, Ellen. *Gothic Traditions and Narrative Technique in the Fiction of Eudora Welty*. Ruth P, Weston. Baton Rouge and London: Louisiana State UP, 1994.

Moran, Joe. "Childhood and Nostalgia in Contemporary Culture." *European Journal of Cultural Studies* 5-2(2002): 155-73.

Mukarovsky, Jan. "Standard Language and Poetic Language." *A Prague School Readers on Esthetics, Literary Structure and Style*. Ed. Paul Garvin Washington, DC: Georgetown UP, 1964. 17-30.

Murray, Alex and Jessica Whyte. *The Agamben Dictionary*. Edinburgh: Edinburgh University Press, 2011.

Myers, Walter. *Monster*. New York: Harper Collins Publishers, 1999.

Nadesan, Majia Holmer. "Constructing Autism: A Brief Genealogy." *Autism and Representation*. Ed. Mark Osteen. New York: Routledge, 2008. 78-95.

Nodelman, Perry. "Robert Cormier Does a Number." *Children's Literature in Education* 14(1983): 94-103.

Nussbaum Martha. *Hiding from Humanity: Disgust, Shame, and the Law*. Princeton, N.J.: Princeton UP, 2004.

__________. *Poetic Justice: the Literary Imagination and Public Life*. Boston, Mass.: Beacon Press, 1995.

O'Brien, Sharon. "Tomboyism and Adolescent Conflict: Three Nineteenth-Century Case Studies." *Woman's Being, Woman's Place: Female Identity and Vocation in American History*. Ed. Mary Kelley. Boston: G.K.I. Hall Co. 1979. 351-72.

O'Connell, Sanjida. *Mindreading: An Investigation into How We Learn to Love and Lie*. New York: Doubleday, 1998.

Ong, Walter. *Orality and Literacy: thc Tcchnologizing of thc Word.* London and Ncw York: Routledge, 2002.

Osteen, Mark. *Autism and Representation*. New York: Routledge. 2008.

Patricia, Yaeger "Edible Labor" *Southern Quarterly* 30(winter-spring, 1992): 150-59.

__________. *Dirt and Desire: Reconstructing Southern Women's Writing, 1930-1990*. Chicago & London: The University of Chicago Press, 2000.

Pattee, Amy S. "Disturbing the Peace: The Function of Young Adult Literature and the Case of Catherine Atkins' *When Jeff Comes Home*." *Children's Literature in Education* 35(September 2004): 241-55.

Peck, Richard. *A Long Way from Chicago*. New York: Scholastic., 1997.

__________. *A Year Down Yonder*. New York: Scholastic Inc., 2000.

Rea, D. "Serious Fun in Social Studies for Middle Schoolers." *Middle Level Learning* 6(1999). 2-5.

Rosaldo, Renato. "Imperialist Nostalgia." *Representations* 26(Spring 1989): 107-122.

Rose, Jacqueline. *The Case of Peter Pan or The Impossibility of Children's Fiction*. Philadelphia: University of Pennsylvania Press, 1984.

Roth, Ilona. "Imagination and the Awareness of Self in Autistic Spectrum Poets." *Autism and Representation*, Ed. Mark Osteen. New York: Routledge. 2008. 145-65.

Russo, Mary. *The Female Grotesque: Risk, Excess and Modernity*. New York: Routledge, 1994.

Sachar, Louis. *Holes*. New York: Random House Childrens' Books, 1998.

Sacks, Oliver. *An Anthropoligst on Mars: Seven Paradoxical Tales.* New York: Vintage, 1995.

Samson, Fabienne, Laurent Mottron, Isabelle Soulieres, and Thomas A. Zeffiro. "Enhanced Visual Functioning in Autism. An ELEMETA-Analysis." *Human Brain Mapping* 33-7(2012): 1553-81.

Savarese, Ralph James, Lisa Zunshine. "The Critic as Neurocosmopolite; Or, What Cognitive Approaches to Literature Can Learn from Disability Studies: Lisa Zunshine in Conversation with Ralph James Savarese." *Narrative* 22-1(Jan 2014): 17-44.

Savarese, Ralph James. "More than a Thing to Ignore: An Interview with Tito Rajarshi Mukhopadhyay." *Disability Studies Quarterly* 30-1(2010), 9 Aug 2014. Web. 〈http://dsq-sds.org/article/view/1056/1235〉.

Saverese, Ralph James. "Toward a Postcolonial Neurology: Autism, Tito Mukhopadhyay, and a New Geo-Poetics of the Body." *Journal of Literary & Cultural Disability Studies* 4-3(2010): 273-90.

Schlitz, Laura Amy. *Good Masters! Sweet Ladies!: Voices from a Medieval Village*. Somerville, Mass: Candlewick Press, 2007.

Serafini, F. "Voices in the Park, Voices in the Classroom: Readers Responding to Postmodern Picture Books." *Reading Research and Instruction* 44-3(1995): 47-64.

Shils, Edward. *Tradition*. Chicago: U of Chicago P, 2006.

Sickle, Vikki Van. "Subcategories within the Emerging Genre of the Verse Novel." *The Looking Glass: New perspectives on Children's literature* 10-3(2006): 74-88.

Sieruta, Peter D. "Things That Tick me Off!" *Horn Book Magazine* 81-2(Mar/April 2005): 223-30.

Starr, G. Gabrielle. "Multisensory Imagery." *Introduction to Cognitive Cultural Studies*. Ed. Lisa Zunshine. Baltimore: The Johns Hopkins UP., 2010. 275-91.

Steedman, Carolyn. *Strange Dislocations: Childhood and the Idea of Human Interiority, 1780-*

1930. London: Virago, 1995.

Stew, Susan Louise. "A Return to Normal: Lois Lowry's *The Giver*." *The Lion and the Unicorn* 31-1(January 2007): 21-35.

Stuart, Susan. *On Longing: Narratives of the Miniature, the Gigantic, the Souvenir, the Collection*. Durham: Duke UP, 1993.

Thomson, Rosemarie Garland. *Extraordinary Bodies: Figuring Physical Disability in American Culture and Literature*. New York: Columbia UP, 1997.

Topping, Donald M. "Linguistics or Literature?: an Approach to Language." *TESOL Quarterly* 2-2(1968): 96-100.

Tribunella, Eric L. "Refusing the Queer Potential: John Knowles's *A Separate Peace*." *Children's Literature* 30(2002): 81-95.

Trites, Roberta Seelinger. *Disturbing the Universe: Power and Repression in Adolescent Literature*. Iowa City: Iowa UP, 2000.

Trousdale, Ann M. and Sally McMillan. "'Cinderella Was a Wuss': A Young Girl's Responses to Feminist and Patriarchal Folktales." *Children's Literature in Education*. 34-1(March 2003): 1-28.

Walach, Stephen. "*So Far from the Bamboo Grove*: Multiculturalism, Historical Context, and Close Reading." *English Journal* 97-3(Jan 2008): 17-20.

Wannamaker, Annette. "Reading in the Gaps and Lacks:(De)Constructing Masculinity in Louis Sachar's *Holes*." *Children's Literature in Education* 37-1(March 2006): 15-33.

Watkins, Yoko Kawashima. *So Far From the Bamboo Grove*. New York: HarperTeen, 1986.

Weich, David. "The Curiously Irresistable Literary Debut of Mark Haddon." Interview with David Weich, 2003. Web. 〈www.powells.com/authors/haddon.html〉.

Westling, Louise Hutchings. *Sacred Groves and Ravaged Gardens: the Fiction of Eudora Welty, Carson McCullers, and Flannery O'Connor*. Athens: University of Georgia Press, 1985.

White, Barbara A. *Growing Up Female: Adolescent Girlhood in American Fiction*. Westport, Conn.: Greenwood Press, 1985.

White, James Boyd. "Teaching law and literature." *Mosaic* 27-4(1994): 1-13.

______. *The Legal Imagination*. Chicago: U of Chicago P, 1985.

William, Jennifer Marston. "Against the Rhetoric of Sadness: Theory of Mind and the Writing Process in *The Curious Incident of the Dog in the Night-Time*." *PsyArt, an Online Journal for the Psychological Study of the Arts*(July 10, 2012). Web. 〈http://www.psyartjournal.com/article/show/marston_william-against_the_rhetoric_of_sadness_theory_o〉

Wyn, Joanna and Rob White. *Rethinking Youth*. Thousand Oaks, CA: Sage Publications, 1997.

Yearwood, Stephenie. "Popular Postmodernism for Young Adult Readers: *Walk Two Moons*, Holes, and Monster." *Alan Review* 29-3(spring/summer 2002): 50-53.

Yoshida, Junko. "The Quest for Masculinity in *The Chocolate War*: Changing Conceptions of Masculinity in the 1970s." *Children's Literature* 26(1998): 105-22.

Zipes, Jack. *The Sticks and Stones: The Troublesome Success of Children's Literature from Slovenly Peter to Harry Potter*. London: Routledge, 2002.

Zunshine, Lisa. "Theory of Mind and Experimental Representations of Fictional Consciousness." *Narrative* 11-3(October 2003): 270-92.

Zwaan, Rolf A. "Some Parameters of Literary and News Comprehension: Effects of Discourse-type Perspective on Reading Rate and Surface Structure Representation." *Poetics* 20-2(1991): 139-56.

이 책에 실린 글의 원제

1. 영미 청소년문학, 영어 교육, 그리고 젠더: 루이스 사처의 『구덩이』를 중심으로. 『영미문학교육』 10-2(2006): 129-150
2. 영미 청소년문학과 비평, 그리고 영어교육: 코미어의 『초콜릿 전쟁』과 힌튼의 『소외자』에 나타난 성인되기와 애브젝션. 『영미문학교육』 11-2(2007): 65-84.
3. 영미 청소년문학과 영어교육 그리고 검열: 『분리된 평화』와 『제프의 귀가』의 남성성의 추구. 『영미문학교육』 12-2(2008): 141-163.
4. 제국의 혼동과 고통의 분담: 탈식민페미니즘의 관점에서 본 "요코 이야기"와 『떠나보낼 수 없는 세월』. 『영어영문학』 58-1(2012): 163-83.
5. 젠더 불안과 프릭 문화: 카슨 맥커러스의 『결혼식 멤버』와 『슬픈 카페의 노래』. 『여성학연구』 24-3(2014): 35-59.
6. 낯설게하기와 다성성의 문학: 영어/역사 교재로서의 『존경하는 신사 숙녀 여러분』. 『영미문학교육』 16-1(2012): 65-85.
7. 노스탤지어와 20세기말의 미국 아동/청소년문학: 리처드 펙의 『시카고에서 멀리』와 『그 때 그 해』. 『영미문학교육』 16-3(2012): 73-93.
8. 시소설과 시소설을 통한 영어교육의 가능성: 카렌 헤스의 『모래폭풍이 지날 때』와 『증인』의 시적자유와 감각 이미지. 『영미문학교육』 15-2(2011): 223-244.
9. 감정/윤리/영어교육을 위한 로이스 로우리의 『기억전달자』 읽기. 『영미문학교육』 17-2(2013): 103-24.
10. 영미 청소년문학을 통한 모의법정과 영어교육: 『괴물』의 법과 정의 그리고 포스터모던 정체성. 『미국소설』 21-2(2014): 27-48.
11. 신경'장애우'는 말할 수 있는가?: 『한밤중에 개에게 일어난 의문의 사건』의 자폐의 재현과 서사의 틈새. 『영미문학교육』 19-1(2015): 123-142.

찾아보기

ㄹ

ㅁ

ㅂ

ㅅ

ㅇ

ㅈ

ㅊ

ㅋ

ㅌ

ㅍ

ㅎ

인문학, 영문학, 영어교육의 만남
영미 청소년문학 새로 읽기

초판 1쇄 인쇄 2016년 8월 24일 **초판 1쇄 발행** 2016년 8월 29일
지은이 유제분 **펴낸이** 전호환
펴낸곳 부산대학교출판부 등록 제카 11-2 1992. 9. 10.
주소 부산광역시 금정구 부산대학로 63번길2(장전동) **전화** (051) 510 - 1932~3 **전송** (051) 512 - 7812
홈페이지 https://press.pusan.ac.kr/ **전자우편** pnupress@pusan.ac.kr

ISBN 978 - 89 - 7316 - 524-7 93840 값16,000원

「이 도서의 국립중앙도서관 출판예정도서목록(CIP)은 서지정보유통지원시스템 홈페이지
(http://seoji.nl.go.kr)와 국가자료공동목록시스템(http://www.nl.go.kr/kolisnet)에서 이용하실 수 있습니다.
(CIP제어번호: CIP2016020279)」

이 책은 2015년도 부산대학교출판부 교수저술지원사업비로 출간하였습니다.